青少年万有书系
发现之旅系列

永无止境的科学探索

YONGWUZHIJING DE KEXUE TANSUO

青少年万有书系编写组 编写

北方联合出版传媒（集团）股份有限公司
辽宁少年儿童出版社
沈阳

编委会名单（按姓氏笔画排序）

方　虹　冯子龙　朱艳菊　许科甲
佟　俐　郎玉成　钟　阳　谢竞远
谭颜葳　薄文才

图书在版编目（CIP）数据

永无止境的科学探索/青少年万有书系编写组编写. —沈阳：辽宁少年儿童出版社, 2014.1 (2021.8 重印)

（青少年万有书系.发现之旅系列）

ISBN 978－7－5315－6026－5

Ⅰ.①永… Ⅱ.①青… Ⅲ.①科学知识－青年读物②科学知识－少年读物 Ⅳ.①Z228.2

中国版本图书馆CIP数据核字(2013)第003563号

出版发行　北方联合出版传媒（集团）股份有限公司
　　　　　辽宁少年儿童出版社
出版人　胡运江
地　址　沈阳市和平区十一纬路25号
邮　编　110003
发行（销售）部电话：024-23284265
总编室电话：024-23284269
E-mail: lnse@mail. lnpgc. com. cn
http://www.lnse.com
承印厂　三河市嵩川印刷有限公司

责任编辑　朱艳菊　谭颜葳
责任校对　李　爽
封面设计　红十月工作室
版式设计　揽胜视觉
责任印制　吕国刚

幅面尺寸　170mm×240mm
印　张　12　　字数　330千字
出版时间　2014年1月第1版
印刷时间　2021年8月第3次印刷
标准书号　ISBN 978-7-5315-6026-5
定　价　45.00元

版权所有　侵权必究

全案策划　唐码书业（北京）有限公司　WWW.TANGMARK.COM

图片提供　台湾故宫博物院　时代图片库　等
www.merck.com　　www.netlibrary.com
digital.library.okstate.edu　www.lib.usf.edu　www.lib.ncsu.edu

版权声明

经多方努力，本书个别图片版权利人至今无法取得联系。请相关权利人见书后及时与我们联系，以便按国家规定标准支付稿酬。

联系人：刘　颖　联系电话：010-82676767

ZONGXU 总 序

青少年最大的特点是多梦和好奇。多梦，让他们心怀天下，志存高远；好奇，让他们思维敏捷，触觉锐利。而今我们却不无忧虑地看到，低俗文化在消解着青少年纯美的梦想，应试教育正磨钝着青少年敏锐的思维。守护青少年的梦想，就是守护我们的未来。葆有青少年的好奇，就是葆有我们的事业。

正是基于这一认识，我社策划编写了《青少年万有书系》丛书，试图在这方面做一些有益的尝试。在策划编写过程中，我们从青少年的特点出发，力求突出趣味性、知识性、神秘性、前沿性、故事性，以最大限度调动青少年读者的好奇心、探索性和想象力。

考虑到青少年读者的不同兴趣，我们将丛书分为"发现之旅系列"、"探索之旅系列"、"优秀青少年课外知识速递系列"、"历史地理系列"、"最应该知道的为什么系列"和"最惊奇系列"六大系列。

"发现之旅系列"包括《改变世界的发明与发现》《叹为观止的世界文明奇迹》《精彩绝伦的世界自然奇观》和《永无止境的科学探索》。读者可以通过阅读该系列内容探究世界的发明创造与奇迹奇观。比如神奇的纳米技术将如何改变世界？是否真的存在"时空隧道"？地球上那些瑰丽奇特的岩洞和峡谷是如何形成的？在该系列内容里，将会为读者一一解答。

"探索之旅系列"包括《揭秘恐龙世界》《走进动物王国》《打开奥秘之门》。它们将带你走进神奇的动物王国一探究竟。你将亲临恐龙世界，洞悉动物的奇趣习性，打开地球生命的奥秘之门。

"优秀青少年课外知识速递系列"涵盖自然环境、科学科技、人类社会、文化艺术四个方面的内容。此系列较翔实地列举了关于这四大领域里的种种发现和疑问。通过阅读此系列内容，广大青少年一定会获悉关于自然以及人类历史发展留下的各种谜团的真相。

"历史地理系列"则着重于为青少年朋友描绘气势恢宏的世界历史和地理画卷。其中《世界历史》分金卷和银卷，以重大历史事件为脉络，并附近千幅珍贵图片为广大青少年读者还原历史真颜。《世界国家地理》和《中国国家地理》图文并茂地让读者领略各地风情。该系列内容包含重大人类历史发展进程的介绍和自然人文风貌的丰富呈现，绝对是青少年读者朋友不可错过的知识给养。

"最应该知道的为什么系列"很好地满足了广大青少年朋友的好奇心和求知欲。此系列分生物、科技、人文、环境四卷，很全面地回答了许多领域我们关心的问题。比如，生命从哪里来？电脑为何会感染病毒？为什么印度人发明的数字会被称作阿拉伯数字？厄尔尼诺现象具体指什么？等等，诸多贴近我们生活的有意义的话题。

"最惊奇系列"则为广大青少年读者朋友介绍了许多世界之最和中国、世界之谜。在这里你会知晓世界上哪种动物最长寿，宇宙是如何起源的，中国人的祖先来自哪里，传说中的所罗门宝藏又在哪里等一系列神秘话题。这些你都可以通过阅读《青少年万有书系》之"最惊奇系列"找到答案。

现代社会学认为，未来社会需要的是更具有想象力、创造力的人才。作为编者，我们衷心希望这套精心策划、用心编写的丛书能对青少年起到这样的作用。这套丛书的定位是青少年读者，但这并不是说它们仅属于青少年读者。我们也希望它成为青少年的父母以及其他读者群共同的读物，父女同读，母子共赏，收获知识，收获思想，收获情趣，也收获亲情和温馨。

谁的青春不迷茫？愿《青少年万有书系》能够为青少年在青春成长的路上指点迷津，带去智慧的火花，带来知识的宝藏。

Contents
目录 >>

YONGWUZHIJING DE KEXUE TANSUO

PART 1
宇宙与航天技术篇

我们所在的宇宙 ················· 2
 大爆炸与宇宙的诞生 ··········· 2
 宇宙有多大 ··················· 2
 宇宙里有什么 ················· 2
美丽的银河系 ··················· 3
 银河系有多大 ················· 3
 巨大的"旋涡" ················ 3
 双星、星团和星协 ············· 3
恒星和星座 ····················· 4
 恒星不"恒" ·················· 4
 恒星的诞生 ··················· 4
 星座的奥秘 ··················· 4
 北斗七星与北极星 ············· 4
吞噬一切的黑洞 ················· 5
 黑洞的形成 ··················· 5
 巨大的引力场 ················· 5
太阳家族的秘密 ················· 6
 炽热的火球 ··················· 6
 形态各异的八大行星 ··········· 6

 行星的自转与公转 ············· 7
 神秘的小行星带 ··············· 7
太阳系的匆匆过客——彗星 ······ 8
 巨大的"脏雪球" ·············· 8
 彗星的漫漫旅程 ··············· 8
 哈雷彗星 ····················· 8
流星划过天际 ··················· 9
 流星是什么 ··················· 9
 明亮的火流星 ················· 9
 狮子座流星雨 ················· 9
 陨石 ························· 9
地球最近的邻居——月球 ······· 10
 初识月球 ···················· 10
 阴晴圆缺 ···················· 10
 日食与月食 ·················· 11
 万籁俱寂的不毛之地 ·········· 11
 月球起源的争论 ·············· 11
探索太空的使者——火箭 ······· 12
 与引力的斗争 ················ 12
 从单级到多级 ················ 12
 "阿丽亚娜"4型运载火箭 ····· 12
宇宙飞船 ······················ 13

1

载人航天的交通工具 ………… 13
　　"水星"号宇宙飞船 …………… 13
　　中国的载人飞船 ……………… 13
人造卫星与空间探测器　**14**
　　人造卫星 ……………………… 14
　　空间探测器 …………………… 14
　　携带礼物的"旅行者"1号 …… 14
登月梦想的实现　**15**
　　月球上的人类足迹 …………… 15
　　"阿波罗"11号登月舱 ………… 15
　　月球探险车 …………………… 15
探测火星　**16**
　　红色的星球 …………………… 16
　　前赴后继的火星探测器 ……… 16
　　火星上有生命吗 ……………… 16
迈向太空的中转站 —— 空间站　**17**
　　太空中的"航空母舰" ………… 17
　　"礼炮"1号空间站 …………… 17
　　"天空实验室" ………………… 17
　　建设中的国际空间站 ………… 17
神通广大的航天飞机　**18**
　　航天飞机的发明 ……………… 18
　　飞船与飞机的混合体 ………… 18
　　航天飞机的构造 ……………… 18
　　航天飞机的超级任务 ………… 19
　　血染蓝天 ……………………… 19

生活在太空　**20**
　　奇妙的"失重" ………………… 20
　　全副武装的太空行走 ………… 20
　　在太空中进餐 ………………… 20
　　太空洗澡与如厕 ……………… 21
　　在太空睡觉 …………………… 21
航天技术展望　**22**
　　航天飞机的下一代——空天飞机 .. 22
　　未来的航天器——太阳帆 …… 22
　　新一代电源——航天飞缆 …… 23
　　寻找宜居星球 ………………… 23
"哈勃"望远镜　**24**
　　"哈勃"的使命 ………………… 24
　　精密的构造 …………………… 24
　　最昂贵的维修 ………………… 24

PART 2
地球与环境科学篇　25

人类的家园 —— 地球　**26**
　　地球是个圆球吗 ……………… 26
　　地球的起源 …………………… 26
　　地球的年龄 …………………… 26
地球的运动　**27**
　　公转与四季轮换 ……………… 27
　　自转与昼夜交替 ……………… 27
　　时区与时差 …………………… 27

地球的演化历程 28
　　最初的地球 28
　　古生代 28
　　中生代 29
　　新生代 29
探索地球的内部 30
　　地球的内部圈层 30
　　地球磁场 30
　　地球的质量 30
溶洞与石林 31
　　水和石灰岩的杰作 31
　　喀斯特地貌在中国 31
探索海底未知世界 32
　　千变万化的海底地形 32
　　海沟：地球上最深的地方 32
　　海底还在扩张 32
大海的怒吼 —— 海啸 33
　　海啸的形成原因 33
　　海啸带来的灾难 33
旋转的气柱 —— 龙卷风 34
　　龙卷风的形成 34
　　追踪龙卷风 34
　　龙卷风带来的怪雨 34
劈开天空的利剑 —— 闪电 35
　　云层中的放电现象 35
　　闪电的类别 35
　　奇怪的球形闪电 35
可怕的抖动 —— 地震 36
　　地球内部的运动 36
　　地震的前兆 36
　　抗震建筑 36
火山喷发 37
　　喷火的山锥 37
　　火山与环境 37
　　火山灰下的庞贝城 37

人类与雪崩的较量 38
　　雪崩的发生 38
　　预防雪崩 38
　　雪崩救生背心 38
地球的保护伞 —— 臭氧层 39
　　什么是臭氧层 39
　　地球的保护伞 39
　　臭氧层的现状 39
惹祸的"圣婴"厄尔尼诺 40
　　寒流与暖流 40
　　厄尔尼诺现象 40
　　全球气候变暖 40

PART 3
动植物与人体探秘篇 41

生命的诞生 42
　　最早的生命 42
　　寒武纪大爆发 42
　　生物的进化 42
中生代的霸主 —— 恐龙 43
　　恐龙是什么 43
　　恐龙有多大 43
　　嗜血杀手霸王龙 43
　　食草的大块头雷龙 44
　　剑龙与角龙 44
　　恐龙之间的生态平衡 44
　　恐龙蛋 45
　　恐龙灭绝之谜 45

恐龙的亲族 46
　　天上的近亲——翼龙 46
　　水中的远亲——鱼龙 46
　　长脖子的怪兽——蛇颈龙 ... 46
鸟类飞行的奥秘 47
　　从爬行到飞行 47
　　适于飞行的身体 47
　　到底能飞多高 47
动物长途迁徙的秘密 48
　　难以置信的长途跋涉 48
　　本能的执著 48
　　定位与导向 48
奇异的冬眠 49
　　冬眠的动物 49
　　它们不饿吗 49
　　防冻的奥秘 49
鮟鱇鱼的奇异婚姻 50
　　面目狰狞的深海居民 50
　　海底钓鱼 50
　　雌鱼体侧的"肉瘤" 50
令人迷惑的鸭嘴兽 51
　　奇异的鸭嘴兽 51
　　介于爬行动物与哺乳动物之间...51
　　鸭嘴兽的毒刺 51
无肉不欢的植物 52
　　食肉植物知多少 52
　　死亡陷阱 52
　　有食人树吗 52
郁金香的黑色梦想 53
　　姹紫嫣红的花朵 53
　　稀少的黑色花 53
　　黑郁金香梦想成真 53
万物灵长——人类 54
　　动物进化的缩影 54
　　人类的祖先来自非洲吗 54

　　了不起的直立行走 55
人体的司令部——脑 56
　　脑的构造 56
　　丘脑——意识从这里产生 .. 56
　　睡眠的作用 57
　　脑垂体与激素 57
　　所谓"智商" 57
认识脏腑 58
　　肺 58
　　胃 58
　　肝脏 58
　　胆囊 59
　　胰脏 59
　　脾脏 59
　　肾脏 59
输送血液的泵——心脏 60
　　一刻不停地跳动 60
　　心脏起搏器 60
　　心脏的修补与再造 60
人类的生育 61
　　成熟的男女 61
　　男性生殖器官 61
　　女性生殖器官 61
　　精子与卵子的结合 61
生男生女由谁定 62
　　男女染色体之别 62
　　关键在于父亲 62
　　环境污染改变性别比例 62

PART 4 仿生学与生物工程篇 63

萤火虫与荧光灯 64

打灯笼的萤火虫 64
　　冷光源 64
　　荧光粉与荧光灯 64
响尾蛇与热定位导弹 65
　　奇异的毒蛇 65
　　响尾蛇的"热眼" 65
　　热定位导弹 65
蝙蝠与雷达 66
　　倒挂睡觉的丑八怪 66
　　蝙蝠靠什么定位 66
　　蝙蝠与雷达 66
青蛙与电子蛙眼 67
　　奇妙的蛙眼 67
　　什么是电子蛙眼 67
水母与风暴预测仪 68
　　爱蜇人的水母 68
　　听石与次声波 68
　　水母耳风暴预测仪 68
海豚与潜艇声呐系统 69
　　"海中智叟" 69
　　海豚的第六感觉器官 69
　　潜艇声呐系统 69
破解生命的密码 —— 基因 70
　　什么是基因 70
　　基因重组 70
　　转基因技术 70
　　转基因食品 71
细胞工程 72
　　第一个"试管婴儿" 72
　　细胞融合 72
　　细胞核移植 72
　　"万用"干细胞 73
克隆技术 74
　　从"多利"说起 74
　　"克隆人"的争论 74

PART 5
物质与新材料篇　75

无限可分的微观世界 76
　　构成物质的基本粒子 76
　　"隐身人"——中微子 76
　　扑朔迷离的反物质 76
物质的第四种状态 77
　　固态、液态和气态 77
　　第四种状态——等离子态 .. 77
　　液晶材料 77
不会生锈的铝合金 78
　　什么是合金材料 78
　　铝和铝合金 78
　　铝合金的应用 78
航天材料 —— 钛合金 79
　　21世纪的金属——钛 79
　　钛合金的应用 79
"记忆力"超强的记忆合金 80
　　"记忆合金"是什么 80
　　"记忆"的原因 80
　　"记忆合金"有哪些 80
神通广大的新型陶瓷 81
　　瓷器与China 81
　　用途广泛的新型陶瓷 81
用途广泛的高分子材料 82

5

什么是高分子材料............ 82
合成塑料.................... 82
合成纤维.................... 82
合成橡胶.................... 82

计算机的"心"—— 单晶硅 83
硅与单晶硅.................. 83
计算机芯片的核心材料...... 83
单晶硅的替代者.............. 83

玻璃家族 84
玻璃加工.................... 84
钢化玻璃.................... 84
夹丝玻璃.................... 84

引领新科技潮流的超导材料 85
奇妙的超导现象.............. 85
"第四次科技革命"............ 85
超导计算机.................. 85

方兴未艾的纳米材料 86
什么是纳米材料.............. 86
隐身材料.................... 86
纳米机器人.................. 86

PART 6

寻找新能源篇 87

埋在地下的黑色金子 —— 煤 88
积累万年的能源.............. 88
煤炭的开采.................. 88
煤炭的主要用途.............. 88

石油、天然气、可燃冰 89
石油的形成.................. 89
神奇的气体.................. 89
海底的可燃冰................ 89

现代文明的基石 —— 电力 90
最基本的常规能源............ 90
电从哪里来.................. 90

电怎样传输.................. 90

最清洁的能源 —— 氢 91
优点众多的新能源............ 91
氢燃料汽车.................. 91
生物制氢.................... 91

地球的能源之母 —— 太阳能 92
取之不尽，用之不竭.......... 92
太阳能气流电站.............. 92
太阳能空间电站.............. 92

古老而又现代的风能 93
悠久的历史.................. 93
风力发电.................... 93
我国的风能资源.............. 93

前景广阔的新能源 —— 海洋能 94
什么是海洋能................ 94
潮汐能...................... 94
海水温差能.................. 94

核能 —— 是祸还是福 95
人类利用核能的历史.......... 95
走近核反应堆................ 95
太空核电站.................. 95

第四大能源 —— 生物质能 96
什么是生物质能.............. 96
"出身低微"的
　　新能源——沼气.......... 96
生物柴油.................... 96

地球深处的能源 —— 地热能 97
地球深处的可再生热能........ 97
"天然医生"——温泉.......... 97
地热发电.................... 97

地球也是发电机器 98
来自电磁场.................. 98
来自闪电.................... 98
来自极光.................... 98

PART 7

电脑与现代通信篇　99

20世纪的奇迹 —— 计算机 100
　　计算机的发明 100
　　二进制运算 100
　　硬件设备 101
　　程序与软件 101
　　巨型计算机 101
　　多媒体计算机 101

超大容量的全息存储器 102
　　计算机存储设备 102
　　从软盘到光盘 102
　　全息存储器 102

计算机的未来 103
　　人工智能 103
　　可穿戴的计算机 103
　　生物计算机 104
　　纳米计算机 104
　　"光脑" 105
　　神经电脑 105

信息高速公路 —— 互联网 106
　　互联网的诞生 106
　　网络构件 106
　　互联网上的WWW 106

电脑带来的烦恼 107
　　电脑病毒 107
　　垃圾邮件 107
　　"流氓软件" 107

网络上的生活 108
　　电子邮件 108
　　信息检索 108
　　计算机支持的协同工作 108
　　电子商务 109

　　网络聊天 109
　　网络游戏 109

永不消逝的电波 —— 无线电 110
　　马可尼与无线电 110
　　电子管的诞生 110
　　无线电的应用 110

手机革命 111
　　手机 111
　　蜂窝网络 111
　　蓝牙技术 111

神通广大的卫星通信 112
　　低轨道通信卫星 112
　　全球卫星定位系统 112
　　卫星广播电视通信 113
　　空间通信平台 113
　　寿终正寝的卫星 113

光纤通信 114
　　大本领的小个子 114
　　单一波长的相干光 114
　　光纤通信的军事应用 115
　　集成光路 115

微波通信 116
　　什么是微波 116
　　微波中继 116

PART 8 尖端兵器篇 117

小巧的杀人利器 —— 手枪 118
 自动手枪之父 118
 无声的手枪 118
 "戴戒指"的手枪 118

神威兵器 —— AK-47 119
 AK-47突击步枪的发明 119
 AK-47突击步枪的突出优势 119
 AK-47突击步枪的仿制品 119

兵器狂 —— 机枪 120
 机枪家族 120
 马克沁机枪 120
 麦德林轻机枪 120
 高射机枪 120

御敌神兵 —— 单兵自卫器 121
 为什么要造单兵自卫武器 121
 第一种单兵自卫武器 121
 MP7系列单兵自卫武器 121

手榴弹、枪榴弹与榴弹炮 122
 榴弹如何爆破 122
 用手投掷的弹药 122
 用途广泛的枪榴弹 122
 短而精悍的榴弹炮 122

动能杀伤武器 —— 电磁炮 123
 电磁炮的奥秘 123
 四大优势 123
 四大功能 123

超级武器 —— 激光炮 124
 威力超群 124
 无声的激光炮 124
 激光炮的战绩 124

铁甲怪兽 —— 坦克 125
 坦克的诞生 125
 坦克由什么组成 125
 坦克有哪些种类 125
 著名的主战坦克 125

笨重坦克 —— "丘吉尔"坦克 126
 以首相之名命名 126
 炮弹穿不透的装甲 126
 "丘吉尔"喷火坦克 126
 "丘吉尔"架桥坦克 126

重型坦克之王 —— "虎"式坦克 127
 姗姗来迟的坦克之王 127
 超强的实力 127
 实战纪录 127

钢铁战士 —— 装甲战车 128
 坦克的帮手 128
 开路先锋 128
 地雷的克星 128

"空中杀手" —— 战斗机 129
 第一架战斗机 129
 最先进的战斗机 129
 我国的顶级战斗机 129

战机中的"四大天王" 130
 "鹞"式攻击机 130
 F-117A隐形攻击机 130
 B-2"幽灵"轰炸机 130
 "阿帕奇"武装直升机 130

"空中加油站" —— 加油机 131
 加油机能做什么 131
 第一架加油机 131
 辉煌战绩 131

"海面猎豹" —— 巡洋舰 132
 军事地位 132
 最先进的巡洋舰 132
 最大的巡洋舰 132

海上巨无霸 —— 航空母舰 133

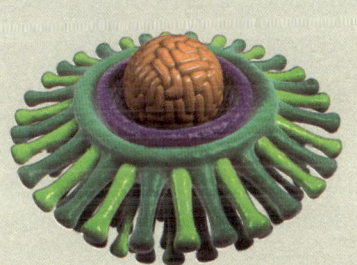

第一艘航空母舰 133
舰载机如何降落 133
最大的航空母舰 133
"乔治·布什"号航空母舰 .. 133

"水下战舰"——潜艇 134
潜艇由什么组成 134
现代潜艇之父 134
最强大的核潜艇 134

现代战争的主角——导弹 135
最早的导弹 135
导弹的组成部件 135
导弹跟踪目标的奥秘 135
"飞毛腿"PK"爱国者" ... 135

舰艇的克星——"飞鱼"导弹 136
一举成名 136
为什么叫"飞鱼"导弹.... 136
如何攻敌 136

美军之盾——"爱国者"导弹 137
"爱国者"的资料 137
"飞毛腿"也甘拜下风.... 137
"爱国者"不爱国 137

身手不凡的"战斧"巡航导弹 138
为什么叫"战斧" 138
"战斧"的基本情况 138
超高的精确度 138
实战纪录 138

"宙斯盾"导弹系统 139
最初的设想 139
什么是"宙斯盾" 139

"宙斯盾"如何运作 139
装备"宙斯盾"的国家.... 139

杀伤性武器之王——核武器 140
核裂变与核聚变 140
核武器的杀伤力 140
核武器爆炸后什么样 140

"穷人的原子弹"——生化武器 141
最廉价的杀人武器——生物武器 141
最恶毒的武器——化学武器.. 141
世界末日武器——基因武器 141

"太空杀手"——太空武器 142
何为太空武器 142
太空"利剑" 142
太空"长矛" 142
太空"飞镖" 142

军队的"耳目"——军事通信 143
军事通信做什么 143
军队的传令兵——军事通信卫星 143
千里眼——军用雷达 143
电子对抗设备 143

士兵的"保护伞"——防护装备 144
打不破的头盔 144
神奇的迷彩服 144
穿不透的防弹衣 144
防毒面具 144

9

PART 9 生活中的科技篇　145

留住时光的脚步 —— 照相机　146
　　第一架照相机..................... 146
　　照片是怎么出来的............. 146
　　数码照相机......................... 146
　　红外热感应相机................. 146
影像时代先锋 —— 数字电视　147
　　电视图像从哪儿来............. 147
　　电视机的"心脏"............. 147
　　世界上第一台电视机......... 147
　　网络电视............................. 147
会思考的冰箱 —— 智能冰箱　148
　　冰箱的起源......................... 148
　　自动调节温度..................... 148
　　现代化功能......................... 148
烹调专家 —— 微波炉　149
　　第一台微波炉..................... 149
　　如何加热食物..................... 149
　　光波炉................................. 149
冷暖相伴 —— 空调　150
　　空调的发明人..................... 150
　　省电的变频空调................. 150
　　为什么会变凉爽................. 150
　　小心空调病......................... 150

让灰尘无处藏身 —— 吸尘器　151
　　世界上第一台吸尘器......... 151
　　灰尘是如何被吸走的......... 151
　　使用吸尘器应该注意什么　151
　　机器人吸尘器..................... 151
走到哪里都刷卡　152
　　信用卡的由来..................... 152
　　什么是信用卡..................... 152
　　消费不用现金..................... 152
　　IC卡的发明人..................... 153
　　万能工具卡——IC卡......... 153
　　ID卡的奥秘......................... 153
商品的"身份证" —— 条形码　154
　　神奇的条形码..................... 154
　　条形码是什么..................... 154
　　谁发明的条形码................. 154
　　条形码上的数字................. 154

PART 10 现代化交通篇　155

车之"脚" —— 轮子　156
　　最古老的运输工具............. 156
　　车轮的演变史..................... 156
　　古代最好的交通工具......... 156
自行车演义　157
　　自行车的成长史................. 157
　　电动自行车......................... 157
　　折叠自行车......................... 157

10

碳纤维自行车 157
现代坐骑 —— 摩托车　158
　　第一辆摩托车 158
　　为什么叫摩托车 158
　　地狱战车——哈雷摩托车 158
时代的宠儿 —— 汽车　159
　　汽车之父 159
　　汽车的"心脏" 159
　　汽车的"骨架" 159
　　汽车的"皮肤" 159
流动的家 —— 旅行房车　160
　　房车的演变 160
　　不可思议的房车 160
　　最奢侈的房车 160
陆地"波音" —— F1赛车　161
　　为什么叫"F1" 161
　　无与伦比的速度 161
自动车 —— 智能汽车　162
　　什么是智能汽车 162
　　神奇的智能汽车 162
　　会思考的安全气囊 162
　　报警轮胎 163

　　智能钥匙 163
　　无钥匙进入系统 163
未来之车 —— 环保汽车　164
　　电动汽车 164
　　混合动力汽车 164
　　燃料电池汽车 164
　　烧氢气的汽车 164
爬山能手 —— 齿轨机车　165
　　奇特的设想 165
　　齿轨铁路的发明 165
　　独特的齿轨机车 165
铁轨上的巨龙 —— 火车　166
　　铁轨的诞生 166
　　第一辆火车 166
　　喝柴油的火车——内燃机车 167
　　吃电的火车——电力机车 167
　　火车如何刹车 167
陆地航班 —— 高速铁路　168
　　高速铁路有多快 168
　　日本的新干线 168
　　奇妙的动车组 168
轨道交通线 —— 地铁和轻轨　169
　　地铁的发明者 169
　　地铁与轻轨的区别 169
　　无人驾驶轻轨车 169

11

空中飞龙 —— 磁悬浮列车 170
　　什么是磁悬浮列车 170
　　德国的磁悬浮列车 170
　　日本的磁悬浮列车 170
　　我国的磁悬浮列车 170
最快的客机 —— 协和式客机 171
　　为什么要造协和客机 171
　　世界上最快的客机 171
　　三大致命弱点 171
　　超音速民航时代结束 171
缉捕快手 —— 警用直升机 172
　　空中卫士 172
　　最先进的警用直升机 172
　　空中救护 172
不塞车的路 —— 高速公路 173
　　什么是高速公路 173
　　最早的高速公路 173
　　高速公路的最高速度 173
立交桥与高架路 174
　　何为立交桥 174
　　最早的立交桥 174
　　立交桥为何有接缝 174
　　高高在上的高架路 174

穿山过海的隧道 175
　　为什么要修隧道 175
　　隧道的"内脏" 175
　　我国第一条海底隧道 175
　　海拔最高的隧道 175
极地勇士 —— 破冰船 176
　　破冰船怎么破冰 176
　　俄罗斯的破冰船 176
　　我国唯一的破冰船 176

Part 1
宇宙与航天技术篇

宇宙尘埃：指漂浮于宇宙间的岩石颗粒与金属颗粒。它们可以较为密集地聚集在一起，形成星云。

▷ 大爆炸与宇宙的诞生
▷ 宇宙有多大
▷ 宇宙里有什么

我们所在的宇宙

飞上蓝天，遨游太空，是人类千百年来的梦想。蓝天白云，繁星皓月，从古至今一直被人类所思考和探究。浩瀚无垠的宇宙中究竟隐藏着多少秘密，没有人能说得清。亲爱的朋友，对广袤而神秘的宇宙，你知道多少呢？

■ 大爆炸与宇宙的诞生

大爆炸理论把宇宙200亿年的演化过程分为三个阶段：先是极早期，温度极高，环境非常恶劣，不存在生命，持续时间也非常短；然后是中间期，温度有所下降，没有生命出现，持续了约3000万年；最后是稳定期，环境有所改善，形成了星空世界，即宇宙的雏形。

虽然有很多人质疑这种学说，但是大量的天文观测事实支持了这一理论。随着科学研究的不断深入，大爆炸理论又面临新的质疑，事实究竟是怎么样的，还需要科学家进一步探索。

宇宙大爆炸想象图
这是人们对宇宙大爆炸的想象图。宇宙大爆炸理论能够解释较多的观测事实，已被绝大多数天文学家所接受。

■ 宇宙有多大

宇宙是广阔无垠的。从最新的观测资料来看，已观测到的离我们最远的星系在130亿光年之外。也就是说，如果有一束光以每秒30万千米的速度从该星系发出，那也要经过130亿年才能到达地球。我们今天所知道的宇宙范围，或者说宇宙大小，是一个以地球为中心、以130亿光年的距离为半径的球形空间。当然，地球并不是宇宙的中心，宇宙也未必是一个球体，限于目前的观测能力，我们只能了解到这一程度。宇宙中存在着千千万万个谜，宇宙本身也是一个谜。

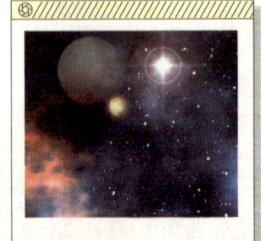

浩瀚的宇宙
天文学中的"宇宙"，是指人类目前所能观测到的最大的天体系统。浩瀚的宇宙中有很多五颜六色、千姿百态的天体。

■ 宇宙里有什么

宇宙并不是空荡荡的，而是充满了行星、恒星、星云等各种星体。

行星是指沿椭圆形轨道绕恒星运行的、近似地球的天体。它们本身不发光，我们用肉眼能看见它们是因为它们反射了恒星的光。

恒星是与行星相对而言的，它自身会发光，并且位置相对固定，例如太阳。但恒星实际上也是运动的，它们不但自转，而且以不同的速度在宇宙中移动。

星云是由气体和尘埃组成的云雾状物质，广泛存在于银河和河外星系之中，千姿百态、大小不同。

在宇宙中，星星并不是杂乱无章地分布着，而是成群会聚着的，每群都由无数颗恒星和其他天体组成。天文学上把这种会聚在一起的星群称为"星系"。

【你知道吗】
目前已知最大的恒星在御夫座，叫做"柱六"，它比太阳的体积大200亿倍。目前已知最小的恒星是蟹状星云中的一颗中子星，它的直径只有20千米，相当于地球直径的1/637，但密度大得惊人。

- 银河系有多大
- 巨大的"旋涡"
- 双星、星团和星协

光年：天文学上的一种距离单位。光在真空中1年内走过的路程为1光年，约等于94605亿千米。

宇宙与航天技术篇

美丽的银河系

在晴朗的夏夜，一道白茫茫的"天河"横贯南北，这就是银河系。

■ 银河系有多大

银河系是由众多的恒星、星团及其他天体组成的一个十分庞大的天体系统。银河系中的星星至少有1000亿颗，整个银河系的总质量大约是太阳质量的800亿倍。银河系的主体像一个扁圆的大盘子，人们称之为"银盘"。它中间厚、边缘薄，盘中间的星比盘外的要密得多。盘中央厚度约有1万光年，盘边上只有5000光年，直径约8万光年。

星际物质

星际物质指的是星体与星体之间的物质，包括星际气体、星际尘埃和各种各样的星际云，还包括星际磁场和宇宙线。

■ 巨大的"旋涡"

银河系是一个旋涡星系，具有旋涡结构，即有一个银心和几条弯曲的"旋臂"，每两条旋臂之间相距4500光年。而我们所在的太阳系正位于其中一条旋臂的边缘，离银河系中心33000光年。整个银河系围绕其核心轴旋转，但各处旋转的速度不相同，接近中心的地方旋转速度较快，而离中心越远的地方旋转速度就越慢。

■ 双星、星团和星协

银河系中恒星成双、成团、成群的现象非常普遍。有时候，银河系中的两颗恒星挨得很近，构成一个小系统，互相围绕旋转，就形成了双星。

银河系中还有许多星团，可分为两种类型：一是疏散星团，由数十到数百颗恒星组成，它们的运动方向一致，只是成员星间的类型差别很大，而且所组成的形状很不规则；二是球状星团，一般包含数千至数万颗恒星，这些成员像出巢的黄蜂一样组成一个球团。

【你知道吗】

在银盘里，恒星之间的辽阔空间还普遍存在着极其稀薄的星际物质。这些物质的密度极低，一般都比地球上实验室能取得的最接近真空的物质密度还要稀薄100万倍。然而，银河系里所有的恒星、行星等天体，恰恰是由这种稀薄物质聚集而成的。

除了上述两种星团以外，银河系中还有一种叫做"星协"的恒星集团，通常包含几十颗到几百颗恒星，这些恒星的光谱型大致相同，具有相同的物理性质，稀稀拉拉地分布在一个球形空间里。

侧看银河系

从侧面看，银河系像一块大铁饼，中间厚，边缘薄。银盘中心厚度约为1万光年，边缘厚约5000光年。

3

星等：天文学上对恒星明暗程度的一种表示方法。星等值越小，星越亮；星等值越大，星越暗。

▶ 恒星不"恒"
▶ 恒星的诞生
▶ 星座的奥秘
▶ 北斗七星与北极星

恒星和星座

和我们人类一样，恒星也有自己的生命史，也有幼年、青年、壮年和老年。现在，就让我们一起走近它，探索它的前世今生。

■ 恒星不"恒"

恒星的"恒"是相对于行星的"行"而言的。事实上恒星也是一直在运动的，只是因为离我们太远了，所以肉眼很难觉察。

早在战国时代，我们的祖先就发明了用以确定恒星位置的赤道坐标系。随后，唐代著名的天文学家张遂，经过再三测量，证实了恒星的确在运动。实验证明，恒星除了自行外，本身也在自转，恒星的光度也会发生微小的变化。

恒星之死
一颗恒星从诞生到死亡可能要经过几十亿年的时间。图中发出微弱亮光的是即将死亡的恒星，它的周围是星云。

黄道十二星座
黄道两边的一条带上分布着十二个星座，它们是白羊座、金牛座、双子座、巨蟹座、狮子座、处女座、天秤座、天蝎座、人马座、摩羯座、宝瓶座和双鱼座。

■ 恒星的诞生

星际物质主要由气体和尘埃构成。它们通常成块出现，形成弥漫的星云。占星云3/4质量的物质是氢，其余是一些气态化合物分子。星云包含的物质很多，这使它变得不稳定。星云会向内收缩并分裂成较小的团块，并逐渐在团块中心形成致密的核。当核区的温度升高到氢核聚变反应可以进行时，一颗新恒星就诞生了。

■ 星座的奥秘

为了便于认识恒星，人们把星空分成许多区域，这些区域就被称为星座。国际天文学联合会于1928年公布了国际通用的88个星座的名字，其中大部分是以希腊神话中的人物和动物命名的，也有根据天文学仪器命名的。在辨认星座时，可先根据星图和说明，找出星座中最亮的星，再根据星图中各星的相对位置来区分是什么星座。星座中各星的名称，由星座名称加上一个表示星的亮度和大小的小写希腊字母构成。例如天蝎座中最亮的星就叫"天蝎座α"。

■ 北斗七星与北极星

北斗七星（属于大熊星座）的形状像把勺子，若把斗口的两颗星连线，再朝斗口方向延长这两颗星连线长度约5倍远的距离，延长线顶端的那颗星就是北极星。北极星是小熊星座中最亮的一颗星。

我国古代劳动人民发现："斗柄东指，天下皆春；斗柄南指，天下皆夏；斗柄西指，天下皆秋；斗柄北指，天下皆冬。"古往今来，北斗七星这把"勺子"成为人们的"太空指南针"。但是由于七颗星运动的方向和速率不尽相同，大约经过10万年的时间，北斗七星所构成的"勺子"就会面目全非。

【你知道吗】
正常恒星大气的化学组成与太阳大气差不多。按质量计算，氢最多，氦次之，接下来依次是氧、碳、氮、氖、硅、镁、铁、硫等。在演化过程中，恒星大气的化学组成一般变化较小。

- 黑洞的形成
- 巨大的引力场

虫洞：通过时空结构的假想通道。可想象为通过时空的捷径，即连接两个黑洞或一个黑洞和一个白洞的时空隧道。

宇宙与航天技术篇

吞噬一切的黑洞

宁静的夜空，繁星闪闪，一条明亮的银河横贯天间。谁能料想，这看似平静的宇宙中，处处充满了危险。黑洞，犹如一只伏在黑暗里的怪兽，吞噬着经过它附近的所有物体，又不让自己的秘密被外界所知。作为宇宙中最能激发人类好奇心的天体，黑洞只讲不出的特点，使它获得了一个极为恐怖的别名——"宇宙监狱"。

■ 黑洞的形成

黑洞很可能是由恒星演化而来的。

当一颗恒星衰老时，它的热核反应已经耗尽了中心的燃料（氢），由中心产生的能量已经不多了。这样，它再也没有足够的力量来承担外壳巨大的重量。在外壳的重压之下，核心开始塌缩，直到形成体积小、密度大的星体。质量小一些的恒星主要演化成白矮星，质量比较大的恒星则有可能变成中子星。

据科学家猜想，当它的半径收缩到一定程度，巨大的引力就使得任何物质都无法向外射出，从而切断了恒星与外界的一切联系。"黑洞"也就诞生了。

还有一种特殊的黑洞——量子黑洞。它并不是由很大质量的星体塌缩形成的，而是由原子塌缩形成的，因此只有在一种条件下才会形成量子黑洞，即大爆炸。但这种黑洞几乎是不可能观测到的，它目前只存在于理论推想中。

■ 巨大的引力场

黑洞中隐匿着一个巨大的引力场，其引力大到能吸引任何东西。

爱因斯坦的学说认为质量使时空弯曲。我们不妨在弹簧床的床面上放一块大石头来说明这一情景：石头的重量使绷紧了的床面稍微下沉了一些，虽然弹簧床面基本上是平整的，但其中央仍稍有下凹。如果在弹簧床中央放置更多的石块，则将产生更大的效果，使床面下沉更多。事实上，石头越多，弹簧床面弯曲得越厉害。为什么任何东西都不能从黑洞里逃逸出去？这正如一个滚过弹簧床面的网球，会掉进大石头重压形成的凹陷一样，任何经过黑洞的物体都会被其引力陷阱所捕获。

斯蒂芬·威廉姆·霍金（右一）

霍金是英国著名物理学家、剑桥大学终身教授，他提出了黑洞理论，相关著作有《时间简史——从大爆炸到黑洞》、《霍金讲演录——黑洞、婴儿宇宙及其他》等。

黑洞想象图

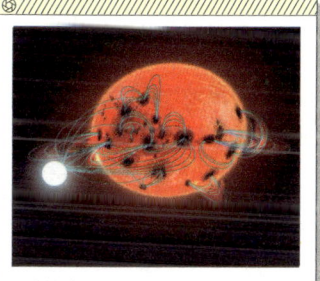

黑洞也是个星球（类似星球），但是密度非常大，靠近它的物体都被它的引力所约束。对于黑洞来说，它的第二宇宙速度超过了光速，所以射进去的光不能反射回来，我们的眼睛只能看到一片黑色。

【你知道吗】

斯蒂芬·威廉姆·霍金，1942年出生。他身患卢伽雷氏症，已在一张轮椅上生活了20年之久。他在黑洞、量子论、宇宙起源等方面提出了许多重要理论，是当代享有国际盛誉的伟人之一，被誉为在世的最伟大的科学家、"爱因斯坦以后最伟大的物理学家"。

巨行星：距离太阳比类地行星远，体积和质量都很大，平均密度小，表面温度低，包括木星和土星。

▶ 炽热的火球
▶ 形态各异的八大行星

太阳家族的秘密

太阳系是一个以太阳为中心的极其庞大的天体系统，它由太阳及8颗大行星、50余颗卫星、2000多颗已被观测到的小行星以及无数的彗星、流星体等组成。在这个庞大的天体系统中，所有的天体都以太阳为中心。太阳就像一根万能的绳子，拉着所有的天体围绕自己旋转。

■ 炽热的火球

太阳是太阳系中唯一能发光的星体，其他星体的光都来自于太阳。太阳的中心温度高达1500万摄氏度，表面温度达6000摄氏度，每秒钟辐射到太空（包括我们所在的地球）的能量，相当于1.3亿吨煤燃烧产生的热量。太阳的光和热来源于氢聚变为氦的热核反应，能量通过辐射和对流传到表层，然后由表层发出光和热。

太阳的表层分为三个部分：最里面一层叫做"光球层"，厚度只有500千米，平均温度约为6000摄氏度，我们看到的太阳光就是由这里发出的；中间一层叫做"色球层"，厚度大约为2000千米，温度约有几万摄氏度，它几乎是完全透明的，平时很少能看到；最外的一层叫做"日冕层"，厚度约为数百万千米，温度高达100万摄氏度，肉眼完全看不到它，"太阳风"就出现在这一层。

炽热的太阳
太阳是银河系中一颗普通的恒星，目前已经度过了主序生涯的一半左右。

■ 形态各异的八大行星

水星距离太阳最近，是八大行星中最小的一个。它表面干枯荒凉，有环形山、平原和盆地，没有水。朝向太阳的一面温度高达400摄氏度以上，而背向太阳的一面则为零下173摄氏度。水星表面空气稀薄，气压只有地球的五千亿分之一。

金星是从地球上看到的最明亮的一颗行星，我们常说的"启明星"就是它。金星上有高山、盆地和平原，而且常有火山喷发。它的表层有一层硫酸雨滴和云雾，但没有水。金星离地球比较近，最近时只有4000万千米。

地球是距离太阳第三近的行星，被一层厚厚的大气层包围着，表面70%以上被海洋所覆盖。有空气、水和适宜的温度，有生命存在。结构上最外层为厚度约21.4千米的地壳，中间一层为地幔，最中心为地核。

火星表面干燥荒凉，有许多沙丘、岩石和火山口。和地球一样有昼夜交替、四季变化和大气层，但是昼夜温差很大。大气的95%以上为二氧化碳。

太阳系的八大行星及冥王星
冥王星（左一）曾为太阳系九大行星之一，但在2006年国际天文联合会的会议上被开除了，于是太阳系只剩下八大行星。

6

- 行星的自转与公转
- 神秘的小行星带

矮行星：亦称侏儒行星，指大小介于行星与太阳系小天体之间的天体，如冥王星。

宇宙与航天技术篇

木星是太阳系中最大的行星，被称为"巨行星"。目前已经发现了63颗卫星（截至2003年）。磁场强度为地球的10倍。表面有一层1000千米厚的大气层，主要成分是氢和氦，温度只有零下140摄氏度，没有生命存在。

小行星（右）
小行星是太阳系内类似行星、环绕太阳运动但体积和质量比行星小得多的天体。

土星是太阳系第二大行星，密度很小，有美丽的光环。目前已发现有60颗卫星（截至2007年7月20日）环绕，其中最大的卫星比月球还大。

天王星的体积在八大行星中居第三位，质量居第四位。由于离地球和太阳都很远，所以肉眼无法观测到。目前已发现它的卫星有28颗（截至2003年）。天王星也有美丽的光环。

海王星是天文学家计算出轨道之后才找到的。海王星的表面温度很低。目前已发现有13颗卫星（截至2003年）。

相近，为24小时37分。

木星绕太阳一周几乎需要12年，但自转速度却很快，大约9小时50分30秒就自转一周，是太阳系中自转速度最快的行星。

土星的公转周期很长，为10759.5天，约29年半；自转速度很快，约为10小时14分。

天王星距离太阳较远，公转速度很慢，需要84年；但自转一周仅要5.5小时，而且自转不规则，它差不多是"躺"着绕太阳运动的。

海王星是太阳系中距离太阳最远的一颗大行星，绕太阳公转一周需要165年之久；但自转一周却只要15小时48分。

木星大红斑
木星最显著、最持久，也是人们最熟悉的特征要算木星大红斑了。大红斑是位于木星赤道南侧、长2万多千米、宽1万多千米的红色蛋形区域。

■ **行星的自转与公转**

太阳系的八大行星，在自转的同时，也都以太阳为中心，沿着自己的轨道公转。

水星由于离太阳最近，受到太阳的强大引力影响，所以围绕太阳公转的速度很快，公转周期约为88天。自转一周要58.65天，正好是其公转周期的2/3。

金星的公转轨道接近于正圆，其公转周期约为224.7天，但其自转周期却为243天。也就是说，金星上的"一天"比"一年"还长。金星是太阳系内唯一逆向自转的大行星。

地球绕太阳公转一周的时间为365.25天，自转一周的时间为23小时56分4秒。

火星公转一周需要687天；自转周期与地球很

■ **神秘的小行星带**

小行星带是位于火星和木星轨道之间的小行星密集区域，估计此带存在着约50万颗小行星。关于小行星带形成的原因，比较常见的观点是：由于某种原因，火星与木星之间的这个空当地带未能积聚形成一颗大行星，结果就留下了大批的小行星。

已被观测到的小行星数目超过7000颗，其中已测定精确轨道并正式编号的有5000多颗。天文学家们全力搜索这类小行星的部分原因是它们可能会和地球相撞。

了解这类小行星的存在并计算出它们的轨道，就可能找出改变其轨道的方法，使之远离地球。

【你知道吗】

离太阳最近的恒星是毗邻星。它离太阳只有4.22光年，相当于399233亿千米。如果乘坐最快的宇宙飞船，来回也得17万年。可想而知，宇宙之大，虽说是毗邻也遥不可及。

彗发：彗发是彗核的蒸发物，其形状和大小与距离太阳的远近密切相关。一般来说，离太阳越近，彗发越亮、越大。

▶ 巨大的"脏雪球"
▶ 彗星的漫漫旅程
▶ 哈雷彗星

太阳系的匆匆过客——彗星

夜空中的星星，不论是行星还是恒星，看上去都是亮晶晶的光点。但有时候会出现一种这样的星星：尖尖的头，尾巴像一把扫帚，一扫而过。这便是彗星，也就是我国民间所说的"扫帚星"、"妖星"。

■ 巨大的"脏雪球"

彗星没有固定的体积，彗尾最长可达2亿多千米。彗星的质量非常小，绝大部分集中在彗核部分，彗发和彗尾只占总质量的1%至5%，甚至更小。由于彗核主要由凝结成冰的水、二氧化碳、氨和尘埃微粒混杂组成，而冰物质中混有大量的尘埃物质，看上去是灰黑色的，所以美国天文学家惠普尔给彗星起了一个很形象的名字，叫做"脏雪球"。

彗星

彗星的质量非常小，绝大部分集中在彗核部分。图中最亮的地方就是彗核所在之处。

■ 彗星的漫漫旅程

关于彗星的起源，有一个著名假说：在太阳周围存在着一个巨大的星云团，它就是一个彗星库，里边有上亿颗很小的固体状彗星核，在过往恒星的引力作用下，星云团就会向太阳系内部射出彗星。

彗星大都沿着扁长的椭圆轨道绕日运行，每隔一段时间就会运行到离太阳和地球较近的地方，但周期有长有短。周期最短的恩克彗星每3.3年接近地球一次，而有的彗星却几万年才能接近地球一次。

彗星的密度非常低，它每接近太阳一次就有一次物质消耗，时间一长，就会逐渐崩裂，成为流星群和宇宙尘埃，散布在广漠的宇宙空间里。

■ 哈雷彗星

哈雷彗星是为了纪念它的发现者——英国天文学家爱德蒙·哈雷而命名的。它大约76年回归一次，上一次光临地球是在1986年2月9日。它的主要成分是凝结成冰的水、尘埃以及大石块。它有壮观的彗尾和美丽的彗发，可它的彗核却又丑又脏，整个彗核就像一个肮脏、松散的大雪堆。

哈雷彗星在运行中，不断向外抛射尘埃和气体。上次回归以来，它总共损耗了1.5亿吨的物质，彗核直径缩小了4至5米。照此下去，它的寿命也许到不了100万年。

爱德蒙·哈雷

英国天文学家、数学家。他于1705年出版了《彗星天文学论说》一书，阐述了从1337年至1698年观测到的24颗彗星的轨道。他发现1531年、1607和1682年出现的三颗大彗星具有十分相似的轨道，由此推断这是同一彗星，每隔75至76年回归一次，并且预言这颗彗星将于1758年年底或1759年年初再度回归，后得到证实。为纪念他，后人将这颗彗星称为哈雷彗星。

【你知道吗】
我国现存最早的编年体史书《春秋》记载，公元前613年，"有星孛于北斗"，这是世界上公认的首次关于哈雷彗星的确切记录，比欧洲早630多年。

- 流星是什么
- 明亮的火流星
- 狮子座流星雨
- 陨石

流星体：星际空间中造成流星现象的尘埃微粒和固体块。肉眼可见的流星体直径在0.1至1厘米之间。

宇宙与航天技术篇

流星划过天际

晴朗无月的夜晚，经常会看见一道明亮的闪光划破夜空，飞流而逝，这就是流星。传说"一颗星坠落就有一个灵魂补上去，灵魂升天时也会把你的愿望带给上帝"。流星真的有这么神奇吗？

流星

流星迅速划过天际，坠落到地面的流星体通常为陨石或陨铁。

■ 流星是什么

太阳系内除了太阳、八大行星及其卫星、小行星、彗星外，在行星际空间内还存在着大量的尘埃微粒和微小的固体块。它们绕太阳运行，在经过地球附近时，受地球引力的作用而改变轨道，从而闯入地球大气圈，同大气摩擦燃烧产生光迹，这种现象就叫做流星。通常所说的流星指这种短时间发光的流星体。

■ 明亮的火流星

流星中特别明亮的称为火流星。火流星像一条闪闪发光的巨大火龙，发出"沙沙"的响声，有时还夹杂着爆炸声。有的火流星甚至在白天也能看到。火流星的出现是因为它的流星体质量较大，进入地球大气后来不及在高空燃尽而继续闯入稠密的低层大气，以极高的速度和地球大气剧烈摩擦，产生耀眼的光亮。

火流星消失后，在它穿过的路径上，会留下云雾状的长带，人们称之为"流星余迹"。

■ 狮子座流星雨

流星雨，顾名思义，就是流星像雨一样纷扬洒落的现象。狮子座流星雨是非常著名的一个，它在每年的11月14日至21日左右出现。一般来说，流星的数目大约为每小时10至15颗，但平均每33至34年狮子座流星雨会出现一次高峰期，流星数目可达到每小时数千颗。它其实是由一颗叫做坦普尔枣塔特尔的彗星造成的。但是在地球上看，就好像是从"狮子座"上喷射出来，因此被称为"狮子座"流星雨。

流星雨

流星雨发生时，成群的流星从夜空中的一点迸发并坠落下来，美丽而壮观。这一点或一小块天区叫做流星雨的辐射点。为区别来自不同方向的流星雨，通常以流星雨辐射点所在天区的星座给流星雨命名。

【你知道吗】

历史上出现过许多次著名的流星雨：天琴座流星雨、宝瓶座流星雨、狮子座流星雨、仙女座流星雨……中国在公元前687年就有对天琴座流星雨的记录，"夜中星陨如雨"是世界上已知最早的关于流星雨的记载。

■ 陨石

流星一般划过天际就解体了，若燃烧未尽，落在地上就会形成"陨石"。根据陨石所含的化学成分不同，大致可将其分为三种类型：含铁90%以上的叫做"铁陨石"或"陨铁"；含镍和硅酸盐矿物各半的叫做"石铁陨石"或"陨铁石"；90%以上为硅酸盐矿物的叫做"石陨石"或"陨石"，这种陨石的数目最多。目前世界上最大的陨石是1976年3月8日在我国吉林省坠落的，重达1770千克。最大的陨铁在纳米比亚，重达60多吨。

铁陨石

铁陨石是主要成分为铁、镍的陨石，由铁纹石和镍纹石两种矿物组成。

9

月相：由于与太阳的相对位置不同，月球在反射的太阳光下所呈现的不同形状。

▶ 初识月球
▶ 阴晴圆缺

地球最近的邻居——月球

你听过"嫦娥奔月"的故事吗？巍峨的广寒宫，寂寞无助的嫦娥，被吴刚砍了又长、长了又砍的桂花树，三条腿的蛤蟆，会捣药的小白兔……晴朗的夜晚，皓月当空，令人生出无限的情思遐想。

■ 初识月球

月球俗称为"月亮"，年龄大约也是46亿年，有壳、幔、核等分层结构。最外层的月亮平均厚度约为60至65千米。月壳下面到1000千米深处是月幔，占了月球的大部分体积。月幔下面是月核，月核的温度约为1000摄氏度，很可能是熔融状态的。月球是地球的天然卫星，公转与自转周期都是27.3天。它反射太阳光，本身不发光发热。体积约为地球的1/49，密度为地球的3/5，重力只相当于地球的1/6。月岩中含有铝、铁等66种有用元素。

■ 阴晴圆缺

每当月球运行到太阳与地球之间，被太阳照亮的半球背对着地球时，人们在地球上就看不到月球，这一天称为"新月"，也叫"朔日"，这时是农历初一。月球顺着地球自转方向运行，亮区逐渐转向地球，地球上的人们就可看到一弯纤细银钩似的月亮，这叫做"蛾眉月"，这时是农历初三、初四。随后，月球逐渐远离太阳，到了农历初七、初八，半个亮区对着地球（凸面向西），这叫做"上弦月"。当月球运行到地球的背日方向，即农历十五、十六、十七，月球的亮区全部对着地球，我们就能看到一轮圆月，称之为"满月"。满月过后，亮区西侧开始亏缺，到农历二十二、二十三，又只能看到半个月亮（凸面向东），这叫做"下弦月"。又过四五天，月球又变成一个蛾眉形月牙，月牙的弓背朝向旭日，这叫做"残月"。当月球再次运行到日地之间，就又回到"新月"。这样一次循环，就是一个"朔望月"，时间间隔约为30天。

月球表面

月球表面有阴暗的区域和明亮的区域。早期的天文学家以为发暗的地区有海水覆盖，因此把它们称为"月海"。

满月

与天文学上的"月球"不同，月亮这个名字要显得温情和浪漫许多，它也成为我国文化中不可缺少的一部分，关于它的神话故事、诗词歌赋源远流长。不管是弦月还是满月，都有其独特的魅力。

【你知道吗】

月海其实是月球上广阔的平原。整个月球上共有32个海，其中向着地球一面的有19个。风暴海是月球上最大的平原，面积约500万平方千米。

日食与月食
万籁俱寂的不毛之地
月球起源的争论

月晕：指月光通过云层中的冰晶时，经折射而在月亮周围形成的一个或者两个以上的彩色或白色光圈。

宇宙与航天技术篇

■ 日食与月食

当月球运行到地球和太阳之间，且三者在一条直线上时，地球上便可以看到月球遮住太阳的景象，这便是日食。按照被月球遮住太阳面积的大小，日食可以分为日偏食、日环食和日全食。日食发生的时间必定在农历初一，因为这一天月球恰好运行到地球和太阳之间，但不是每逢初一必有日食。

当月球运行到被地球挡住阳光的阴影区域内时，地球上便可以看到月球被地球的阴影所遮掩，这一现象就叫做月食。月食分为月全食和月偏食两种。由于发生月食时地球在月球和太阳之间，所以它必定出现在农历的十五或者十六，当然也不是每逢十五或者十六都会发生月食。

月偏食

发生月食的时候，太阳和月球分列于地球两边，所以月食必定发生在农历十五前后。

■ 万籁俱寂的不毛之地

几千年来，月球一直是人们向往的"仙境"，但是真实的月球却是一个寂静、荒凉的世界。月球上没有大气，也没有水，昼夜温差高达310摄氏度，不可能有生命存在。

月球上山岭起伏，有许多环形山、月海、月陆和月谷。环形山是月面上的显著特征，几乎布满了月球表面。最大的环形山是南极附近的贝利环形山，直径295千米，比海南岛还大一点。月海是月面上广阔的平原。大多数月海是圆形封闭的，周围是山脉。月面上高出月海的部分称为月陆，一般比月海高2至3千米。在月球正面，月陆的面积大致与月海相等，但在月球背面，月陆的面积要比月海大得多。月谷类似地球上的裂谷，绵延几百到上千千米，宽度从几千米到几十千米不等。较宽的月谷大多出现在月陆较平坦的地区，而那些较窄、较小的月谷则到处都有。

■ 月球起源的争论

起初，人们将月球起源假说归纳为三类，即地球与月球起源相同的"同源说"、月球是从地球分裂出去的"分裂说"和地球偶然俘获了月球的"俘获说"。但是三种假说都有难以自圆其说的地方。

【你知道吗】

在月球众多的环形山中，有4座是以我国古代天文学家的名字命名的。它们分别是石申环形山、张衡环形山、祖冲之环形山和郭守敬环形山。

近来，美国科学家提出了一个新的月球成因假说：月球开始也是一颗行星，它的轨道在火星外。后来由于万有引力的作用，它逐渐向火星靠近。但是火星的引力不足以俘获月球。所以，月球又越过火星向地球靠近，两颗星球发生了巨大的碰撞。地球表层被震裂为碎块或灰尘，沧海桑田，形成今天的陆地和海洋。

大碰撞几乎毁灭了月球，最后月球只剩下一个残骸，被地球收为卫星。由于月球在碰撞时获得了一个较大的垂直于地面的速度，所以月球绕地球运行的轨道半径不断增大，周期也逐渐变长。如今，月球还在不断远离地球。由于地球强大引力的作用，这个速度会不断减小。大碰撞同时也造就了月球自转角速度和绕地公转角速度相同的奇迹。环形山则是当时外壳碎块形成裂缝的记录。

地球和月球

在太阳系中，月球是地球唯一的天然卫星，月地平均距离为384402千米，近地点363300千米，远地点405500千米。

11

运载火箭：由多级火箭组成，把人造地球卫星、载人飞船、空间站、空间探测器等航天器送入预定轨道的航天运输工具。

▷ 与引力的斗争
▷ 从单级到多级
▷ "阿丽亚娜"4型运载火箭

探索太空的使者——火箭

节日夜晚的焰火异彩纷呈，绚烂无比。你知道它们是怎样飞上天空的吗？其实，它们就是一种简单的火箭。火箭是以热气流向后喷出产生的反作用力向前运动的喷气式推进装置，它的发明，是人类迈向太空的第一步。

■ 与引力的斗争

要使火箭发射升空，就必须有冲力作用在火箭上。这种冲力是通过燃料的燃烧产生的。火箭的燃料是自带的固体或液体的化学推进剂，推进剂燃烧产生热气，在火箭尾部喷出气流，进而产生巨大的推力使火箭在很短的时间内迅速升入高空。随着燃料不断减少和与地球距离逐渐增大，火箭的质量和所受重力不断下降，火箭速度就会越来越快。

当火箭速度达到7.9千米/秒（即第一宇宙速度）时，它飞行轨迹的曲面正好与地球的曲面相同，这时火箭就会绕地球飞行。如果要完全摆脱地球的引力，到太阳系内的行星际空间旅行，就需要达到第二宇宙速度——11.2千米/秒。如果想要飞出太阳系，就需要摆脱太阳的引力，达到16.7千米/秒的第三宇宙速度。

"土星五号"运载火箭
"土星五号"运载火箭是美国专为阿波罗登月计划研制的，也是迄今为止最大的巨型运载火箭。它曾先后将12名航天员送上月球。

■ 从单级到多级

火箭的速度与发动机的喷气速度成正比。单级火箭即使使用性能最好的液氢液氧推进剂，发动机的喷气速度也只能达到4.3至4.4千米/秒，不可能把航天器送入太空轨道。因此，必须采用多级火箭，以接力的方式将航天器送入太空轨道。

多级火箭各级之间、火箭和有效载荷及整流罩之间，通过连接—分离机构实现连接和分离。分离机构由爆炸螺栓（或爆炸索）和弹射装置（或小火箭）组成。平时，它们由爆炸螺栓或爆炸索连成一个整体；分离时，爆炸螺栓或爆炸索爆炸，使连接解锁，然后由弹射装置或小火箭将两部分分开。此外，也有一些多级火箭的各级之间是借助前面一级火箭发动机喷出的强大射流分开的。

火箭发射
火箭垂直发射，能够尽快地穿过厚厚的大气层进入高空飞行，最大限度地降低能量消耗。

■ "阿丽亚娜"4型运载火箭

"阿丽亚娜"4型运载火箭由3级能相互分离的火箭组成，它在第1级火箭外捆绑了额外的助推火箭，以此获得额外的推力来发射重型卫星。而且它完全依靠计算机控制，通过触发每级火箭间的爆炸连接装置来使各级火箭分离。

自1988年6月15日首次发射以来，"阿丽亚娜"4型火箭共发射116次，仅出现3次失败，被公认为"阿丽亚娜"系列火箭中最为安全可靠的一种。

【你知道吗】

第一个尝试用火箭飞天的人是我国明朝的万户。他把两个大风筝绑在椅子的两边，把47支火箭绑在椅子背后，自己坐在椅子上，然后点燃火箭。结果可想而知，万户在火焰和烟雾中献身了。

- 载人航天的交通工具
- "水星"号宇宙飞船
- 中国的载人飞船

亚轨道：距地面大约100千米的高空，可以体验失重状态的航天器运行轨道。

宇宙与航天技术篇

宇宙飞船

如果说现代火箭的发明和应用迈出了人类探索太空的第一步，那么宇宙飞船的出现，则真正让人类走进了太空。

■ 载人航天的交通工具

宇宙飞船又称"载人飞船"，是一种运送航天员到达太空并安全返回的一次性航天器。它能基本保证航大员在人空进行短期生活与工作。运行时间一般是几天到半个月，一般能载乘2到3名航天员。载人飞船既能用于太空和地面往返运输，也能作为往返于地面和空间站之间或地面和月球及地面和行星之间的"渡船"，还可与空间站或其他航天器对接后进行联合飞行。目前，人类已研制并发射了卫星式、登月式两种载人飞船。

■ "水星"号宇宙飞船

"水星"号宇宙飞船是美国第一个载人飞船系列。飞船总长约2.9米，最大直径1.8米，重约1.3至1.8吨。飞船座舱内可乘坐1名航天员，设计的最长飞行时间为2天。从1958年到1963年，"水星"号宇宙飞船共进行了14次飞行实验，有6次不载人飞行，2次载动物飞行，6次载人飞行。

■ 中国的载人飞船

1999年11月20日，没有载人的中国第一艘载人航天试验飞船——"神舟"一号发射成功，这是中国实施载人航天工程的第一次飞行试验。

2001年1月10日，"神舟"二号飞船发射成功。"神舟"二号是我国第一艘正样无人飞船。

2002年12月30日，"神舟"四号无人飞船发射成功。这是"神舟"飞船在无人状态下考核最全面的一次飞行试验。

2003年10月15日，"神舟"五号载人飞船从酒泉发射升空，并于10月16日成功返回。杨利伟成为第一位进入太空的中国人。

"神舟"五号载人飞船
"神舟"五号飞船载人航天飞行实现了中华民族千年的飞天夙愿，不仅是中华民族智慧和精神的高度凝聚，也是中国航天事业在新世纪的一座里程碑。

2005年10月12日，"神舟"六号载人飞船搭载两名航天员费俊龙、聂海胜发射升空，5日后顺利返回。

2008年9月25日至28日，"神舟"七号载人航天飞行获得圆满成功，中国人的脚步第一次踏入了茫茫太空。

【你知道吗】
世界上第一艘载人飞船是苏联于1961年4月12日发射的"东方"1号宇宙飞船。苏联人尤里·加加林成为第一个进入太空的地球人。

"水星"号宇宙飞船
"水星"号宇宙飞船是美国第一个载人飞船系列。从1958年到1963年共进行了14次飞行实验，其中有6次载人飞行。

13

顺行轨道：轨道平面与地球赤道平面的夹角（轨道倾角）小于90度的运行轨道。

▶ 人造卫星
▶ 空间探测器
▶ 携带礼物的"旅行者"1号

人造卫星与空间探测器

茫茫太空之中充满了奥秘，人类对宇宙的研究和探索，一刻也没有停歇。人造天体是我们为日月星辰送去的友好邻居，神秘的宇宙中也已经留下了人类的痕迹。人造卫星和空间探测器就是两种重要的人造天体。

■ 人造卫星

人造卫星是由人类建造，以太空飞行载体发射到太空中，像天然卫星一样环绕地球或其他行星运行的装置。人造卫星的运行轨道（除近地轨道外）通常有三种：

地球同步轨道是运行周期与地球自转周期相同的顺行轨道，通信卫星、广播卫星、地球同步气象卫星一般选用这种轨道；太阳同步轨道是轨道平面绕地球自转轴旋转的轨道，太阳同步气象卫星、太阳同步地球资源卫星一般采用这种轨道；极轨轨道是倾角为90度的轨道，极轨气象卫星、极轨地球资源卫星、侦察卫星常用此轨道。

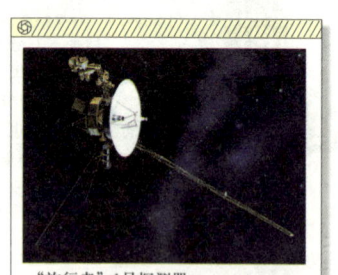

"旅行者"1号探测器
"旅行者"1号现在已经进入太阳系的最外层边界，即将飞出太阳系，目前处于太阳影响范围与星际介质之间，距离太阳140亿千米。

■ 空间探测器

空间探测器是对月球、月球以外的天体和空间进行探测的无人航天器的总称，又称"深空探测器"。包括月球探测器、行星和行星际探测器。空间探测器实现了对月球和行星的逼近观测和直接取样探测，开创了人类探索太阳系内天体的新阶段。

"先驱者"10号探测器
"先驱者"10号探测器于1972年3月3日由美国发射升空。它是第一个成功穿越火星和木星之间的小行星带的飞行器，并于1973年首次探测了木星。

1959年1月，苏联发射了第一个月球探测器——"月球"1号，此后美国和苏联先后发射了100多颗行星和行星际探测器。美国在1972年3月发射的"先驱者"10号探测器，已在1986年飞越冥王星的平均轨道，成为第一个飞出太阳系的航天器。

■ 携带礼物的"旅行者"1号

1977年，美国成功发射了"旅行者"1号探测器，开始对太阳系外层行星进行首次探测。目前，"旅行者"1号已经抵达太阳系边缘，即将开始人类进入星际空间的首次探索。"旅行者"1号上携带了一个用55种人类语言录制的问候语和各类音乐以及影像磁碟，旨在向外星人表达人类的问候。磁盘上还有美国前总统卡特的一份书面问候："这是一份来自一个遥远的小小世界的礼物。上面记载着我们的声音、我们的科学、我们的影像、我们的音乐、我们的思想和感情。我们正努力延续时光，以期与你们的时光共融。"

【你知道吗】

1970年4月24日，我国第一颗人造地球卫星"东方红"1号，由"长征"1号运载火箭成功送入预定轨道。这样，我国继苏、美、法、日之后，成为世界上第五个用自制火箭发射国产卫星的国家。

- 月球上的人类足迹
- "阿波罗"11号登月舱
- 月球探险车

阿波罗：希腊神话中的太阳神，也是光明之神、医药之神、预言之神、文艺之神、人类的保护神。

宇宙与航天技术篇

登月梦想的实现

伴随着人类认识自然、改造自然活动的不断深入，特别是现代科学技术的飞速发展，人类已经初步掌握了打开宇宙空间神秘之门的金钥匙。高挂在天穹的一轮明月，就成了人类首先要拜访的邻居……

月球上的脚印
这是"阿波罗"11号宇宙飞船的航天员在月球上留下的脚印。据推测，1000万年后这个脚印仍将留在那里。

■ 月球上的人类足迹

1969年7月20日，美国东部时间16时17分，"阿波罗"11号的登月舱安全降落在月面，航天员阿姆斯特朗稳步走下舷梯，站在了月球的土地上。人类第一次踏上月球的土地。他和另一名航天员在月面树立了美国国旗，采集了月面岩石标本，安放了地震仪和激光反射器，并进行了月面探测。21时36分20秒后，他们点燃登月舱上升火箭，飞离月面。此后的3年多时间里，先后又有12名航天员登上月球。

■ "阿波罗"11号登月舱

"阿波罗"11号登月舱有一个类似于昆虫的奇怪外形，分上升段和下降段：上升段有乘员室，气温为24摄氏度，室内充满1/3大气压的纯氧；下降段装有登月舱向月面降落减速使用的逆喷射火箭，备有火箭的燃料、氧化剂槽、水和氧气槽，还有探测月面的科学仪器。

美国航天员在月球上
1969年7月20日，"阿波罗登月计划"成功实施，登月舱在月球表面着陆，美国航天员阿姆斯特朗率先踏上月球荒凉沉寂的土地。

在着陆过程中，登月舱自动降低高度，还有4条折叠的盘状腿来支撑自身重量。登月舱在月面时，上升、下降段合二为一，但从月球表面再度起飞时，只有上升段起飞，下降段的发射架则在发射完毕后留在月球表面。

■ 月球探险车

月球探险车简称"月球车"，它是能在月球表面行驶，并对月球进行考察和收集分析样品的专用车辆，主要有两大类。

无人驾驶月球车——由轮式底盘和仪器舱组成，用太阳能电池和蓄电池联合供电，靠地面遥控指令行驶。1970年11月17日，苏联发射的"月球"17号探测器把世界上第一台无人驾驶的月球车——"月球车"1号送上月球。

有人驾驶月球车——由航天员驾驶在月面上行走的车。这类月球车的每个轮子都由一台发动机驱动，靠蓄电池提供动力，轮胎在零下100摄氏度的低温下仍可保持弹性。美国"阿波罗"15号飞船登月时，两名航天员驾驶月球车行驶了27.9千米。

月球车
1971年9月30日，美国"阿波罗"15号飞船登上月球，两名航天员驾驶月球车在月面行驶了27.9千米。

【你知道吗】
中国在2004年2月13日公布首次探月计划——"嫦娥计划"，计划分绕、落、回三个发展阶段。第一颗绕月探测卫星"嫦娥"1号已于2007年10月24日成功发射。

火星极冠：指分布于火星两极呈白色的、气温在冰点以下且随季节有明暗变化的冰域。它主要由二氧化碳凝固而成的干冰组成。

▶ 红色的星球
▶ 前赴后继的火星探测器
▶ 火星上有生命吗

探测火星

火星是距地球第二近的大行星，与地球一样都有四季变化。这个红色星球曾让人类产生过无数幻想，移民火星的希望之火也从来没有熄灭过。火星上究竟有没有生命，这到目前为止还是一个未解之谜。

"勇气"号火星探测车
火星常呈火红色，所以西方人冠之以战神（Mars）之名。2004年1月4日，美国"勇气"号在火星表面成功软着陆。

■ 红色的星球

现在我们观测到的火星，是一个红色的星球。这是因为在干燥的火星表面，遍地都是红色的土壤和岩石。火星土壤的主要成

火星及其两个卫星
火星有两颗小型天然卫星：火卫一Phobos和火卫二Deimos（源自罗马神话中战神玛尔斯儿子们的名字），两颗卫星都很小而且形状奇特。

1997年7月4日，美国"火星探路者"号在火星表面成功着陆，重10千克的6轮"旅居者"号火星车缓缓驶离飞船，落到火星表面。火星车本身携带太阳能电板，利用太阳能移动和工作，利用无线电遥控传递信息，与地面保持联系，并按照地面操作进行活动。1997年9月27日起，它停止向地面发回信号，但其工作时间已经超过了它的设计寿命。

■ 火星上有生命吗

2002年3月，科学家发现火星两极极冠附近有巨大的冰层，冰层中含有尘埃、泥土和碎石。这是人类第一次在火星表面发现这些物质，它为火星上曾有生命存在的说法提供了有力的证据。2006年12月6日，美国国家航空航天局宣布，科学家已经找到火星上存在液态水的最有力证据。

分是硅酸盐、褐铁矿等矿物，由于长期受紫外线照射，就生成了一层红色和黄色的氧化物，大气中的微尘使火星的天空呈现橙红色。尤其是发生大沙尘暴的时候，远远看去，火星就成为一个橙红和棕红的、生了锈的世界。

■ 前赴后继的火星探测器

1992年9月25日，美国"火星观察者"号探测器发射成功。它对火星进行了长达687天的观测考察，绘制了整个火星的表面图，测量了各种数据。1993年8月21日，"火星观察者"号与地面失去了联系。

但是种种迹象表明，火星上不太可能存在生命：火星大气非常稀薄，而且大气的95%是二氧化碳；水汽的含量很少，平均约为大气总量的0.01%；表面大气压为7.5百帕，相当于地球上30千米至40千米高处的大气压。另外，火星的表面温度比地球大概要低30摄氏度以上，昼夜温差超过100摄氏度。火星表面的氧化铁的尘埃，有时还会化作遮天蔽日的沙尘暴，持续好几个月。所以，火星上即使有液态水，也不太可能存在生命。

◆ 16

- 太空中的"航空母舰"
- "礼炮"1号空间站
- "天空实验室"
- 建设中的国际空间站

航空母舰：简称航母，是一种可以供军用飞机起飞和降落的军舰。航空母舰常与巡洋舰、驱逐舰、护卫舰等组成航空母舰战斗群。

宇宙与航天技术篇

迈向太空的中转站——空间站

天空实验室
天空实验室是美国第一个试验型空间站，是人类迄今向近地轨道发射的人造天体中重量和容量最大而技术又最复杂的一个。

你是不是梦想有一天能去太空旅行？空间站就是一座"太空旅馆"。这座"太空旅馆"可以说是人类在太空生活和工作的基地。

■ 太空中的"航空母舰"

空间站，又名航天站或轨道站，是可以供多名航天员巡访、长期工作和居住以及生产试验的载人航天器，是目前在太空中运行的质量最大、容积最大、技术最复杂的人造天体，人们常把它比作一个搬到空间去的"航空母舰"。空间站一般重达数十吨，可居住空间数百立方米。空间站的使用寿命长，还可以扩展和延伸；同时它还具有修复能力，能定期检修，按时更换设备。

■ "礼炮"1号空间站

苏联"礼炮"1号是世界上第一个空间站。"礼炮"1号空间站由对接舱、轨道舱和服务舱三个部分组成，总重约18吨，总长约14米。"礼炮"1号空间站在离地面200千米至250千米高的轨道上运行。它们的任务是完成天体物理学、航天医学、生物学等方面的科研计划，考察地球自然资源和进行长期失重条件下的技术实验。

■ "天空实验室"

"天空实验室"是美国第一个试验型空间站，全长36米，直径6.7米，重82吨，由轨道工场、气闸舱、对接接合器、太阳观测台、指令服务舱五部分组成。1973年5月14日发射，准备进入离地面435千米的近圆轨道，但入轨前出现了故障。

【你知道吗】
1987年4月23日，"和平"号空间站、"量子"号天体物理实验舱、"联盟TM-2"号飞船与"进步"29号货船4个航天器在太空中第一次实现对接，这一航天史上的壮举为永久性空间站的建立作了重要的尝试。

同年5月25日，3名航天员乘"阿波罗"号飞船对"天空实验室"进行了维修，使其得以开始工作。

■ 建设中的国际空间站

建设国际空间站的设想是1983年由美国总统里根首先提出的，即在国际合作的基础上建造迄今为止最大的载人空间站。该空间站以美国、俄罗斯为首，包括加拿大、日本、巴西和欧空局（11个国家）共16个国家参与研制，于1993年开始实施。

国际空间站
国际空间站共有16个国家参与设计和建设，由航天员居住舱、实验舱、服务舱、对接过渡舱、太阳能电池等部分组成。

国际空间站结构复杂，规模大，由航天员居住舱、实验舱、服务舱、对接过渡舱、桁架、太阳能电池等部分组成。其设计寿命为10至15年，总质量约423吨，长108米，宽88米，运行轨道高度为397千米，可载6人。

目前，国际空间站已基本建成，大部分实验设施也已经投入使用，预计至少可工作到2020年。

17

飞行器：指在大气层内或大气层外空间（太空）飞行的器械或装置，有航空器、航天器、火箭和导弹四类。

- 航天飞机的发明
- 飞船与飞机的混合体
- 航天飞机的构造

神通广大的航天飞机

探索宇宙的飞行器有火箭、各种探测器和宇宙飞船，但是火箭和探测器都不能载人，宇宙飞船能载人但只能用一次。那么，有没有一种既能载人进入太空，又能多次使用的航天器呢？有！这就是航天飞机。

航天飞机

航天飞机是一种垂直起飞、水平降落的载人航天器，它以火箭发动机为动力发射到太空，能在轨道上运行，且可以往返于地球表面和近地轨道之间，某些部件还可以重复使用。

■ 航天飞机的发明

1969年4月，美国宇航局首次提出建造一种可重复使用的航天运载工具的计划。1972年1月，美国正式确定了航天飞机的设计方案。经过5年时间，1977年2月"创业"号航天飞机轨道器研制成功，由波音747飞机驮着进行了机载试验。1977年6月18日，轨道器首次载人用飞机背上天空试飞，参加试飞的是航天员海斯和富勒顿。8月12日，轨道器载人在飞机上的飞行试验圆满完成。又经过4年，第一架载人航天飞机终于出现在太空舞台，这是航天技术发展史上的又一座里程碑。

■ 飞船与飞机的混合体

航天飞机在本质上是一种火箭飞机，它依靠火箭发动机来提供动力。航天飞机既可以在大气层中穿行，又能在行星际空间飞翔，它结合了飞机与航天器的性质。航天飞机的机翼在其返回地球时可以起到空气刹车的作用。航天飞机升入太空时，跟其他单次使用的载具一样，是利用火箭动力垂直升入的。所以，把航天飞机看做飞船与飞机的"混血儿"一点也不错，甚至从更广泛的意义上说，它是集卫星、飞机、宇宙飞船于一体的"杂交种"。

■ 航天飞机的构造

航天飞机主要由三部分组成：带机翼的轨道器，用于运载航天员和物资；外部燃料储存箱，提供发动机使用的液氢和液氧；一对大型固体燃料助推火箭。

航天飞机的固体燃料助推火箭为钢制外壳，可重复使用20次。外部燃料储存箱储存航天飞机的主要推进剂，箱体为铝合金结构，外部覆盖泡沫隔热材料，前部是液氧箱，后部是液氢箱，液氧箱与液氢箱之间是一个不增压的电子设备舱。轨道器是航天飞机最重要的部分，不仅是航天员在太空中生活和工作的平台，也是运送他们返回地面的唯一工具。轨道器采用的是复合三角形机翼、无水平尾翼的航空器布局，机翼的最大厚度超过1.52米。

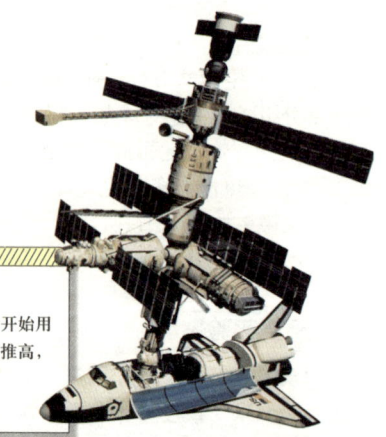

航天飞机与空间站对接

航天飞机与空间站对接前，需从低轨道开始用小动力发动机进行加速，将航天飞机的轨道推高，进而实现与空间站的对接。

宇宙与航天技术篇

航天服：指能使航天员免受体外负压、极端低温、宇宙辐射和微流星体的伤害，为其提供氧气及相关设备的高科技服装。

■ 航天飞机的超级任务

航天飞机在太空活动中所承担的任务主要有三种：太空行走、空间运输和维修、施放卫星。

太空行走分两种。一种是航天员身着宇航服的舱外活动，为了保险，这种宇航服的一端系有一根保险绳，此绳的另一端接在航天飞机上。另一种是航天员离开航天飞机，在茫茫无际的太空中行走，确保能返回航天器是其必要条件。

航天飞机发射

航天飞机共有固体燃料助推火箭两枚，发射时它们与轨道器的三台主发动机同时点火，当航天飞机上升到50千米高空时，两枚助推火箭停止工作并与轨道器分离，回收后经过修理可重复使用20次。

空间维修是载人航天飞机的一种特殊勤务活动。它的应用范围很广，包括对各种航天器和航天设备的回收、修复和更换等。空间维修有两个条件：一是航天器能够拆卸；二是要有能够长时间在空间停留的载人航天器。

航天飞机还可以像火箭一样释放卫星。用航天飞机释放卫星时，可根据不同要求改变航天飞机轨道，从而把卫星准确地释放到预定轨道。

■ 血染蓝天

1986年1月28日，美国佛罗里达州卡纳维拉尔角宇航中心，美国"挑战者"号航天飞机在发射台上等待升空。它的座舱里，7名机组人员紧张而又满怀激情地等待着升空时刻的到来。当地时间11时38分，"挑战者"号航天飞机冉冉升起。起飞后73秒，航天飞机突然闪出一团亮光，与地面的通信猝然中断，监控中心屏幕上的数据全部消失。"挑战者"号变成了一团烈火。外挂燃料箱随后凌空爆炸，航天飞机被炸得粉碎，7名航天员顷刻间化成碎片。

惊愕的人们闭上了眼睛，不少人的眼泪夺眶而出。事故发生之后，全世界为之震惊。

2003年2月1日，美国"哥伦比亚"号航天飞机在结束了为期16天的太空任务之后，返回地球，但在着陆前发生意外，航天飞机解体坠毁，7名航天员全部遇难。

【你知道吗】

"哥伦比亚"号1981年成为第一架进入地球轨道的航天飞机，它也是美国航空航天局使用时间最长的航天飞机。在此后的10年里，美国航空航天局又制造了4架航天飞机，包括1982年开始服役、4年后发生爆炸事故的"挑战者"号、1983年的"发现者"号、1985年的"亚特兰蒂斯"号和1991年替代"挑战者"号的"奋进"号。

按原计划，"哥伦比亚"号航天飞机是在北京时间2月1日22时16分着陆。但是在22时左右，地面控制中心突然与航天飞机失去联系。直播的美国电视上出现了一道亮光，紧随其后的是浓浓的黑烟划破万里碧空。"哥伦比亚"号解体后，可能带有有毒物质的碎片散布在得克萨斯州东部约190千米长的狭长地带。一条160千米长的烟雾和金属微粒带还悬在该州和路易斯安那州广袤土地的上空。事故调查委员会公布的调查报告称，外部燃料箱表面脱落的一块泡沫材料击中航天飞机的热保护系统，是事故发生的主要原因。

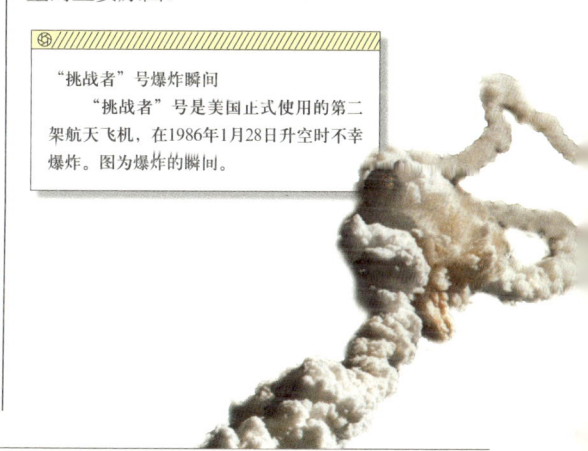

"挑战者"号爆炸瞬间

"挑战者"号是美国正式使用的第二架航天飞机，在1986年1月28日升空时不幸爆炸。图为爆炸的瞬间。

19

氮气：一种无色无臭的气体，不能燃烧，也不能助燃，化学性质很不活泼，是地球大气中含量最多的气体。

- 奇妙的"失重"
- 全副武装的太空行走
- 在太空中进餐

生活在太空

伴随着人类科技水平与航天技术的进步，漫游太空已不再是一个遥不可及的梦想。那么，就让我们先来了解一下航天员在太空中是怎样生活的吧！

■ 奇妙的"失重"

太空失重
在失重的状态下，航天员站着和躺着一样可以睡觉，但必须把自己绑在航天器上以固定住身体，否则随时可能会"飘走"。

在太空中，航天员们在睡觉时，常会产生忘记自己手脚所在位置的感觉。随着有意识地控制手和脚的运动，航天员们才感觉到手脚的存在。当一切物体在进行航天飞行时，它们的重量都不见了，这种现象就是"失重"。

可以说，失重就是零重量。失重使物体之间缺乏摩擦力。而在没有摩擦力的情况下，航天员的行动和工作都十分困难，甚至很难将一件物体放置在一个固定的位置上。在太空失重的情况下，航天员稍微行动一下，就会疲惫不堪。

■ 全副武装的太空行走

失重使物体之间丧失了摩擦力，所以在太空中不能像在地球上一样行走。为此，科学家研制了一种专供航天员在太空行走的载人机动装置，叫做"喷气背包"。它的外形像一把有扶手和踏板的座椅，通过它，坐在"座椅"上的航天员就可以随意运动了。

太空作业
在最初的航天飞行中，航天员们的活动局限于载人的密闭舱内。但随着航天科技的发展，舱外太空行走逐渐成为现实，航天员经常需要出舱作业。

"喷气背包"高约1.25米，宽为0.83米，总重150千克，由两套压缩气箱和电池组构成，箱内储存液态氮气12千克，这是其运动的能源。每套气箱有12个喷嘴（推进喷管），每个喷嘴能产生约7牛的推力。这些喷嘴就是一个小发动机，当某一个喷嘴的阀门被打开时，氮气就从喷嘴喷出，从而推动航天员运动。在太空中机动行走的速度，最快为64千米/小时，最慢为0.5千米/小时。航天员通过控制"喷气背包"上各个不同位置上的喷嘴，就能按需要的方向运动了。

■ 在太空中进餐

在太空中吃饭要非常注意，否则食物碎块误入鼻腔就可能致命。载人航天的初期，航天员主要食用铝管包装的膏糊状食物。航天员进餐时，用手挤压管壁，通过进食管将食物直接送入口中。这类食品在失重状态下食用更简便可靠，也容易保存。航天员穿着加压的航天服时，仍可以通过头盔进食孔进食。但这种吃法，

真空：没有空气或只有极少空气的状态。目前，在自然环境中，外太空是最接近真空的空间。

▶ 太空洗澡与如厕
▶ 在太空睡觉

宇宙与航天技术篇

航天员由于既看不见食物，又闻不到味道，往往食欲不佳。

经过若干次的飞行试验后，人们认识到只要方法得当，固体食物也可以吃。吃固体食物主要有两种方法：一种是坐着不动，把食物往嘴里送，但下手要准确，不要送到鼻子里或者眼睛上；另一种吃法是把要吃的食物块放在半空中，食物在空间不动，人飞过去用嘴咬住它。目前航天飞机上的食品已达百余种，饮料20多种，但它们一般都重量轻，体积小。

在太空中洗澡

在太空中洗澡是一件非常麻烦的事，而且据说每洗一次澡的花费大约在10万美元左右。

■ 太空洗澡与如厕

航天器里的洗澡间像一个手风琴式的密闭塑料布套，它挂在顶棚上。顶棚上固定着一个圆形水箱，有喷头、电加热器，水箱内装有5升水。浴室的地板上有许多小孔，下面是废物集装箱，用于盛废物和污水。上面压水，下面抽水，就形成了水从上往下流的效果。地板上还有一双固定的橡皮拖鞋，航天员穿上拖鞋，就不会漂浮起来。航天员洗澡时，首先要把通到浴室外的呼吸管套到嘴上，戴上护目镜，避免鼻子和嘴吸进污水；接下来，开动电加热器，把水箱中的水加热到适当的温度；然后，打开喷头，加压的温水从上面喷下来浇到身上，就像在地面上淋浴一样。

太空中的厕所也是真空的。上厕所时必须坐在精心设计的马桶上。但人浮在半空中，怎么坐上去呢？这就需要先把两脚放进固定的脚套里，腰间用座带绑好，用手扶着手柄。如果是大便，不是用水冲，而是用一个特别的抽气机，将粪便吸进塑料盒里。如果是小便，也要利用抽气机，将其吸进一个特别形状的杯子里，然后经过橡皮管灌进地板下的污水池里。

■ 在太空睡觉

在太空失重环境中，航天员睡觉时必须钻进睡袋并将睡袋固定在航天器的舱壁上。太空中没有方向之分，航天员站着睡、躺着睡、倒着睡都一样。多数航天员觉得身体稍微蜷曲成弓状，比完全伸直或平躺着要舒服得多，他们也不愿意让自己的手臂自由飘动，而将其放进睡袋里。

漂浮在半空中睡觉是别有情趣的事。航天员用绳子将睡袋的一端吊挂在舱壁上，让睡袋在半空中飘来飘去。不过大多数航天员不喜欢这种睡眠方式，因为当航天飞机或其他航天器的姿态控制发动机开动时，睡袋如果飘在半空中，就会与舱壁相碰撞。大多数航天员喜欢将睡袋紧贴着舱壁，这样就像睡在床上一样。

太空漂浮

人造地球卫星、宇宙飞船、航天飞机进入轨道后，其中的人和物将处于失重状态。航天员进入太空后就会呈"漂浮"状态，因此，需要适当地进行一些训练以适应这种漂浮状态。

【你知道吗】

如果人在太空中停留的时间过长，还必须经常做一些保健运动。因为在太空失重的环境下，人体肌肉负荷会减小，肌肉萎缩会因此加快。

21

NASA：美国国家航空航天局的缩写，是世界上最大的民用航天机构，1958年10月1日正式成立。已成为世界航天和人类太空探险的先锋。

▶ 航天飞机的下一代——空天飞机
▶ 未来的航天器——太阳帆

航天技术展望

宇宙深邃，太空缥缈。古今中外，人世间诞生了多少神话故事、科学幻想，人类期望有一天能"上九天揽月"，移居到那美妙的"天上人间"。现在，科学家们一致认为：人类移居太空不再是虚无缥缈的幻想。

■ 航天飞机的下一代——空天飞机

空天飞机是航空航天飞机的简称，是一种在大气层内外均能航行、水平起飞和降落的新型飞行器。它是一种能重复使用的天地往返运输系统，像普通飞机一样起飞，以高超音速在大气层内飞行；在30千米高度，达到5至6倍音速时，使用冲压式空气喷气发动机；在30千米至100千米高空，飞行速度为12至25倍音速时，进入地球轨道，成为航天飞行器。

1986年，美国首先提出研制代号为X-30的完全重复使用的单级水平起降"国家航空航天飞机"，其特点是采用组合式超音速燃烧冲压喷气发动机。英国提出研制一种名叫"霍托尔"的单级水平起降空天飞机，其特点是采用一种全新的空气液化循环发动机。随后德国、日本等国也提出过研制空天飞机的设想。

■ 未来的航天器——太阳帆

太阳帆是一种利用太阳光的光压进行宇宙航行的航天器。火箭先把太阳帆送入低轨道，随后凭借太阳光压的加速，太阳帆可以从低轨道升到高轨道，甚至加速到第二、第三宇宙速度，飞离地球，飞离太阳系。如果帆面直径为300米，可把0.5吨重的航天器在200多天内送到火星；如果直径达到2000米，可把5吨重的航天器送出太阳系。

太阳帆的工作原理，就是将照射过来的太阳光反射回去，由于力的作用是相互的，太阳帆将光子"推"回去的同时，光子也会对太阳帆产生反作用力。就是靠这种反作用力，飞船便被"推"着前进。由于太阳光能源充足，因此在远距离的太空旅行中太阳帆将比传统的火箭推进器更胜一筹。预计2010年成行的美国太阳帆飞船将历经15年以上的航程，飞行37亿千米，直到太阳系边缘。

"宇宙"1号太阳帆飞船
世界上首艘依靠太阳能驱动的太阳帆飞船，在发射后不久就与地面失去了联系。

美国X-33空天飞机
X-33属于单级入轨空天飞机，机长20.29米，机高5.88米，翼展22.06米。2001年3月，由于存在诸多难以突破的技术难关（如线性气塞式发动机），NASA不得已取消了已经耗资13亿美元的X-33项目。

【你知道吗】
世界首艘太阳帆飞船是俄罗斯制造的"宇宙"1号，它于北京时间2005年6月22日发射升空。但不久便与地面失去联系，随后的观测证实，飞船未能进入预定轨道。

电离层：距离地面60千米以上，被太阳射线电离的地球大气层部分，它是地球磁层的内界。

宇宙与航天技术篇

■ 新一代电源——航天飞缆

航天飞缆是一种采用柔性缆索将两个物体连接起来的系统，目的是为航天器提供能量。当缆索导电时，整个系统便成为一种电动力学缆索（EDT）。缆索可与电离层交换电子，导电的电离层使该电路完成回路，进而产生稳定的电流，用作飞船的电源。

一个位于低地轨道上20千米长、具有适当阳极设计的缆索系统可产生40千瓦的功率，这足以驱动载人飞船上的研究设备。缆索与火箭组合产生的电能是纯化学反应产生电能的3倍，而同样使用氢和氧的燃料电池则不具备这种优点。不足之处是缆索比燃料电池要重，因此只有在使用期限超过5至10天时，用缆索发电才会带来总体的节约效果。

目前航天飞缆研制的主要困难来自机电方面，工程师们尚未开发出可靠技术来处理EDT在太空中承受的高电压。另外，他们也未能解决在恶劣的太空环境下缆索的维系以及容易产生振动等问题。

■ 寻找宜居星球

随着地球资源的日益减少和环境的恶化，科学家试图寻找另一个人类可以生存的星球进行"大移民"，目前的主要研究对象是月球和火星。

月球的岩石和尘土由40%的氧、30%的硅和20%至30%的各种金属元素如铝、钛、锰、铁等组成。金属元素加工后的基本构件可用于制造各种大型航天站；硅是玻璃、陶瓷与半导体的基本材料，可用于制造光学和电子元件；氧则供给居民呼吸。因此，月球确实是地球之外人类的资源宝库。月球的低重力环境又为便宜运送月球材料到空间提供了保障。月球上无空气，不存在空气阻力，所以在月球射离物体比在地球射离容易许多。开发月球、建设月球基地不仅是可能的，而且是人类在地球外开拓疆域必然要做的一项工作。

火星上有稀薄的大气、少量的水，它的温度时常升到冰点以上，这些条件使火星上有可能存在生命，同时说明人类也有希望在火星居住。但是目前主要还有两方面的问题亟待解决：首先，失重对人体的生理影响是主要障碍——引力减小，人体内的心血管系统、肌肉组织和骨骼中的化学成分都会受到影响；其次，人类飞往火星，往返一次需2至3年的时间，氧气和水的补给供应很难实现，同时还需要成熟的生物生命支持系统来供应飞行期间所需的食品。

火星上的冰冻水

人们在火星两极发现了大量的冰冻水，这使得火星成为地外生命存在的"希望之星"。

"月球车"1号

在寻找合适的居住地的过程中，为了更多地了解月球的情况，各国科学家研制各种设备对月球进行探测。图为苏联发射的"月球车"1号，车重约1.8吨，在月面上行驶了10.5千米，考察了8万平方米的月面。

造父变星：一类高光度周期性脉动变星，其亮度随时间呈周期性变化。

▶ "哈勃"的使命
▶ 精密的构造
▶ 最昂贵的维修

"哈勃"望远镜

"哈勃"空间望远镜由"发现"号航天飞机于1990年送入近地轨道，主要用于宇宙观测。它的生命历程可以说坎坷而辉煌。它先是发射后不久就出现了严重的问题，而后经过维修，又取得了很大的成绩。它是人类探索宇宙过程的一个缩影。

■ "哈勃"的使命

"哈勃"望远镜填补了地面观测的缺口，不仅可以用来观测被大气层吸收殆尽的红外线和紫外线，而且可以用来观测光和信号。它能准确地测量出造父变星与地球的距离，以使人类对宇宙的扩张速率和年龄有更正确的认知。"哈勃"还可用于研究宇宙膨胀加速的原因。"哈勃"望远镜证实了黑洞确实存在于星系中心，并对星系的发展和中心黑洞的关联的研究产生了深远的影响。

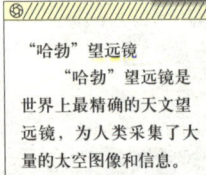

猫眼状星云　这个通过"哈勃"望远镜拍摄到的猫眼状星云（NGC6543），展现了一颗类似太阳的恒星在最后阶段的灿烂。

"哈勃"望远镜　"哈勃"望远镜是世界上最精确的天文望远镜，为人类采集了大量的太空图像和信息。

■ 精密的构造

"哈勃"望远镜可观测到可见光波长的1/20，即大约30纳米。以多层绝缘材料制成的遮蔽物能使望远镜内部的温度保持恒定，而在外壳之内，石墨环氧的框架可以将校准好的工作仪器固定住。

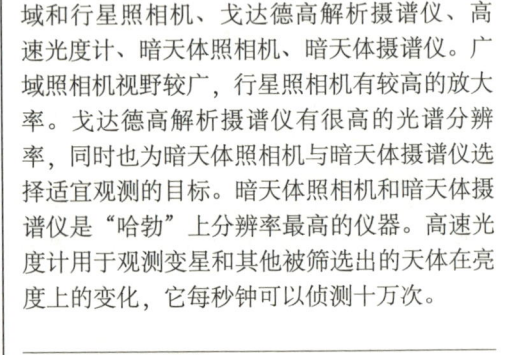

"哈勃"望远镜携带的主要仪器有：广域和行星照相机、戈达德高解析摄谱仪、高速光度计、暗天体照相机、暗天体摄谱仪。广域照相机视野较广，行星照相机有较高的放大率。戈达德高解析摄谱仪有很高的光谱分辨率，同时也为暗天体照相机与暗天体摄谱仪选择适宜观测的目标。暗天体照相机和暗天体摄谱仪是"哈勃"上分辨率最高的仪器。高速光度计用于观测变星和其他被筛选出的天体在亮度上的变化，它每秒钟可以侦测十万次。

■ 最昂贵的维修

"哈勃"望远镜发射几个星期后，传回的图片显示它的光学系统存在严重的问题，获得的最佳图像质量远低于当初的期望。因此科学家准备上天对其维修，并为"哈勃"配上一副能提高视力的"眼镜"。

1993年12月2日，美国"奋进"号航天飞机发射成功。12月4日，航天飞机用遥控机械臂将"哈勃"望远镜抓住并放入货舱，修复工作拉开了序幕。从12月5日到12月9日，航天员们先后为其更换了三台陀螺速率传感器，并装上了新的安培保险丝；为其换上新太阳能电池帆板，确保摄像时不会因电力不足而颤抖；将272千克重的相机沿镜内导轨推出，再换上新型相机；为其主镜装上了新光学系统和计算机。12月13日，"奋进"号航天飞机安全着陆，举世瞩目的空间维修全部完成。整个维修过程花费不菲，堪称太空史上最昂贵的维修。

【你知道吗】

史匹哲太空望远镜于2003年8月25日发射升空，是人类历史上最大的红外线波段太空望远镜。它可以观测到很多在地球上无法观察到的天文现象。

Part 2

地球与环境科学篇

子午线：也叫经线，是地球上连接两极的线，指示南北方向。其中0度经线又叫本初子午线，是划分时区的依据。

▶ 地球是个圆球吗
▶ 地球的起源
▶ 地球的年龄

人类的家园——地球

我们从降生到这个世界上开始，就同地球分不开了，地球是人类世代生息繁衍的地方。它是太阳系的骄子，人类的家园。

■ 地球是个圆球吗

"地球是个圆球"最早是由古希腊哲学家亚里士多德提出的。他根据发生月食时月球上的地影是一个圆，第一次科学地论证了地球是

> **地球上的海陆分布**
> 地球表面29%是陆地，71%是海洋，所以从太空中看，地球是一颗十分迷人的"蓝色星球"，也许称为"水球"更恰当。

个球体的命题。16世纪，葡萄牙航海家麦哲伦的环球航行第一次用实践证明地球为球形。17世纪末，英国著名物理学家牛顿研究了地球自转对地球形态的影响，从理论上推测地球不是一个很圆的球形，而是一个赤道处略为隆起、两极略为扁平的椭球体。1735至1744年，法国巴黎科学院派出两个测量队分别赴北欧和南美进行弧度测量，测量结果证实地球确实为椭球体。

19世纪50年代后期，人们利用各种科学仪器，测得了关于地球形状的准确数据：地球的平均赤道半径为6378.14千米，极半径为6356.76千米，赤道周长和子午线方向的周长分别为40075千米和39941千米。测量还发现，北极地区约高出18.9米，南极地区则低下去24至30米。所以，确切地说，地球是个三轴椭球体。

■ 地球的起源

关于地球的起源，有很多假说。法国天文学家拉普拉斯于1796年提出星云说，认为地球与太阳系其他星体，都来源于太阳形成过程中由于自转加速度而被甩出的星云。1930年英国物理学家金斯提出气体潮汐说，认为太阳周围的稀薄气体，受路过的大质量星体吸引而分离出部分物质形成了地球和其他行星。苏联学者施密特则提出了"陨石论"，他认为原始太阳在约60至70亿年前穿过巨大的黑暗星云时，通过自身引力不断吸收其中的陨星体和尘埃团，大量的尘埃和陨石质点相互碰撞并焊接起来，体积逐渐增大，最后形成包括地球在内的几个庞大行星。

■ 地球的年龄

树木的年龄可根据树干的年轮来确定，地球的年龄可以利用一种稳定可靠的天然计时器——岩石中的放射性元素来确定。放射性元素裂变时，不受外界条件变化的影响，因此科学家可以根据岩石中现存的放

> **【你知道吗】**
> 据天文学家估计，50亿年后，太阳将进入一个氢核聚变的全新阶段。那时地球上将热得让人无法忍受，海洋会被烤干，生命将不复存在，甚至地球也有可能被烧成灰烬。

射性元素铀和铅的含量，算出岩石的年龄，而地壳是岩石组成的，所以，人们依此可以知道地球的年龄——地球是在距今46亿年前形成的。

> **地球**
> 地球为我们提供了赖以生存的自然环境——海洋、绿地、高山、平原、大气层，没有了这些，生活将不再美好，我们甚至无法生存下去。

- 公转与四季轮换
- 自转与昼夜交替
- 时区与时差

天赤道：把宇宙想象成一个巨大的天球，地球赤道在天球上的投影就叫天赤道。

地球与环境科学篇

🍀 地球的运动

地球总在不停地公转和自转。公转形成了四季轮换，自转产生了昼夜交替。

■ 公转与四季轮换

地球总是自西向东公转，公转的路径叫做地球轨道，公转速度大约为每秒30千米。地球的自转和公转是同时进行的，在天球上，自转表现为天轴和天赤道，公转表现为黄轴和黄道。天赤道与黄道在不同平面上，这两个平面构成一个23°26′的夹角，叫做黄赤交角。

黄赤交角的存在，使地球的自转轴相对于地球轨道面来说是倾斜的，且倾斜方向不变，地轴始终指向北极星，并在轨道上作平行移动。因此就有了太阳回归运动，进而有太阳高度角、气温高低和昼夜长短的变化，形成了四季。

■ 自转与昼夜交替

地球自转的方向与公转的方向一致，为自西向东。地球赤道上的自转线速度为465米/秒。地球是一个不透明的球体，在任何一个时刻阳光只能照亮半个地球，被阳光照亮的半个地球是昼半球，没有被阳光照亮的半个地球是夜半球。由于地球不停地自西向东自转，因此，地球上从东向西进行昼夜交替，昼夜交替的周期是24小时。

【你知道吗】

地球公转的中心是地球和太阳的公共质量中心，太阳也在绕该中心转动。但是，因为太阳质量是地球质量的33万倍，这个中心距离太阳中心仅450千米。所以人们通常把太阳看成地球公转的中心。

■ 时区与时差

地球总是自西向东自转，东西地区的时刻就会出现差值，这就是时差。

1884年在华盛顿召开的国际经度会议决定，在全世界实行分区计时，并把这种按时区系统计量的时间称为"区时"。世界时区的划分，以本初子午线（0度经线）为标准，从西经7.5度到东经7.5度为零时区，又称中时区；从零时区分别向东西方向每隔经度15度划分一个时区，东西各12个时区，全球共24个时区。每个时区中央经线上的时间就是这个时区的区时。时区的界线在原则上按照地理经线划分，相邻两个时区的时间相差1小时。因此，出国旅行的人必须随时调整自己的手表，向西每过一个时区，就要把手表拨慢1小时，向东则相反。

太阳系黄道面

太阳系里的行星轨道差不多都处在同一平面内，该平面被称为黄道面，以地球公转轨道面为基准。

27

盘古大陆：又称联合古陆、泛大陆，是指在古生代至中生代期间形成的一大片陆地。

▶ 最初的地球
▶ 古生代

地球的演化历程

菊石化石
菊石生活在距今6700万年前的海中，是今天鹦鹉螺、乌贼的近亲。壳体旋卷，壳上有许多瘤状突起。

从诞生到今天，地球经历了一个漫长的演化过程，大陆和海洋逐渐形成并缓慢变迁，气候日趋稳定，生物从无到有，从简单到复杂，从低等到高等。

■ 最初的地球

从距今46亿年前地球诞生到距今6亿年前古生代的到来，这中间约40亿年的时间是地球进化的最初阶段，分太古宙和元古宙两个时期。

太古宙延续了15亿年，是地球演化史中具有明确地质记录的最初阶段。大约在距今39亿年前，地球形成最初的永久地壳。距今35亿年前，大气圈、海水开始形成。生命元素碳、氢、氧、氮等在强烈的宇宙射线、雷电轰击下首先形成简单有机分子，接着发展为复杂有机分子，再形成准生命的凝聚体，进而由凝聚体进化成原始生命。距今约33亿年前，地球上形成了最古老的沉积岩，大气圈中已含有一定的二氧化碳，并出现了最早的、与生物活动有关的叠层石。距今31亿年前，地球上开始出现比较原始的藻类和细菌。在距今29亿年前，叠层石分布广泛，形态多样，表明这一时期地球上已经出现了游离氧以及能进行光合作用的原核生物。

三叶虫化石
三叶虫是最有代表性的远古动物，在距今5.6亿年前的寒武纪出现，5亿至4.3亿年前发展到高峰，至2.4亿年前的二叠纪完全灭绝。图为三叶虫化石。

从距今26亿年前到距今6亿年前，这段时期是元古宙。元古宙早期，火山活动相当频繁，生物界仍处于缓慢、低水平的进化阶段，生物主要是球状、丝状蓝藻等。随后，由于这些光合生物的发展，大气圈中有了更多的氧气。蓝藻和细菌继续发展，到距今13亿年前，最低等的真核生物——绿藻出现了。在元古宙晚期，火山活动大为减少，并出现了广泛的冰川，从此地球上形成了具有明显的分带性气候的环境，为生物发展的多样性提供了条件。

■ 古生代

从距今6亿年前到距今2.3亿年前是古生代，延续了3.7亿年。古生代可分成早晚两个阶段：早古生代包括寒武纪、奥陶纪和志留纪；晚古生代包括泥盆纪、石炭纪和二叠纪。

古生代动物群以海生无脊椎动物中的三叶虫、软体动物和棘皮动物最为繁盛。之后，相继出现低等鱼类、古两栖类和古爬行类动物。此时，劳亚古陆（包括现代北美洲、欧洲和亚洲大部）、冈瓦纳古陆（包括现代南美洲、非洲、澳大利亚、南极洲以及阿拉伯半岛、印度半岛）及古太平洋、古地中海都已形成。经过古生代地壳运动，许多巨大的褶皱山系出现，南方的冈瓦纳古陆和北方的劳亚古陆联合在一起，形成盘古大陆。

刚形成时的地球
从诞生到现在，地球大约有46亿岁了。它最初是一个炽热的大火球，到处都是岩浆；经过很长的时间，岩浆逐渐冷却下来，形成了海盆、陆地、湖泊、山峰等各种地貌。

28

▶ 中生代
▶ 新生代

大庆油田：我国目前最大的油田，于1960年开发建设，在新中国的工业建设中起了举足轻重的作用。

地球与环境科学篇

■ 中生代

从距今2.3亿年前到距今7000万年前这段时间在地质学上被称为中生代，包括三叠纪、侏罗纪和白垩纪。

中生代时，爬行动物空前繁盛，故有"爬行动物时代"之称。这一时期出现了鸟类和哺乳类动物。淡水无脊椎动物随着陆地的不断扩大、河湖遍布的有利条件大量发展。中生代早期的植物以真蕨类和裸子植物最为繁盛。到中生代末期，被子植物取代了裸子植物而居重要地位。中生代末期还发生了著名的生物灭绝事件，特别是恐龙类和菊石类全部灭绝。古生代时的盘古大陆分裂成南北两片：北部大陆开始分为北美和亚欧大陆，但是没有完全分开；南部大陆开始分为南美洲、非洲、澳大利亚和南极洲，只有澳大利亚没有和南极洲完全分开。中生代末期，亚欧、北美洲、南美洲、非洲、澳大利亚、南极洲和印度等独立陆块形成。中生代的气候总体上比较温暖，通常只有热带、亚热带和温带的差异。

霸王龙

恐龙是中生代的霸主，而霸王龙更是霸主中的霸主。和霸王龙同时期的恐龙，几乎全都是它的猎物。霸王龙两颊肌肉发达，上下颌咬合力特别大，可以咬带锯齿的牙齿咬穿大型甲龙举的护甲，其主要猎物是威风凛凛的角龙类。

■ 新生代

新生代是地质年代中距今最近的一个时期，指大约7000万年以来的这段地壳发展时期。新生代一般被分为两个纪：第三纪与第四纪。也有将新生代分为古近纪、新近纪和第四纪三个纪的。

第三纪可分为古新世、始新世、渐新世、中新世和上新世，其中前三世合称为老第三纪，后两世合称为晚第三纪。老第三纪一直延续到距今2500万年前，那时的植被以森林为主，陆地上出现巨大的食肉鸟类，海洋中则以巨大的有孔虫为特征。很多现存哺乳动物的祖先也可以追溯到这时的动物。

地球演化和生物进化示意图

地球上生物的进化是一个从无到有、从低级到高级、从简单到复杂的漫长过程，这一过程从地球诞生之日起就开始了，经过了数十亿年的漫长时间。

晚第三纪时，有孔虫很多已经灭绝。陆地上开始出现大草原，食草动物繁盛。各种犀牛和古象等达到全盛，森林中还有各种古猿。到第三纪后期出现了原始人类——南方古猿。

第四纪分为更新世和全新世，开始于距今大约两百万或三百万年前。更新世时，冰期和间冰期不断交替，地球上的气候发生剧烈变化。最后一次冰川消退后进入了全新世。全新世时，人类进入农业文明时期，对自然的影响逐渐扩大。

【你知道吗】

中生代是地壳活动非常频繁的一个时期。我国许多平原和盆地都形成于中生代，如陕甘宁、柴达木、松辽平原、四川盆地等。另外，这一时期还形成了许多油田，大庆油田的含油层就形成于此时。

29

太阳风：从太阳日冕层向行星际空间抛射出的高温、高速、低密度的粒子流，带有强磁场。

- 地球的内部圈层
- 地球磁场
- 地球的质量

探索地球的内部

今天，各种各样的航天器已经能够飞出大气层，飞出太阳系，去探测宇宙的奥秘。太空中有日月星辰，陆地上有花草树木，那么地球内部又是一番什么景象呢？

■ 地球的内部圈层

科学家们根据地球内部圈层状的结构，将其由外向内分为三层：地壳、地幔、地核。

地球结构
地球可以看做由一系列的同心层组成：地球内部有核、幔、壳结构；地球外部有水圈、大气圈，还有磁层，形成了围绕固态地球的外套。

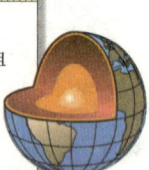

地壳总厚度在5至70千米，上部主要是密度小、比重小的花岗岩，其主要成分是硅、铝元素，称为"硅铝层"；下部是密度大、比重大的玄武岩，主要成分是硅、镁元素，称为"硅镁层"。

地幔位于地壳与地核之间。其下界为2900千米。地幔分为上下两层，上地幔约到1000千米深处，这里的物质处于局部的熔融状态，是岩浆的发源地。下地幔在1000至2900千米，主要由金属硫化物和氧化物组成。

地核是地球的核心，从下地幔的底部一直延伸到地球中心部位，厚度约为3473千米。地核主要由铁、镍组成，含少量其他元素，可能是硅、钾、硫、氧等物质。地核内部的温度高达2000至5000摄氏度。

■ 地球磁场

地球磁场是由于地球本身的磁性而在其周围形成的磁场。地球磁场是偶极（两极）型的，近似于把一个磁铁棒放到地球中心，使它的N极（北极）大体上对着地理南极而产生的磁场形状。地球磁场的两极接近于地球两极，但并不完全重合，两者之间的偏差还随着时间有所变化。指南针在静止时沿地球南北方向取向，这表明地球是一个大磁体。地球磁体的N极位于地理南极附近，地球磁体的S极（南极）位于地理北极附近。

地球磁场（演示图）
地球由于本身的磁性而在周围形成的磁场称为地球磁场。地球磁场是偶极（两极）型的，近似于把一个磁铁棒放到地球中心，使它的N极（北极）大体上对着地理南极而产生的磁场形状。

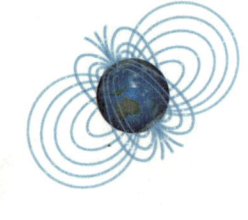

■ 地球的质量

1750年，英国19岁的科学家卡文迪许运用牛顿的万有引力定律，计算出了地球的质量为60万亿亿吨。卡文迪许是怎样做到的呢？原来，他利用细丝转动的原理，设计了一个装着一面小镜子的测定引力装置。细丝受到铅球微小的引力影响，小镜子会偏转一个很小的角度，而小镜子反射的光就转动一个相当大的距离，借此就可以很精确地算出引力的大小。利用这个引力常数，再测出一个铅球与地球之间的引力，然后根据万有引力公式，就可以计算出地球的质量了。

【你知道吗】
当太阳活动剧烈时，太阳风中的高能粒子增多。这些高能粒子被地球磁场俘获，快速地沿磁力线向地球两极地区沉降，便出现了千姿百态、绚丽多彩的极光。

- 水和石灰岩的杰作
- 喀斯特地貌在中国

石灰岩：习称灰岩，主要由方解石（碳酸钙）构成的一种沉积岩，呈灰色或灰白色，性脆，硬度较小，与酸反应可放出二氧化碳气体。

地球与环境科学篇

溶洞与石林

桂林山水和云南石林可以说无人不知，秀美的山水和奇特的峰林吸引着国内外游客游览观光。你知道这些美丽的景色是怎么形成的吗？

■ 水和石灰岩的杰作

桂林山清水碧，洞奇石秀，有山水甲天下之美称。其实这种美景是一种由石灰岩形成的喀斯特地貌。石灰岩的主要成分是碳酸钙，碳酸钙在含有二氧化碳的水中很容易溶解销蚀。若石灰岩发育的地区地表水丰富，长期溶蚀就会形成类似于桂林的山、云南的石林那样的地貌。若石灰岩中有裂缝，水就会沿着裂缝慢慢溶蚀，天长日久，一条细细的裂缝就会变成大溶洞。大溶洞若和一条地面河流相通，河水就会通过溶洞流进流出，这样就成了地下河。

地下溶洞中的石钟乳、石笋、石柱、石幔、石花等洞穴景观，也是水和石灰岩的杰作。从洞顶滴下的水滴中含有碳酸钙，碳酸钙在水中慢慢沉淀，便会形成冰凌一样的石钟乳；水滴滴到地上，其中碳酸钙慢慢便形成石笋；时间长了，石钟乳和石笋连到一起，便形成石柱。有的溶洞中有水流存在，水流遇到台阶时，便形成瀑布状的石幔。

美丽溶洞

在石灰岩地区，如果有地下水长期侵蚀，就会形成各种各样的溶洞。我国是个多溶洞的国家，尤以广西境内的溶洞著称，如桂林的七星岩、芦笛岩等。

■ 喀斯特地貌在中国

喀斯特地貌在我国南方发育良好，尤以广西、贵州为甚。它们或形成大片秀丽的峰林，或形成拔地而起的孤峰。桂林地区这两种情况都有，云南则以石林为代表。同时，由于河流的下切较深，地下河规模很大，如云南的田心河就是典型的地下河。在湖北省的中部，石灰岩地区常由于溶蚀而发育成洼地、漏斗等景观。

在我国的北方，由于气候干燥，且石灰岩分布相对南方较少，所以喀斯特地貌很难发育。但是在地下深处的石灰岩层中仍有大量的溶洞发育，甚至还有石林。它们的发育导致地下的溶洞里常注满了水，给采矿业带来极大的安全隐患。

桂林山水

桂林是典型的喀斯特地貌，遍布全市的石灰岩经亿万年的流水溶蚀，形成了千峰环立、一水抱城、洞奇石美的独特景观，故有"桂林山水甲天下"之誉。

【你知道吗】

2007年6月27日，第31届世界遗产大会经过审议，同意将云南石林、贵州荔波和重庆武隆"捆绑"申报的"中国南方喀斯特"列为世界自然遗产。

岛弧：排列成弧形的群岛。太平洋西部海域数量最多。

▶ 千变万化的海底地形
▶ 海沟：地球上最深的地方
▶ 海底还在扩张

探索海底未知世界

陆地上有高山、平原、盆地、峡谷，比陆地更加广阔的海洋的地形又是什么样子呢？

■ 千变万化的海底地形

海底地形可大体分为大陆架、大陆坡和洋底三部分。

大陆架是指大陆边缘在海面以下的延续部分，坡度平缓，海水很浅，一般深度为200米。

美丽的海底世界

大陆架是海底地形的一种，它是陆地向海洋自然延伸的部分，海水比较浅，不仅有丰富的石油、天然气，还有着秀美的浅海风光。

其面积约占海底总面积的8%，是水族生物栖息繁衍的场所。

大陆坡是指大陆架以外到深海盆地坡度陡急的过渡带，是地球上最大的斜坡。由大陆架至深海大陆坡底部，深度在3000米左右。大陆坡面积约占海洋总面积的12%。多数海底峡谷起源于大陆架，贯穿整个大陆坡。大陆坡海底是黑暗的，

【你知道吗】

太平洋深海底部高耸着一条巨大的海底山脉，它从澳大利亚横贯南太平洋到达智利，长达1万多千米。而印度洋海岭则呈"人"字形，其东南分支绕过大洋洲与南太平洋海岭相连。

植物已不可能生存，动物也显得稀少。

洋底是海洋的主体部分，深度一般为3至6千米，约占海洋总面积的80%。洋底地貌类型多样，有海岭、海盆、海沟、海丘、海山、海渊和海底高原等。在洋底，最吸引人的要算是海底山脉了，它们是海底规模最大的构造。

■ 海沟：地球上最深的地方

在大洋洋底的边缘地带，深度超过6000米的狭长的海底凹地叫做海沟。海沟上部坡度比较缓，宽度一般为几十千米到一百千米，越向下坡越陡。海沟常常像台阶一样，一级级地伸向洋底。地球上超过1万米深的海沟只有6个，全都在太平洋。其中位于太平洋西部的马里亚纳海沟，是世界上最深的海沟，最深处达11034米，也是地球上已知最低的地方。

■ 海底还在扩张

20世纪60年代初，美国地质学家赫斯和迪茨提出海底扩张学说：洋底中脊为轴，不断向两侧扩张，洋盆逐渐扩大。洋底在扩张的过程中，其边缘遇到强大的阻力，扩张便受到阻碍，这时地壳的一部分钻入地幔之中而被高温熔化，变成地幔，形成很深的海沟。由于挤压的作用，海沟向大陆一侧顶翘起来，成为岛弧。新上涌侵入的地幔物质把原已形成的洋壳向裂谷两侧推移扩张，致使洋底不断新生和更新，从而使洋底地壳每2亿至3亿年更新一次。

这就不难理解，为什么至少有30亿年历史的大洋，洋底却总是那么年轻，很难找到超过2亿年的古老岩石了。

当我们盛赞美丽的海洋是"聚宝盆"、"药材库"的时候，切莫忘了，大海发起狂来也非常可怕，比如说海啸。

◆ 32

- 海啸的形成原因
- 海啸带来的灾难

里氏震级：里克特震级。1935年由查尔斯·里克特提出的目前通用的表示地震等级的一种数值标度，数值范围从1至9。

地球与环境科学篇

大海的怒吼——海啸

海岸边的海啸警告标志
　　这个警告标志位于美国加利福尼亚州的冲浪胜地拉古纳海滩，图案上方的英文意为"海啸危险区"，下方的英文意为"一旦发生地震，请转移到高处或内陆"。

■ 海啸的形成原因

　　受地震、海底山脉塌陷和滑坡、宇宙天体等影响激起的巨浪，在涌向海湾和海港时所引发的海水剧烈波动就是海啸。

　　地震是引发海啸的主要原因。震源在海底下50千米以内、里氏震级6.5级以上的海底地震通常会引起海啸。当地震在深海海底发生时，海底板块会发生变形，板块之间出现滑移，进而造成海水大量逆流，形成海啸。除了地震，海底火山爆发引发海底山脉崩塌，而山脉崩塌落下的沉积物和岩石也，会导致大规模海水的运动，从而引发海啸。

　　通常，如果岸边的海水水位出现异常的增高或降低，则预示着海啸即将来临。发生海啸时，岸边的人们要尽快从地势低洼的地区转移到地势高的区域；正在海上航行的船只此时绝不能返回港口，而是应该将船驶向深海区，因为深海区相对于岸边更安全。

■ 海啸带来的灾难

　　海啸给人类带来的灾难是十分巨大的。巨浪通常以摧枯拉朽之势，越过海岸线，越过田野，迅猛地袭向岸边的城市和村庄，岸边的人们顷刻间消失在巨浪中。港口的所有设施和建筑物，在狂涛的洗劫下被席卷一空。海啸过后，海滩上一片狼藉，到处是残木破板和人畜的尸体。

　　世界上有记载的由大地震引起的海啸，大约有260次左右，平均大约每六七年发生一次，而且80%以上发生在太平洋地区。环太平洋地震带的太平洋西北部海域，更是海啸发生的集中区域。

　　2004年12月26日，印度尼西亚的苏门答腊外海发生里氏9级海底地震。地震引发的海啸袭击了斯里兰卡、印度、泰国、印度尼西亚、马来西亚、孟加拉国、马尔代夫、缅甸等国和非洲东海岸，造成30余万人丧生。

【你知道吗】
　　在地震之后，地震波会在海面上以不断扩大的圆圈传播到很远的距离。地震波的波长比海洋的最大深度还要大，因此不管海洋深度如何，地震波都可以传播到海面。

海啸
　　海啸一般是受地震、海底山脉塌陷和滑坡、宇宙天体等影响而形成的，具有极大的破坏性。

33

雷暴：由积雨云产生的雷电现象，有时伴有阵雨或冰雹。

▶ 龙卷风的形成
▶ 追踪龙卷风
▶ 龙卷风带来的怪雨

旋转的气柱——龙卷风

你见过龙卷风吗？强烈的龙卷风可以在瞬间拔起大树、掀翻车辆、摧毁建筑物，还可以把人吸走，十分可怕。

■ 龙卷风的形成

龙卷风是雷暴巨大能量中的一小部分在很小的区域内集中释放的一种形式。在雷雨云里，空气扰动十分厉害，上下温差悬殊——地面气温是二十几摄氏度，而在积雨云顶部8000多米的高空，温度却降到了零下三十几摄氏度。这样，冷气流急速下降，热空气猛烈上升。上升气流到达高空时，如果遇到很强的水平方向的风，就会向下旋转运动，上层空气交替扰动，产生旋转作用，形

龙卷风过后
龙卷风发生十分突然和猛烈，会造成庄稼、树木瞬间被毁，交通、通讯中断，房屋倒塌，人畜伤亡。

成许多小旋涡。小旋涡逐渐扩大，形成大旋涡。大旋涡先是绕水平轴旋转，形成一个呈水平方向的空气旋转柱。随后，这个空气旋转柱的两端会渐渐弯曲，并且从云底慢慢垂下来，最终形成龙卷风。

■ 追踪龙卷风

气象雷达在发现和追踪龙卷风上起着很重要的作用，它可以测到300千米外的雷雨云。雷达一旦发现有表示龙卷风存在的钩状回波时，即发出警报。但有的龙卷风出现时，这种钩状回波不明显。

气象卫星的出现给龙卷风预报增添了新的探测工具，尤其是用同步卫星拍摄的云层照片，在监视龙卷风的发生上起着重大的作用。卫星昼夜都能观测，并且可以看到更小的目标。

龙卷风
龙卷风是一种强烈的、小范围的空气涡旋，往往是由空气强烈对流运动而产生的，具有很大的破坏力。

因此，人们通常把卫星和雷达结合起来，连续观察龙卷风的变化，并在龙卷风发生前半小时发布警报。

■ 龙卷风带来的怪雨

1608年，法国的一个小城市降了一场"血雨"，全城到处都是鲜血般的红色雨滴。19世纪末，西班牙某地下了一场"麦雨"，小麦和雨滴一起从天上掉下来。1940年夏季的一天，苏联高尔基市某地区的一个小村庄，突然下起的暴雨中夹杂着几千枚中世纪的银币……

是什么原因造成这些"怪雨"的呢？是龙卷风。龙卷风中心的气压很低，风速很大，所以常把地面上的东西或江河湖海中的水卷吸到高空。在龙卷风所经过的地区，房屋被揭瓦，地面土壤被卷走，当然，小麦、银币等物也不能逃脱。当风力减弱时，它们就会从空中落下来，形成"怪雨"。

【你知道吗】
世界上最大的一次龙卷风出现在1925年3月18日的美国。当时，风暴以每秒30米的速度越过密苏里、伊利诺伊、印第安纳等州，造成2600多人伤亡，财产损失达4000万美元。

34

- 云层中的放电现象
- 闪电的类别
- 奇怪的球形闪电

绝缘体：极不容易传导热或电的物体，分为热的绝缘体和电的绝缘体。

地球与环境科学篇

劈开天空的利剑——闪电

有雷雨的夜晚，一道犀利的闪电划破漆黑的夜空，虽然很短暂，但是这惊心动魄的瞬间永存于人们的记忆之中。那么，你知道闪电是怎么形成的吗？

夜空闪电
闪电会发出很强的电流，平均电流是3万安培，最大电流可达30万安培。如果不慎被闪电击中，很可能重伤甚至死亡。

■ 云层中的放电现象

气流在雷雨云中会因为水分子的摩擦和分解产生静电。这些静电分两种，一种是带有正电荷粒子的正电，一种是带有负电荷粒子的负电。正负电荷会相互吸引，正电荷在云的上端，负电荷在云的下端，并导致地面上产生正电荷。在晴朗天气中，云和地面之间的空气是绝缘体，会阻止两极电荷的电流通过。当雷雨云里的负电荷和地面上的正电荷变得足够强时，这两种电荷会冲破空气的阻碍相接触，产生中和作用（放电）。激烈的电荷中和作用会放出大量的光和热，这些放出的光就形成了闪电。闪电的温度一般在17000摄氏度到28000摄氏度不等，相当于太阳表面温度的3至5倍。

■ 闪电的类别

依据不同的形状，闪电可以分为很多种：圆球形的称为球形闪电；曲折叉叉的普通闪电称为枝状闪电；枝状闪电的通道如果偏向两边，看起来像线一样，就叫做带状闪电；在云中正负电荷之间闪烁，而使全地区的天空一片光亮的，称为片状闪电；未到达地面的，也就是同一云层之中或两个云层之间的闪电，称为云间闪电；有一种横行的闪电会行走一段距离，在风暴中心的数十千米外降落地面，这就叫做"晴天霹雳"；海上发生暴风雨时，在船只的桅杆周围通常可以看见一道火红的光，人们借用海员守护神的名字，把这种闪电称为"圣艾尔摩之火"。

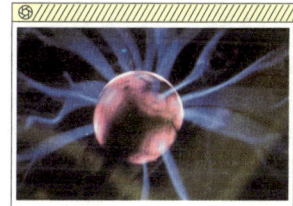

球形闪电
球形闪电俗称滚地雷，通常在雷暴之下发生。它十分光亮，略呈圆球形，大多数直径在10至100厘米之间。

■ 奇怪的球形闪电

球形闪电亦称球闪，民间称之为滚地雷。球形闪电的平均直径为25厘米，大多数直径在10至100厘米之间，小的只有0.5厘米，最大的则可达数米。球形闪电的平均"寿命"为1至5秒，最长的可达数分钟。它一般从高空直接降下，接近地面时突然改向作水平移动；有的突然在地面出现，弯曲前进；也有的沿着地表滚动并迅速旋转。它可以穿过门窗，常见的是穿过烟囱后进入建筑物。它甚至可以在导线上滑动，有时还会发出"嗡嗡"的响声。多数火球都无声消失，但有的在消失时有爆炸声，可以造成破坏，甚至使建筑物倒塌、人和家畜死亡。球形闪电较为罕见，至今仍然是自然界中的一个谜。

【你知道吗】
在雷雨云中，闪电和雷声是同时出现的，但由于光的速度是30万千米/秒，而声音的速度仅是340米/秒，所以雷声总是比闪电晚一点被我们感觉到。

35

地震波：由地震震源发出的、在地球介质中向外辐射传播的弹性波。

▶ 地球内部的运动
▶ 地震的前兆
▶ 抗震建筑

可怕的抖动——地震

■ 地球内部的运动

地震是地球内部介质局部发生急剧的破裂，产生地震波，从而在一定范围内引起地面震动的现象。地震一般发生在地壳之中。地球在不停地自转和公转，同时地壳内部也在不停地变化，由此产生的力，使地壳岩层变形、断裂、错动，这就是地震。地下发生地震的地方叫做震源。从震源垂直向上到地表的地方叫震中。从震中到震源的距离叫震源深度。震源深度小于70千米的地震称为浅源地震，震源深度在70至300千米之间的地震为中源地震，震源深度超过300千米的地震为深源地震。震源越浅，破坏性越大，但波及范围也越小，反之同理。

■ 地震的前兆

地震的前兆是指地震发生前，自然界出现的与地震有关的各种征兆。地震的前兆具体有：地下水异常、动物异常、气象异常、出现地声与地光等。例如，有民谚说道："天旱井水冒，反常升降有门道。无

地震的破坏力
由于地震释放的能量巨大，所以地震的破坏力也相当大。地震不仅会造成建筑物倒塌，发生火灾，还会破坏交通，引发海啸。

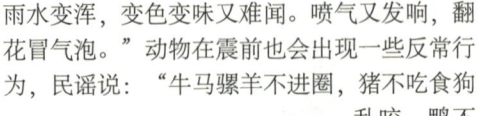

雨水变浑，变色变味又难闻。喷气又发响，翻花冒气泡。"动物在震前也会出现一些反常行为，民谣说："牛马骡羊不进圈，猪不吃食狗乱咬。鸭不下水岸上闹，鸡飞上树高声叫。冰天雪地蛇出洞，老鼠痴呆搬家逃。兔子竖耳蹦又撞，鱼儿惊慌水面跳。蜜蜂群迁闹哄哄，鸽子惊飞不回巢。家家户户都观察，发现异常快报告。"

【你知道吗】
1976年7月28日凌晨3时42分53秒，河北唐山发生7.8级地震，死亡24.24万人，重伤16.46万人，致残3817人，轻伤者达36万之多，失去父母的孤儿4204人。经济损失无可估量。

■ 抗震建筑

建筑结构的抗震设计，可以有效减少地震的破坏。抗震建筑的结构体系力求简单、规则、对称，质量和刚度力求变化均匀，具体应符合以下几点要求：具有明确的计算简图和合理的地震作用传递途径；具有多道抗震防线，确保整个体系的抗震能力或对重力荷载的承载能力；应具备必要的强度、良好的变形能力和耗能能力；具有合理的刚度和强度分布，对可能出现的薄弱部位，应采取措施提高抗震能力。此外，抗震结构的各类构件之间应具有可靠的连接，抗震结构的支撑系统应能保证地震时结构稳定。同时，非结构构件（围护墙、隔墙、填充墙）也要合理设置。

- 喷火的山锥
- 火山与环境
- 火山灰下的庞贝城

火山灰：由岩石、矿物、火山玻璃碎片组成的细微的火山碎屑物，堆积压紧后可成为凝灰岩。

地球与环境科学篇

火山喷发

火山喷发

火山喷发时，能喷出大量的氯化氢、氟化氢、硫化氢和二氧化硫等酸性气体，这些气体可能是原始大气的主要成分。

地震灾害是由于地球内部运动产生的，它可能会给人类带来灾难。但是大自然带给人类的灾难远不止地震一种。大规模、高强度的火山喷发，也可能会给地球环境和人类带来巨大的灾难。

■ 喷火的山锥

地壳之下100至150千米处，存在着高温、高压下的熔融状硅酸盐物质，即岩浆。岩浆中含有大量挥发性成分，但由于岩层的围压，这些挥发性成分溶解在岩浆中无法逸出。当岩浆上升靠近地表时，所受压力减小，挥发性成分急剧释放出来，便形成火山喷发。

在火山喷发的孕育阶段，由于气体出溶和地震，上覆岩石的裂隙化程度加深，外部压力降低。因此，岩浆内气体出溶量不断增加，岩浆体积逐渐膨胀，内压力增大。当内压力大大超过外部压力时，就会在上覆岩石的裂隙密度带发生气体的猛烈爆炸，进而打开火山喷发的通道。这时，气体以极大的喷射力将通道内的岩屑和深部岩浆喷向高空，形成高大的喷发柱。喷发柱在上升的过程中，携带着不同直径和密度的碎屑物。碎屑物依据重力的大小，分别在不同高度和不同阶段塌落。挥发性物质是火山喷发的产物，也是火山喷发的动力。

■ 火山与环境

火山爆发时喷出的大量火山灰和火山气体，对气候会造成极大影响。昏暗的白昼和狂风暴雨，甚至泥浆雨都会困扰当地居民生活长达数月之久。火山灰和火山气体等物质会遮住阳光，导致气温下降，改变气候。熔岩崩解后，杂草和苔类开始冒出来。绳状熔岩流过的山坡会长出蕨类植物。此外，火山灰和火山气体还会滤掉某些波长的光线，使得太阳和月亮看起来就像蒙上一层光晕，或是泛着奇异的色彩。火山灰还会和暴雨结合形成泥石流，冲毁道路、桥梁，淹没附近的乡村和城市。

■ 火山灰下的庞贝城

公元79年8月24日，古代最为严重的天灾向古罗马帝国最繁荣的城市庞贝城袭来。庞贝城和城里至少5000名居民在维苏威火山的怒吼中从大地上消失。从地壳薄弱处渗出来的岩浆，被火山口周围厚厚的岩石堵住了去路。岩浆不断增加，爆发的压力也随之升高，导致地面隆起和地震日趋频繁。短短18小时内，维苏威火山共喷发出超过100亿吨的浮石、岩石和火山灰。

维苏威火山下的庞贝古城遗址

庞贝古城遗址被称为"天然的历史博物馆"，至今只发掘出三分之一，其余部分仍然埋在地下。

37

台风：发生在太平洋西部海洋和南海海上的热带气旋，是一种极强烈的风暴，中心附近最大风力达12级或12级以上，同时有暴雨。

▶ 雪崩的发生
▶ 预防雪崩
▶ 雪崩救生背心

人类与雪崩的较量

雪，一直被视为纯洁的象征，但它背后却隐藏着一股强大的力量。领教过雪崩威力的人更愿意称它为"白色妖魔"。雪崩的冲击力是非常惊人的，它会以极快的速度卷走你眼前的一切。

■ 雪崩的发生

在积雪的山坡上，当积雪堆积过厚、超过山坡面的摩擦阻力时，便会向下滑动，引起大量雪体崩塌，人们把这种现象称作雪崩。雪崩在很大程度上还取决于人类活动。积雪所受的重力将雪向下拉，而积雪的内聚力却是要把它留在原地。当这种较量达到高潮的时候，哪怕是一点点外界的力量，比如在山谷中大喊一声，都有可能引发一场灾难性的雪崩。

■ 预防雪崩

雪崩是可以采取人工控制的方法加以预防的。比如对一些危险区域发射炮弹，实施爆炸，提前引发积雪还不算多的雪崩；设专人监视并预报雪崩等。大多数雪崩都发生在冬天或春天降雪非常大的时候，尤其是暴风雪过后。因为新下的雪很不牢固，再加上此时天气时冷时暖，积雪变得很不稳固，很容易发生雪崩。

预防雪崩
图中的这位工作人员在通过投掷爆炸物提前引发积雪还不算多的雪崩，以预防大面积雪崩的发生。

【你知道吗】
在1970年的秘鲁大雪崩中，雪崩体在不到3分钟时间里飞跑了14.5千米，速度接近于90米/秒，比风速为32.5米/秒的12级台风的速度还要快得多。

雪崩
雪体崩塌时速度可达每秒20至30米，具有发生突然、运动速度快、破坏性大等特点。

总之，在选择上山路线时，应尽量走山脊线，走到山体最高处时，不要大声说话，以避免因空气振动而触发雪崩。选择营地时，应尽量避免背风坡。注意雪崩的先兆，例如冰雪破裂声或低沉的轰鸣声，雪球下滚或山上有云状的灰白尘埃等。

■ 雪崩救生背心

雪崩发生时，大量的雪向下滚动，受害者通常被埋在潮湿的雪泥中，虽然滚落的雪中有40%至60%的空气，但是被埋者呼出的气体常会因为周围温度过低而迅速结冰，从而凝结成"死亡面具"使人窒息。考虑到这一点，美国丹佛市滑雪爱好者汤姆制造了"雪崩救生背心"：雪崩救生背心的衣领处安装有管子和衔嘴儿，被雪掩埋者可以从身边的雪层中吸到空气，并通过背心背部的排气口将呼出的二氧化碳排出，以免排出的废气聚集在被困者面部周围造成窒息。它能使被困者维持70分钟左右的呼吸，从而大大提高了获救的可能性。

什么是臭氧层
地球的保护伞
臭氧层的现状

紫外线：波长比可见光短的电磁波，在光谱上位于紫光的外侧。波长愈短的紫外线，对人类皮肤危害越大。

地球与环境科学篇

地球的保护伞——臭氧层

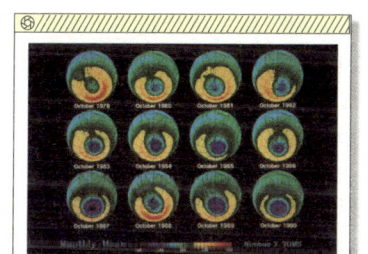

臭氧层空洞示意图

图中深蓝色部分为臭氧层空洞。从1979年到1990年，南极上空的臭氧层空洞逐渐增大。

■ 什么是臭氧层

地球的大气层共有2000多千米厚，臭氧层就在离地面20至30千米的大气层中，只占大气总量的亿分之一，因其具有特殊的臭味而得名。太阳光线中的紫外线分为长波和短波两种，当大气中的氧气分子受到短波紫外线照射时，就会分解成原子状态。氧原子极易与其他物质发生反应，当它与氧气分子发生反应时，就形成了臭氧。

温室效应造成冰川融化

臭氧层被破坏导致温室效应不断加强，由此引发了一系列严重问题：飓风和台风不仅力量增强，出现频率也大大提高，自然灾害加剧；两极地区冰川逐渐融化，海平面升高，许多沿海城市、岛屿或低洼地区将面临海水上涨的威胁，甚至被海水吞没。

浩瀚的宇宙中，为什么唯独地球上有生命？这很大程度上要归功于蓝色天空中撑起的地球保护伞——臭氧层，它抵御了大多数入侵的"外敌"，保护了地球上的生灵。

■ 地球的保护伞

臭氧层最重要的作用是吸收紫外线。进入大气层的太阳光（包括紫外线）有55%可穿过大气层照射到地球表面，其中40%为可见光，它是绿色植物光合作用的动力；5%是紫外线，其中，波长为200至315纳米的中短波紫外线对人体和生物有害。紫外线在穿过平流层时，绝大部分被臭氧层吸收。臭氧层就像地球的保护伞，使地球上的生命免遭强烈的紫外线伤害。

【你知道吗】

南极上空的臭氧层空洞在2000年9月曾突增到创纪录的2900万平方千米，近乎4个澳大利亚的面积。2003年9月中旬，南极上空的臭氧层空洞已经达到2950万平方千米，打破2000年的最高纪录，超过了整个北美洲的面积。

■ 臭氧层的现状

1985年，英国科学家证实，南极上空的臭氧层空洞面积相当于美国的国土面积。1991年，南极上空的臭氧层空洞面积相当于俄罗斯的国土面积。目前，南极上空的臭氧含量已减少40%，北极上空的臭氧也在大量减少。科学家认为，臭氧层的破坏是人类自身行为造成的，人们大量地生产和使用"消耗臭氧层物质（ODS）"以及向空气中排放大量的废气，这些都是造成臭氧层空洞的原因。ODS主要源于制冷剂、喷雾剂、发泡剂、清洗剂等。臭氧层被破坏会造成穿过大气层的紫外线增加，到达地面的太阳辐射能增多，温室效应加强。

39

冻土：所含水分冻结成冰的土壤或疏松的岩石。冻土分布于高纬地带和高山垂直带上部。

▶ 寒流与暖流
▶ 厄尔尼诺现象
▶ 全球气候变暖

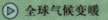

惹祸的"圣婴"厄尔尼诺

"厄尔尼诺"一词来源于西班牙语，原意为"圣婴"。"圣婴"，多么美好的名字，但在气象学领域它却并不受人欢迎，因为它代表着全球性的气候异常和人类的灾难。

■ 寒流与暖流

洋流又称海流。在海洋中海水多沿一定的途径大规模流动。海流按其水温低于或高于所流经海域的水温，可分为寒流和暖流两种，前者来自水温低处，后者来自水温高处。盛行风是形成洋流的主要动力，但在地转偏向力的作用下，风海流的流向并不与风向完全一致。世界上主要的寒流有西风漂流、拉布拉多寒流、加那利寒流、加利福尼亚寒流和秘鲁寒流等，主要的暖流有墨西哥湾暖流、北太平洋暖流、北大西洋暖流、几内亚暖流等。

■ 厄尔尼诺现象

厄尔尼诺现象是太平洋赤道带大范围内海洋和大气相互作用失去平衡而产生的一种气候现象。正常情况下，热带太平洋区域的洋流是从美洲走向亚洲，使太平洋表面保持温暖，给东南亚地区带来热带降雨。但这种模式每2至7年被打乱一次，风向和洋流发生逆转，太平洋表层的热流转而流向东侧的美洲，随之便带走了热带降雨，出现所谓"厄尔尼诺现象"。由于这种现象最严重时往往在圣诞节前后，于是遭受天灾而又无可奈何的渔民将其称为上帝之子——圣婴。在科学上，此词语用于表示在秘鲁和厄瓜多尔附近几千千米的东太平洋海面温度的异常增暖现象。

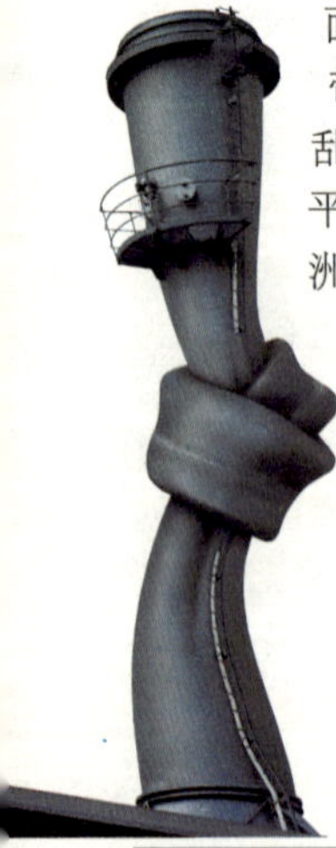

■ 全球气候变暖

在全球气候变暖的大趋势下，厄尔尼诺现象的发生更加频繁，而厄尔尼诺现象的频发更加剧了全球气候变暖。

20世纪80年代以后，全球气温明显上升。1981至1990年全球平均气温比100年前上升了0.48摄氏度。导致全球气候变暖的主要原因是人类在近一个世纪以来大量使用矿物燃料（如煤、石油等），排放出大量的二氧化碳等温室气体。由于这些温室气体对来自太阳辐射的可见光具有高度的透过性，而对地球反射出来的长波辐射具有高度的吸收性，容易形成"温室效应"，从而使全球气候变暖。全球气候变暖会使全球降水量重新分配，冰川和冻土消融，海平面上升，既危害自然生态系统的平衡，更威胁人类的食物供应和居住环境。

二氧化碳等温室气体的大量排放
工业的迅速发展一方面显著地提高了人们的生活水平，另一方面也给环境带来了极大的隐患。工业废气的排放既污染了环境，也导致了全球气候变暖。

减少温室气体排放（漫画）
温室气体包括二氧化碳、甲烷、氧化亚氮、六氟化硫等。燃烧化石燃料是温室气体的主要来源之一。温室气体的排放正使全球气候逐渐变暖。

【你知道吗】
世界上最大的寒流是西风漂流，大体沿南纬45度至50度方向流动；最大的暖流是墨西哥湾暖流，形成于大西洋上，沿北美洲东南岸从南往北流动。

40

Part 3

动植物与人体探秘篇

特化：指生物对某种环境条件的特异适应，如马由多趾演变为适于奔跑的单蹄。

▶ 最早的生命
▶ 寒武纪大爆发
▶ 生物的进化

生命的诞生

地球上存在着形形色色的生物。有人估计，地球上现存的生物至少有400万至500万种。这么丰富多彩的生物是怎样形成的呢？最早的生命又是怎样诞生的呢？

■ 最早的生命

原始海洋中的氮、氢、二氧化碳、水等无机物，在紫外线、电离辐射、高温、高压等一定条件下，形成了氨基酸、核苷酸及单糖等有机化合物。这些有机化合物在原始海洋中聚合成甘氨酸、蛋白质及核酸等复杂的有机物，进而聚集、浓缩形成以蛋白质和核酸为基础的多分子体系，并出现了原始的物质交换活动。在多分子体系的界膜内，物质交换活动又逐渐演变成新陈代谢作用并促使多分子体系进行自身繁殖。这种多分子体系被称为原生生命体。这标志着地球上生命的诞生。

鹦鹉螺化石
鹦鹉螺类动物出现于寒武纪后期，古生代前半期最繁盛，中生代以后衰落。在奥陶纪的海洋里，鹦鹉螺堪称顶级掠食者，它的身长可达11米，主要以三叶虫、海蝎子等为食。现有种类不多，是海洋软体动物中最特化者。

距今5.3亿年前的寒武纪之初，生命在这里的浅海中演绎了一场革命性的大规模进化，多细胞动物在地球上突发性出现，其中不仅有许多早已灭绝的奇异生物，还包括了几乎所有现存动物门类的祖先。这就是"寒武纪大爆发"。

欧巴宾海蝎
欧巴宾海蝎是一种生活在寒武纪的生物。此生物只有一种。它的头部长有五颗以眼柄支撑并突出的眼睛，头部下方有一个长长的吻部，长吻的末端为具抓握性的刺状物，用以捕获猎物。

■ 生物的进化

地球上的生命，从最原始的无细胞结构生物进化为有细胞结构的原核生物，再从原核生物进化为真核单细胞生物，然后按照不同方向发展，出现了真菌界、植物界和动物界。

植物界从藻类到裸蕨植物再到蕨类植物、裸子植物，最后出现了被子植物。动物界从原始鞭毛虫到多细胞动物，从原始多细胞动物到脊索动物，进而演化出高等脊索动物——脊椎动物。脊椎动物中的鱼类又演化到两栖类，再到爬行类，从中分化出哺乳类和鸟类，哺乳类中的一支进一步发展为高等智慧生物，这就是人类。

生物界的发展历史表明，生物进化是从水生到陆生、从简单到复杂、从低等到高等的过程，呈现出一种进步性发展的趋势。整个进化过程则表现为渐进与跃进、连续与间断的交替统一。

■ 寒武纪大爆发

20世纪初，美国科学家在落基山脉的寒武纪中期黑色页岩中，发现了大量保存完整、造型奇特的动物遗骸。研究表明，几乎现存动物每一个门类的祖先类型在当时都已出现，而在之前更为古老的地层中却找不到。这一发现引起了人们对寒武纪大爆发的思考。

1984年，我国云南澄江化石群的发现，为我们揭开了地球生命史上最为壮观的一幕：在

【你知道吗】
迄今为止，人类发现的最古老的生物化石来自澳大利亚西部，距今约35亿年。它的形状类似于现在的蓝藻，体积很小，肉眼根本看不见。

- 恐龙是什么
- 恐龙有多大
- 嗜血杀手霸王龙

化石：古代生物的遗体、遗物或遗迹埋藏在地下变成的类似于石头一样的物质。

动植物与人体探秘篇

中生代的霸主——恐龙

恐龙是一种显赫一时的庞然大物，虽然已经灭绝，但曾是地球上的统治者。在那个气候温暖、水草丰美的时代里，它们是地球的主人。6500万年后的今天，我们只能依据化石来探索它们的秘密。

■ 恐龙是什么

恐龙出现于距今约2.25亿年的三叠纪，经过侏罗纪，消失于距今约6500万年的白垩纪，统治地球达1.5亿年。恐龙是一种爬虫类动物，有一个庞大的家族，在当时的动物世界中居统治地位。其足迹遍及地球的七大洲。但是，大多数恐龙化石是在美国、蒙古、中国、加拿大、英国和阿根廷发现的。其中美国发现得最多，有64属，蒙古发现40属，中国发现36属，加拿大发现31属，英国发现26属，阿根廷发现23属。大多数恐龙属只有1个种，少数有2个或3个种。

据统计，目前发现的恐龙属有286个，种有336个。长期以来，恐龙被分成两大目：蜥臀目和鸟臀目。这是依据它们的骨盆（又称腰带）构造不同进行的分类。蜥臀类的骨盆像蜥蜴的骨盆；鸟臀类的骨盆像鸟的骨盆。

■ 恐龙有多大

恐龙总体上体型都比较庞大，尽管恐龙中也有不少比较矮小的，但平均而言，它们比古今任何种类的陆生动物都要大得多。霸王龙的身体全长可达17米，站立起来有6米高，体重估计至少有10吨。霸王龙不仅是白垩纪晚期最凶残的动物，而且是古今陆地上最大的肉食性动物。另一类庞然大物是蜥脚类恐龙，包括马门溪龙、雷龙、梁龙、腕龙等，体长一般在20至30米，抬头可达5至6层楼的高度。目前发现的体型最大的恐龙是震龙，它的身长可达39至52米，身高可达18米，体重达到130吨。它们生活的时代是距今约1.6亿至1.4亿年前的侏罗纪晚期。

■ 嗜血杀手霸王龙

霸王龙生活于白垩纪晚期，是兽脚类恐龙（属蜥臀目）的一种，也是三叠纪晚期至白垩纪期间肉食性兽脚类恐龙中最典型的代表。霸王龙的化石首先发现于北美，我国山东、河南、新疆等地也有发现。

霸王龙

霸王龙拥有60颗匕首一样锐利的牙齿，还有一张比任何陆地动物都大的嘴。然而，令人意想不到的是，对从霸王龙化石中提取的蛋白质进行化学分析显示，霸王龙与现在的鸡有亲缘关系。

43

属：生物分类法的一级。生物学中把同一科的生物按照彼此相似的特征分为若干群，每一群叫一属，如猫科动物分为猫属、虎属、豹属等，禾本科植物分为稻属、小麦属、燕麦属等。属以下为种。

▶ 食草的大块头雷龙
▶ 剑龙与角龙
▶ 恐龙之间的生态平衡

霸王龙的头骨可达1.5米长，下颌不仅粗壮，而且关节面很靠后，嘴可以张得很大。嘴里长着短剑般的牙齿，参差不齐，每个牙齿约有20厘米长，稍稍弯曲，边缘有锯齿。这样的颌骨和牙齿结构，无疑和它们长期以其他动物为食，需要撕裂和咀嚼大片肉块有关。

■ 食草的大块头雷龙

雷龙的体重可达27吨，体长大约23米，脖子有6米长，尾巴大约长9米。它拥有一颗与长脖子很相称的小脑袋。它的身体后半部比肩部高，当它由后脚跟支撑站立时，看上去像一座尖塔。

雷龙是巨型长脖草食性恐龙之一。它的身体虽然大得惊人，性情却很温和，平时以温带森林中的植物为食，有时会走入沼泽，以此躲避其他凶暴的肉食性恐龙的攻击。它们喜欢群体活动，可以想象，当一大群雷龙从远处走来时，一定是尘土蔽日、响声如雷——这就是其名称的由来。我们在博物馆见到的一般恐龙化石，大多是这种恐龙的。

■ 剑龙与角龙

剑龙，也叫骨板龙，是一类体型较大的恐龙。它们的背上长着许多骨板，骨板尾端有长刺。前肢短，后肢较长，整个身体就像拱起的一座小山，山峰正好在臀部。剑龙的臀部还有一个扩大神经球，能指挥后肢和尾巴行动，所以有人说剑龙有两个脑子。这种曾以"两个脑子"而闻名于世的恐

【剑龙】
剑龙虽然个头很大，但头很小。在剑龙的臀部还有一个扩大神经球，大约是脑子的20倍大，它能指挥后肢和尾巴的行动，所以有人说剑龙有两个脑子。

龙，起源于侏罗纪中期的亚洲，在侏罗纪晚期达到繁盛，于白垩纪早期灭绝。

角龙出现和繁盛于白垩纪。它是恐龙家族中最晚出现的一类。最原始的角龙是原角龙，它是由鹦鹉嘴龙进化而来的。原角龙的前肢短，后肢长而粗，脚较大，趾端长着似爪的蹄，是一种生活在高原地带、以植物的嫩枝叶为食的角龙。它是后来各种角龙的祖先。从原角龙到后来的多角龙，它们总共在地球上生存了2000万年左右。在白垩纪末期，它们与其他恐龙一起灭绝了。

【三角龙】
三角龙是角龙科中最著名的一属，也是最晚出现的恐龙之一，经常被看成晚白垩纪恐龙的代表。

■ 恐龙之间的生态平衡

从地层中发掘出的恐龙化石可见，草食性恐龙要比肉食性恐龙多得多。在一定的生活领域内，两类恐龙保持着比较固定的比例。肉食性恐龙与草食性恐龙体重的比例是6：100左右。草食性恐龙与肉食性恐龙之间在数量上达到了生态平衡。它们互相依存，互相制约。没有草食性恐龙，肉食性恐龙就会

【你知道吗】
很多大型四足行走的蜥脚类恐龙的行走速度只有大约1米/秒，与人类散步的速度相近。两足行走的大型恐龙的行走速度一般不超过2.2米/秒，与人类快速行走时的速度差不多。三角龙最快的奔跑速度可以达到9米/秒，相当于人类百米赛跑健将的水平。那些较小的、体重在500千克左右的两足行走的恐龙能够以12米/秒的速度奔跑。

44

- 恐龙蛋
- 恐龙灭绝之谜

羊膜卵：具有羊膜结构的卵。其特点是：在胚胎发育中，有三层胚膜包围着胚胎，外层称绒毛膜，内层称羊膜，另外还有尿囊膜。

动植物与人体探秘篇

饿死；没有肉食性恐龙，草食性恐龙就会无限制地繁殖，从而出现"人口"大爆炸。它们会吃光所有能吃的植物，毁掉赖以生存的家园，最后病饿而死。

■ 恐龙蛋

最初发现的恐龙蛋是原角龙的蛋，呈鹅卵形，大约宽7.5厘米、长15厘米，多至30只，蛋尖向内，在巢中以螺旋状排列。

恐龙蛋属羊膜卵，羊膜卵的外面包有一层既坚固又耐干燥的钙质外壳，壳上有许多小气孔，这些气孔是供胚胎发育时呼吸空气用的"窗口"。蛋壳厚2至7毫米，是世界上最厚的蛋壳。在蛋壳的里面，含有一个大卵黄，为胚胎供应养料。一个被羊膜包裹的羊膜囊中充满了羊水，胚胎沉浸在羊水中。另外还有一个囊，是用来存放排泄物的。羊膜卵构造精巧、合理，在陆地上不会干涸、失水，胚胎在里面既安全又舒适。

恐龙蛋的形态五花八门，但其直径多在10至15厘米之间。世界各地发现的恐龙蛋大约有数千枚之多。在法国发现过长直径30.48厘米、短直径25.4厘米的恐龙蛋化石，这是世界上已知最大的恐龙蛋化石。

■ 恐龙灭绝之谜

统治地球达1.5亿年之久的恐龙，于距今大约6500万年前突然灭绝，多数人认为，这是一颗巨大的陨星撞击地球的结果。

距今6500万年前，一颗巨大的陨星撞击地球，产生了相当于100万亿吨烈性炸药的爆炸力，这不仅使地球表面产生了直径175千米的巨坑，而且把比陨星质量大100倍的尘埃抛入太空。这些尘埃漂浮在地球上空，遮住了射向地球的阳光，时间达3至5年之久。这样，地球的白天也成了黑夜。光合作用终止，植物普遍死亡，随之而来的是以植物为食物的恐龙灭绝，接着是以动物为食物的恐龙灭绝。

此外，还有人认为，中生代末期地球上出现强烈的火山喷发和地震，地壳构造发生变化，很多湖泊、平原的分布发生变化，蕨类植物衰落，裸子植物大量死亡，被子植物兴起。恐龙不能适应这种变化，食用大量被子植物后，生理失调，进而死亡。

恐龙蛋化石
恐龙蛋属于羊膜卵，其他爬行动物以及鸡鸭等产的蛋也属于羊膜卵。蛋壳厚2至7毫米，是世界上最厚的蛋壳。

恐龙灭绝想象图
恐龙在地球上生活了1.5亿年之久，是当时陆地上的霸主，但在距今6500万年前恐龙却突然灭绝了。对于其灭绝原因，很多人认为，是由于巨大的陨星撞击地球导致气候突变，造成恐龙灭绝。

45

鳍：水生动物的运动器官，主要功能是维持平衡和帮助游泳。

▶ 天上的近亲——翼龙
▶ 水中的远亲——鱼龙
▶ 长脖子的怪兽——蛇颈龙

恐龙的亲族

繁盛一时的恐龙在距今6500万年前突然灭绝了，但当时灭绝的远不止恐龙一种动物。翼龙、蛇颈龙和鱼龙等因为与恐龙有许多相似点，被称为恐龙的"亲族"，它们也与恐龙一起灭绝了。

■ 天上的近亲——翼龙

中生代三叠纪时出现在地球上的翼龙是最早能够飞行的脊椎动物，与恐龙同时出现又同时灭绝。翼龙不仅能像鸟类一样飞翔，而且很可能是飞行能手。翼龙或大如飞机，或小如麻雀。

翼龙
翼龙化石分布较广，南美洲、欧洲以及中国都发现过其踪迹。法国的发现尤其珍贵，包括翼龙的足迹化石。

在恐龙成为陆地霸主的时期，翼龙始终占据着天空。

1784年，意大利的古生物学家科利尼在德国发现了第一件翼龙化石，至今全世界已经发现约130多种翼龙化石。所有的翼龙都有细小而中空的骨头，翅膀则是由皮肤连接长指骨和腿构成的。按照严格的定义来划分，翼龙并不是会飞的恐龙，而是恐龙的近亲。

■ 水中的远亲——鱼龙

鱼龙
鱼龙是典型的海生古爬行动物，出现于三叠纪初期，到白垩纪后期已灭绝。科学家一般认为鱼龙卵胎生殖，卵在母体内孵化，由母体产出幼体。

鱼龙是一种类似鱼和海豚的大型海栖爬行动物。它们生活在中生代时期，最早出现于距今约2.5亿年前，比恐龙稍早一点，在距今约9000万年前消失。在三叠纪中期，一种今天还未能确定的陆栖爬行动物逐渐回到海洋中生活，后逐渐演化为鱼龙。它们一般都用肺呼吸，同样也会产卵；没有真正的脖颈，从头部到躯体连成一线；四肢都已演化为鳍，躯体的后端还有和鱼类差不多的尾鳍，背部也有肉质的背鳍。它们是当时海洋中的霸主，有些长着锋利的牙齿，有些则游速奇快。

■ 长脖子的怪兽——蛇颈龙

蛇颈龙是一种大型肉食性爬行动物，在浅水环境中生活。三叠纪晚期出现，侏罗纪已遍布世界各地，白垩纪末期灭绝。蛇颈龙的外形像一条蛇穿过一个乌龟壳，头虽然扁小，但口很大，口内长有很多细长的锥形牙齿。蛇颈龙的身体非常庞大，长11至15米，个别种类体长可达18米。

【你知道吗】
20世纪70年代在美国得克萨斯州发现的翼手龙（翼龙的一种）化石，它的两翼展开约12米，宽度相当于"F-16"战斗机。而最小的翼龙则像麻雀一般大小。

蛇颈龙可分为长颈型蛇颈龙和短颈型蛇颈龙两类。长颈型蛇颈龙主要生活在海洋中，脖子极长，身体宽扁，鳍脚犹如四支很大的船桨，身体在水中进退自如，转动灵活。短颈型蛇颈龙脖子较短，身体粗壮，有长长的嘴，头部较大，鳍脚大而有力，适于游泳。久负盛名的"尼斯湖水怪"可能就是蛇颈龙或其后裔。

从爬行到飞行
适于飞行的身体
到底能飞多高

秃鹫：别名座山雕，属于鹰科，主要以鸟兽的尸体和其他腐烂的动物为食，是国家二级保护动物。

动植物与人体探秘篇

鸟类飞行的奥秘

飞行中的鸟
鸟类种类繁多，分布广泛，大多数会飞行。但也有少数鸟类不会飞行，如企鹅、鸵鸟。

鸟类是天空的主人，它们在天空中飞翔，或直冲九霄，或飞越万里，或在枝繁叶茂的林间灵活地穿梭，其飞行能力之强、技巧之高令人惊叹。在许多方面，人类制造的飞机都无法匹敌。

■ 从爬行到飞行

关于鸟类飞翔的起源，现在有两种假说。

第一种是树栖起源假说：鸟类的祖先是生活在树上的，最初只能在树枝间来回跳跃。这种跳跃的能力逐渐发展为滑翔，前肢生出翼膜。后来，身体的鳞片逐渐进化为羽，鸟类由滑翔逐渐发展为扇动两翼以增加升力，最后，终于获得了飞翔能力。

第二种是陆地奔跑起源假说：鸟类的祖先是具有长尾、两足奔跑的动物，在奔跑时前肢不断扇动，其后缘鳞片逐渐扩大，进而进化成羽毛，前肢也就从奔跑的辅助器官变成飞行器官。尾上的鳞片也逐渐增大，最后变成尾羽。

■ 适于飞行的身体

鸟类能在天空自由飞翔，与其身体构造是分不开的。首先，鸟类的身体呈流线型，在空气中运动时受到的阻力很小。

其次，鸟类的骨骼薄而轻，骨头是中空的，里面充有空气。鸟的头骨是一个完整的骨片，身体各部位的骨椎相互愈合在一起，肋骨互相钩接，形成强固的胸廓。这种独特的结构，减轻了飞行时所需承受的重量。

再次，鸟类有一套独特的呼吸系统。它们的肺实心而呈海绵状，还连有9个气囊。在飞翔时，鸟由鼻孔吸进空气后，一部分在肺里直接进行碳氧交换，另一部分存入气囊，然后再经肺排出。这种鸟类特有的"双重呼吸"功能保证了其飞行时所需的氧气量。

另外，在鸟类身体中，消化、排泄、生殖系统的器官的构造，都趋向于减轻体重，利于它们展翅高飞。

■ 到底能飞多高

大多数的鸟类都具有很强的飞行能力。例如秃鹫往往飞得很高，以便俯视地面环境。大多数鸟类的飞行高度不超过914米，但据估计，横越加勒比海迁徙的大多数候鸟，其飞行高度可达3084米。

当然，鸟类也有飞得更高的时候，1973年，曾有一只兀鹫在非洲科特迪瓦约11278米的高空与架飞机相撞。

但也有不能双翅退化，胸骨飞行的鸟类。鸵鸟小而扁平，没有龙骨突，双翅是鳍状的，不能飞翔。

【你知道吗】
鸵鸟是世界上体型最大的现生鸟类，体长1.83至3米，身高2.4至2.8米，体重130至150千克。雄鸟主要为黑色，雌鸟主要为灰褐色。

鸵鸟
鸵鸟，又叫非洲鸵鸟，分布于非洲西北部、东南部和南部，主要栖息于荒漠、草原和灌木丛等地。它不会飞行，但奔跑速度很快。

47

猛禽：鸟类的一种，如鹰、雕、鹫等，嘴呈钩状，翼大善飞，脚强而有力，趾有锐利钩爪，性情凶猛。

▶ 难以置信的长途跋涉
▶ 本能的执著
▶ 定位与导向

动物长途迁徙的秘密

　　迁徙行为并不是鸟类所特有的本能活动。某些无脊椎动物（如东亚飞蝗、蝴蝶等）、爬行类动物（如海龟等）、哺乳类动物（如蝙蝠、鲸、海豹、鹿类等），还有某些鱼类都有季节性长距离迁徙的行为。

■ 难以置信的长途跋涉

　　一只套了脚环的北极燕鸥从北美洲的拉布拉多半岛被释放，3个月后，它在非洲东南部再次被捕获，这证明它已飞行了14500千米。北极燕鸥的最远旅程纪录是22500千米。

　　大马哈鱼生活在北太平洋，每年夏秋季节会结成数万，甚至数十万的大群游入远东河口，再溯游到我国松花江内产卵，幼鱼孵出后又游回太平洋去生长发育。

　　美洲驯鹿在阿拉斯加的麦金利山区度过它们的"暑假"，冬天来临，它们又会结成大群，一路觅食向北迁徙，几乎年年都走同一条路线。

　　加拿大的一种蝴蝶能远距离飞行1000多千米到墨西哥越冬，气候转暖后又飞回加拿大。

美洲君主蝶
　　美洲君主蝶也叫英武霸王蝶，翅膀像蛇脑袋，所以又叫"蛇头蝶"，有长途迁徙的习性。

■ 本能的执著

　　鸟类迁徙的原因很复杂。现在一般认为，鸟类的迁徙是对环境因素周期性变化的一种适应性行为。气候的季节性变化，是鸟类迁徙的主要原因。由于气候变化，北方寒冷的冬季和热带的旱季，经常会出现食物的短缺，这迫使鸟类种群中的一部分（即候鸟）迁徙到其他食物丰盛的地区。这种行为最终延续下来，成了鸟类的一种本能。

■ 定位与导向

　　候鸟年复一年地在特定的路线上迁飞，每年均能准确地回到各自的繁殖地和越冬地，这表明它们具有精确的导航定位功能。鸟类具有一种固有的由遗传所决定的方向感。幼鸟跟随亲鸟迁徙，不断地加强对迁徙路线的记忆。它们以居留和迁徙途

迁徙的宏大场面
　　在电视或电影中我们常能看见在美洲或者非洲荒原上动物大迁徙的宏大场面：它们不停地奔跑，跋山涉水，在途中还不时遭到猛兽的袭击。

【你知道吗】
　　候鸟一般都会"家族"群集迁飞。只有猛禽（鹰、隼等）会单独飞行，相互保持一定的距离。大多数候鸟在夜间迁飞，白天休息和觅食。鹤、鹳和一些猛禽在白天迁飞。

经的地形和景观，如山脉、海岸、河流、森林和荒漠等为标记，最终熟记传统的迁徙路线。星辰对夜间迁徙的鸟类尤为重要，鸟类能利用太阳和星辰的位置定向，例如掠鸟和白喉雀等。此外，鸟类迁徙还可以借助于风定向。

大马哈鱼
　　大马哈鱼身体左右侧扁，吻端突出，形似鸟喙。口大，内生尖锐的齿，是凶猛的肉食鱼类。

- 冬眠的动物
- 它们不饿吗
- 防冻的奥秘

睡鼠：英国境内最小最害羞的哺乳动物，尾巴与身体差不多长，寿命通常是5年，但其中3/4的时间都用于睡觉。

动植物与人体探秘篇

奇异的冬眠

冬天的北方，你还能看见刺猬、蛇、蜗牛、蝙蝠、青蛙等动物吗？它们去哪里了呢？原来，为了度过这个寒冷的冬天，它们都躲起来去冬眠了。

■ 冬眠的动物

动物的冬眠是一种奇妙的现象。在加拿大，有些山鼠的冬眠时间长达半年。冬眠时，它们的呼吸由逐渐缓慢到几乎停止，脉搏也变得极为微弱，体温直线下降，甚至低到5摄氏度。这时，即使用脚踢，它们也不会有任何反应。松鼠睡得更死，有人曾把一只冬眠的松鼠从树洞中挖出，它的头好像折断一样，任人怎么摇都不醒。刺猬冬眠的时候，简直连呼吸都停止了。有人曾把冬眠中的刺猬放入温水中，浸上半小时，才见它苏醒。

冬眠的蟾蜍

许多两栖动物和爬行动物都有冬眠的习惯，这些动物是冷血动物，体温会随着气候的变冷逐渐下降。图为一只冬眠的蟾蜍。

■ 它们不饿吗

动物在冬眠时，一冬不吃东西也不会饿死。因为冬眠以前，它们早就开始了冬眠的准备工作。从夏季开始，它们便在自己的身体内部逐渐积累营养物质，特别是脂肪。等到冬眠期来临，体内积累的营养物质已经相当多了，这些营养物质足够整个冬眠过程中身体的需要。动物在冬眠期间，伏在窝里不吃不动，血液循环减慢，新陈代谢非常微弱，所消耗的营养物质也相对减少，所以体内储存的营养物质是足够维持生命所需的。等到它们身体内所储存的营养物质快要用光时，冬眠期也要结束了。

冬眠的刺猬

刺猬冬眠的时候，简直连呼吸也停止了。原来，它的喉头有一块软骨，可将口腔和咽喉隔开，并掩紧气管的入口。

■ 防冻的奥秘

冬眠的动物都是冷血动物，体温受外界气温的支配。当气温变低时，体温也会随之下降，活动能力显著降低。如果气温进一步降低的话，它们的全部生理机能都会停止下来而进入假死状态。所以，当身体机能开始下降时，它们就躲进地下相对温暖的窝里，在睡梦中度过冬天。但有些动物，地下的温度也难以达到它们生存的需要。一旦它们身体里活的组织被冻结，膨胀的冰晶体势必使细胞膜受到破坏，对它们造成致命的创伤。当细胞里液体不足，不能保证维持生命所必需的酶活性时，就会造成死亡。但它们也有防冻诀窍，即靠降低体内液体的冰点来提高抗寒能力，其主要办法就是产生大量的"防冻液"。不过，它们究竟是怎样制造"防冻液"的，至今还是一个谜。

【你知道吗】

在许许多多的冬眠动物中，冬眠时间最长的是睡鼠。它每年有5至6个月（从10月到次年4月）的时间处于冬眠状态。据报道，英国的一只睡鼠竟酣睡了6个月零23天，算得上世界上冬眠时间最长的动物了。

49

背鳍：指沿水生脊椎动物的背中线而生长的正中鳍，对鱼体起平衡作用。

▶ 面目狰狞的深海居民
▶ 海底钓鱼
▶ 雌鱼体侧的"肉瘤"

鮟鱇鱼的奇异婚姻

在所有的脊椎动物之中，雌雄之间最罕见的婚姻关系要数鮟鱇鱼了：雄鱼刚一出生就要去寻找雌鱼作为自己的终身伴侣。一旦碰上，就立即咬住雌鱼附着下来。从此以后，它一辈子都靠雌鱼供养。若出生后几个月内找不到雌鱼，雄鱼就会饿死。

鮟鱇鱼
鮟鱇鱼皮皱口阔，獠牙狰狞，俗称海蛤蟆，主要生活在温带海洋的海底。

■ 面目狰狞的深海居民

鮟鱇鱼，又称老头鱼、海蛤蟆，大多数生活在终年不见阳光的海洋底部。鮟鱇鱼长得十分难看：胖胖的身体、大大的脑袋、一对鼓出来的大眼睛，大嘴巴里长着两排坚硬的牙齿，就连发出的声音也像老爷爷咳嗽一样。

鮟鱇鱼没有肋骨，所以胃可以撑得很大，有时甚至能吃下比自己大的鱼。它的牙齿坚硬而且向内倒钩，猎物只要进了它的嘴里就别想逃出。生活在深海中的鮟鱇鱼一般是黑色的，而生活在浅海中的颜色则比较鲜艳。它们体形扁平，行动迟缓，过着散居的生活。

美味的鮟鱇鱼
鮟鱇鱼虽然面目丑陋，但却为满足人们的"口福"作出了贡献。在欧洲、日本和美国，有数百万人喜欢吃这种味道鲜美的大鱼。

■ 海底钓鱼

鮟鱇鱼行动笨拙，不善于追逐捕食，可又好肉食，那么它是靠什么生存下来的呢？原来，雌性鮟鱇鱼的第一背鳍棘变成了一根又长又软，还能活动的"钓竿"，顶端还长有一个肉质的穗，像个活的鱼饵。它常常把身体藏在泥沙里，只露出一对小圆眼，窥视着海底的动静，同时把"钓竿"伸在水中，肉穗像小虫一样不住地在它的嘴前抖动，引诱小鱼前来"上钩"。当小鱼刚要吞吃肉穗时，雌鮟鱇鱼就会张开大口将小鱼吞入腹中。有的雌鮟鱇鱼的肉穗还能发光，在昏暗的海洋里，更能让不少小鱼上当受骗。

■ 雌鱼体侧的"肉瘤"

在茫茫大海中，小小的鮟鱇鱼雄鱼是靠什么去寻找雌鱼的呢？

原来，雌鱼能发出一种特殊的亮光和一种奇异的清香，小雄鱼则有一双敏锐的眼睛和灵敏的嗅觉器官——它就是凭着这两点长处去寻找雌鱼的。找到以后，雄鱼就把牙齿嵌入雌鱼的皮肤，之后就一辈子靠吸取雌鱼的血液来维持生命，成为雌鱼身上的附属物。附着

【你知道吗】
鮟鱇鱼为世界性鱼类，在大西洋、太平洋和印度洋都有分布，而且种类多样，大者可达1至1.5米。我国有两种，一种是黄鮟鱇，另一种是黑鮟鱇。

之后的小雄鱼除了生殖器官继续发育外，其他器官都逐渐退化。随着雌鱼不断长大，雄鱼会嵌入到雌鱼的身体中，看起来好像是雌鱼体侧长着的肉瘤。因此雌雄鱼的体长相差很大，雌鱼有1米多长而雄鱼却只有2厘米。

50

- 奇异的鸭嘴兽
- 介于爬行动物与哺乳动物之间
- 鸭嘴兽的毒刺

单孔目：哺乳纲原兽亚纲中仅有的一目，因消化、生殖和泌尿管道均通入泄殖腔，有一个共同的开口而得名。

动植物与人体探秘篇

令人迷惑的鸭嘴兽

如果说有的哺乳动物也能下蛋，你相信吗？大家都知道哺乳动物的定义就是胎生哺乳，体表有毛发，怎么能下蛋呢？可是，动物界中确实有能下蛋的哺乳动物，生活在澳大利亚的鸭嘴兽便是其中之一。

■ 奇异的鸭嘴兽

鸭嘴兽是现存最原始的哺乳动物，仅分布于澳大利亚大陆东南部和塔斯马尼亚岛，是澳大利亚的象征性动物之一。

鸭嘴兽是体型最小的单孔目动物，适应水陆两栖生活，在溪流或湖泊边挖穴居住，在水中捕食螯虾等水生动物。鸭嘴兽身长40至50厘米，全身长有咖啡色的细毛，有一条扁宽的尾巴和四条短短的腿，趾上有爪，爪上还长着蹼。它的最大特点是有一副鸭子般的嘴脸，鼻孔长在嘴的前上方，头部有耳孔，但没有耳廓。它在水中用蹼当"桨"，用尾巴当"舵"，非常灵活，是游泳的能手。它还能潜游到河底觅食，潜水时耳、目、鼻会自行闭上。它们一般白天在巢中睡觉，晚上结群下水觅食。

鸭嘴兽的嘴巴
鸭嘴兽的嘴巴像鸭嘴，其名即由此而来。嘴内有宽宽的角质牙龈，但没有牙齿。它以软体虫及小鱼虾为食。

■ 介于爬行动物与哺乳动物之间

鸭嘴兽既具有哺乳动物的特点——用乳汁喂养幼仔，同时又具有爬行类、鸟类的特点——生殖孔与排泄孔在一起，卵、尿、粪都由一个孔排出体外，所以科学家将其归为"单孔类"。它们不但卵生，而且还能孵卵。鸭嘴兽的类似于爬行动物的特征，正好说明它是由爬行动物向哺乳动物进化中的过渡类型。

澳大利亚大陆在它刚出现后不久就独自南移，与其他大陆相隔离，这样，鸭嘴兽无法与其他动物交流，它们的进化也停止了。这是这种动物仅存于澳大利亚的原因。

游泳高手鸭嘴兽
鸭嘴兽是游泳高手。在游泳时它的眼睛和耳朵由肌瓣闭塞，靠非常发达的触觉寻找食物。口腔里有一个袋状的颊囊，等到里面装满食物，鸭嘴兽就回到窝里细细地品味。

■ 鸭嘴兽的毒刺

憨态可掬的鸭嘴兽脾气温和，但它也拥有一件"护身符"。雄性鸭嘴兽的后足长有毒刺，能够分泌烈性毒汁，喷出可伤人。它的毒性几乎与蛇毒的相近，如果人被它的毒刺刺伤，皮肤马上会肿痛，严重者甚至会有生命危险。但如果能及时得当地治疗，一般都可以痊愈。雌性鸭嘴兽出生时也有毒刺，但长到30厘米时就消失了。

不过，只有在交配季节，为了争夺"爱人"，鸭嘴兽才会运用这种武器来对付其他雄兽。

【你知道吗】
1985年在云南发现的"巨颅兽"头骨化石，是目前世界上最古老的哺乳动物化石。这种2克重、12毫米长的动物生活在距今1.95亿年前的早侏罗世，是现代哺乳动物最古老、最具血缘关系的亲戚。

瓶子草：采用陷阱作为捕虫器的食虫植物，通常用蜜汁来吸引昆虫。

▶ 食肉植物知多少
▶ 死亡陷阱
▶ 有食人树吗

无肉不欢的植物

动物取食植物，在人们看来不足为奇，要说植物能捕食动物，则会使不少人惊讶。大千世界，无奇不有，世界上真有能捕食人或动物的植物吗？

■ 食肉植物知多少

植物界不仅有用根吃"素"的植物，而且有用"口"吃"荤"的植物，食肉植物便是这类植物。食肉植物多数能进行光合作用，消化动物蛋白质，并能适应极端的环境。它们靠"口"捕食蚊蝇类的小虫子，有时也能"吃"掉像蜻蜓一样的大昆虫。食肉植物分布于世界各地，种类达500多种。大部分生长在潮湿荒地、酸沼、树沼、泥岸等水分充足、土壤酸性且缺乏氮素的环境中。无论水生、陆生或两栖，食肉植物均有相似的生态特点：大部分是多年生草本植物，高不过30厘米，长仅10至15厘米，个别种类也有长至1米的。

茅膏菜
茅膏菜叶面密布着能分泌黏液的腺毛，当昆虫停落在叶面时，即被黏液粘住，而腺毛又极敏感，有物触及便会向内和向下运动，将昆虫紧压于叶面。

猪笼草
美丽的花朵，温柔的陷阱。小虫子一进入，就很难再出去，只能做猪笼草的点心了。

小动物碰到叶子上的触毛，两片叶子便立即闭合，把昆虫夹在其中，并分泌消化液将其消化。另一类如猪笼草、瓶子草，它们的叶子演化成瓶状，"瓶口"色彩鲜艳如花，并能分泌具有香味的蜜腺，吸引昆虫等小动物。而"瓶颈"内壁又长着向下斜生的硬毛，昆虫一旦爬进就无法逃出，"瓶底"的消化液会迅速把它消化掉。这些植物都不高大，它们只能捕食小动物，主要是捕食昆虫；其中较大的品种，偶尔也能捕食小型的蛙或壁虎等。

■ 死亡陷阱

食肉植物大致有两种：一种生有夹子般的叶子，叶子的两半便迅速闭合，把牺牲品夹在当中。例如茅膏菜，它的叶子平时分两片张开，叶子上分泌有甜甜的液体，一旦有昆虫类

■ 有食人树吗

德国探险家卡尔·李奇在1920年9月26日的《美国周报》上发表文章说，他曾经在马达加斯加目睹了一棵巨大的开花植物将一名年轻女子消化掉的过程。1925年，《美国周报》又发表了第二个有关食人树的故事，故事的主角是菲律宾棉兰老岛的一种树。科学家们考察以后认为，能消化人类的植物传说，源于诸如捕蝇草之类的植物，这些植物能够消化昆虫以及放置在叶子上的小块肉类，但所谓食人树，不过是传说罢了。

【你知道吗】
马达加斯加岛上生长着一种叫做"库马加"的树，它的花可以散发出一种毒气，当动物或人接近时，会被这种毒气熏倒，甚至丧命。

郁金香的黑色梦想

花青素：构成花瓣和果实颜色的主要色素之一，可随着细胞液的酸碱度改变颜色。

郁金香原产于小亚细亚，16世纪首次被移植到荷兰。如今，郁金香已成为荷兰的标志。荷兰花农培育出许多色彩各异的郁金香新花种，但是很长时间以来，他们培育黑色郁金香的梦想一直未能实现。

■ 姹紫嫣红的花朵

花之所以有五颜六色，是因为花内含有各种色素。花内的色素大致可分为两大类：一类是类叶红素，也就是我们常说的类胡萝卜素。类叶红素为数不多，不溶于水，可使花朵变成黄色或橘黄色。另一类是花青素，可使花朵变为红、蓝、紫等颜色。无色花青素则可使花朵变为白色。

花的种类繁多，加之它们的生长条件也千差万别，所以才有了姹紫嫣红的世界。

■ 稀少的黑色花

全球4100多万种植物中，只有8种植物开黑色花。为什么黑色花如此稀少呢？主要原因有以下几点：一、与太阳有关。黑花能吸收全部的光波，在阳光下升温快，花的组织容易受到伤害。经过长期的自然淘汰，黑色花便所剩无几了。二、与引诱昆虫有关。黑色花不鲜艳，不漂亮，不易吸引昆虫，因而传播花粉、繁衍后代就成了问题。三、与花瓣内含的化合物有关。花瓣内一般没有黑色花所含的因子，所以黑色花种类极少。蔷薇有时会开黑色的花，但仔细观察就会发现，那不是真正的黑色，而是深红色或紫色，由于光的照射才显得很黑。

■ 黑郁金香梦想成真

1986年2月18日，一位年轻的荷兰栽培家吉尔特·哈格曼终于把几个世纪的梦想变成了现实。那天午夜，哈格曼在他的温室里发现了一朵黑色的郁金香花蕾。哈格曼培育出黑郁金香的消息震动了整个荷兰，世界各大报刊纷纷转载。美丽的黑郁金香，一茎青枝上独立着个花蕾，叶片互相拘住，但又不是太紧密，人们虽能看到花蕾里的叠叠蕊芯，却无法一览无遗。它的花朵为杯状，呈紫黑色，花期仅有10天，且只有在保持20摄氏度左右的固定温度时，它的特性才能表现出来。黑郁金香在荷兰也非常稀有，目前仅有500株。

郁金香
郁金香原生长在小亚细亚，在1554年引入欧洲，很快风行起来，后来成为荷兰的标志。

黑郁金香
物以稀为贵，由于黑花很少，黑郁金香、黑牡丹和墨菊就成了珍品。除了黑色的花，其他颜色的花都很多，五彩缤纷，装点着大自然。

【你知道吗】
其实，纯黑的花是没有的。黑郁金香的黑色，并不是真正的黑色，而是红到发紫的暗紫色。荷兰所产的诸如"黛颜寡妇"、"绝代佳丽"、"黑人皇后"等品种的花都不是纯黑的。

遗传：生物亲代与子代之间、子代个体之间性状相似的现象。

▶ 动物进化的缩影
▶ 人类的祖先来自非洲吗

万物灵长——人类

人类是一种高级哺乳动物，也是当之无愧的万物灵长。人类从出现至今，一直以其高超的智慧和辛勤的劳动改造着这个世界。但人类究竟是怎样进化而来的，又是从哪里起源的呢？

■ 动物进化的缩影

我们知道，人类是由灵长类动物类人猿进化而来的。根据生化理论和生物考古学的大量事实证实，任何高一级的生命形态都是由低一级的生命形态进化而来的。成熟的人体就像一部高精度高功能的机器。骨骼、肌肉、内脏器官、皮肤等有机组合，构成了人体的基本轮廓。

从外观上，可将人体分为头、颈、躯干和四肢四大部分。头是人体的控制部分，颅骨内是人体活动的最高统帅——大脑，它通过脊髓指挥并协调人体的各种活动。头部还有眼、鼻、耳、口等重要器官。由七块颈椎骨和周围的肌肉等构成的类似弹簧管状的颈部——脖子，是连接头和躯干的不可缺少的重要部分。正是这种有特殊结构的脖子，使人体的头颅有较大的活动范围，保证了大脑与躯体的正常联系和信息反馈。

四肢包括双上肢和双下肢，是人体行走及生产劳动的重要部分。躯干即身体的中心部分，包括前面的胸腹和后面的背腰及内部的肺、心、胃、肠、肝、脾等器官。在躯干内部的最下部分是盆腔，其内有膀胱和直肠，男性有睾丸等生殖器官，女性

有卵巢和子宫等生殖器官。在生理状态下，身体的各部分互相协调、互相配合，共同担负着维持人体生命活动的重任。

■ 人类的祖先来自非洲吗

目前，学术界有一个比较流行的观点，即所有现代人的祖先都来自东非，他们在距今大约10万年前离开了故乡，走向世界。这一理论的最有力证据，就是非洲人相对其他大陆上的人在基因上极为多样化，这意味着他们具有更为久远的历史。

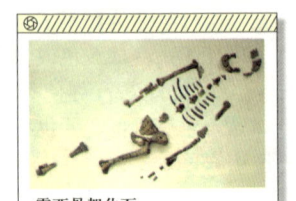

英国剑桥大学人类学家巴罗克斯的发现为"非洲起源说"提供了新的有力支撑。他发现，埃塞俄比亚在地理位置上和全球51个地方的距离，与该地区人类的遗传多样性

露西骨架化石

1974年，美国古人类学家在非洲的埃塞俄比亚发现了一具远古人类骨骼化石。这具化石后来被命名为露西，是目前所知人类的最早祖先，故被誉为"人类的祖母"。

有关，离埃塞俄比亚越远，遗传多样性越少。他由此推论，人类在离开埃塞俄比亚后，一些基因在迁徙的路上渐渐丢失掉了。巴罗克斯进一步发现，遗传多样性的衰退程度正好沿着人类早期迁徙的路线慢慢增大，如果人类起源于不同地区的话，就不可能有这样严格的规律。

2002年，一位科学家顶着60摄氏度的高温来到了非洲草原，他在这里发现了一个大约生活在距今400万至160万年前的16岁男孩的头盖骨化石。这一发现震惊了世界，为人类起源于非洲提供了又一个有力的证据。

黑猩猩

黑猩猩在灵长类动物中与人类血缘最为接近，尽管它们也能短暂地直立行走，但它们的骨骼和身体更适应四肢着地的行走方式。

冰期：又名冰川期。在这个时期，地球上的陆地被大规模冰川覆盖。

动植物与人体探秘篇

科学家根据众多的头盖骨化石推测，在距今800万至600万年前非洲开始出现猿人，它是由非洲三种猿中的一种进化而来的。这种猿因为基因突变逐渐向人类进化，最初，它只能站立行走，但这个特点让它的生存更容易。经过几百万年，这种猿演化成了猿人，这时，正好是距今90万年前的冰期，原本温暖的非洲在此时变得寒冷，在草木枯竭的情况下，一大部分猿人开始迁徙。历经几百年，猿人沿着亚洲和欧洲迁徙到温暖的地方，最终形成了人类文明。现在的非洲大草原也是在冰期形成的。

英国科学家开展的一项最新研究证实，远古时期生活在非洲东南部的一个小型部族居民是现代人类的共同祖先。他们发现，在非洲最古老居民和澳大利亚与新几内亚土著居民的体内存在着一些共同的DNA（脱氧核糖核酸）。由此可以推断，人类的祖先在到达世界各地后，开始散居在当地的原始人类中间，并逐渐取代他们的优势地位，最终迫使他们退出历史舞台。而他们最强大的武器，就是其工具制造技术。

【你知道吗】
生物考古学家认为，在地球诞生至今的46亿年里，地球上的生物经历了5次大灭绝，最后一次大灭绝发生在距今6500万年前。有人据此推断，距今20亿年前地球上存在过高级文明生物，但不幸毁灭于一场核大战或巨大的自然灾害。亿万年的沧海桑田几乎抹去了一切文明痕迹，仅留下极少遗物，吸引着现代人类去探索、去发现。

■ 了不起的直立行走

有着共同的祖先，人是从古猿进化而来的。但是自从在远古时期分化以后，他们就各自沿着不同的分支系统演化，为了适应一定的生活条件，形成了独特的身体结构和习性。

人类进化在体质上与猿类的主要区别在于：人能够用两足直立行走，头颅变大、变圆，原始的犬齿变短，牙齿全部靠在一起。人类有灵便的双手、敏锐的头脑和适宜咀嚼的牙齿，能够制造工具并使用工具进行劳动、杂食、进行语言交流，并且扩大了活动范围。人类的体质特征与两足直立行走有直接关系。在上肢获得解放的基础上，人类才有可能制造和使用工具以及产生姿势语言。与类人猿相反，人的下肢远比上肢长，并且更为粗壮有力，骨盆由于承担上半身的重量而向横阔方向发展。

南方古猿头骨化石
南方古猿生活在距今420万年至100多万年前，其最早的头骨化石发现于南非开普省的汤恩采石场。它们的牙齿、头颅、髋骨等和人相近，和猿类有显著的差别。这些古猿可能已会使用工具和直立行走。

直立行走不仅增强了人类祖先的生存能力，也使他们的身体结构发生了一系列适应性变化，如身体重心下移、下肢骨增长、骨盆变短增宽、脊柱从弓状变为S形等。因此，可以说人体的基本结构特征都与两足直立行走有关。此外，两足直立行走还使人类祖先的前肢从用来行走和支持身体中完全解放出来，为脑的进一步发展和增大创造了条件。

使用工具
工具的发明与使用，是人类区别于其他动物的标志之一，是人类文明的产物，也是人类社会发展的动力之一。

55

神经核：在中枢神经系统内，形态和功能相似的神经细胞胞体常聚集在一起，称为神经核。

▶ 脑的构造
▶ 丘脑——意识从这里产生

人体的司令部——脑

人体内最神秘的器官，就数脑了。其实，人脑的构造并不像肾脏或肝脏那么复杂，但是它却可以思考，是人体的"司令部"。人脑的生理作用和化学变化过程到底是怎样的呢？

小脑结构图
小脑位于大脑后下方，是脑内仅次于大脑的第二大结构。它是维持躯体平衡和运动协调的重要中枢器官。

■脑的构造

脑是中枢神经系统的主要部分，位于颅腔内。低等脊椎动物的脑比较简单，人和哺乳动物的脑特别发达，可分为大脑、小脑和脑干三部分。

人的大脑分左右两个半球，半球表面是大脑皮层（又称大脑皮质）。大脑皮层集中了约140亿个神经细胞。通常大脑左半球以言语功能为主，右半球以空间图像知觉功能为主。大脑皮层上比较大的沟裂把大脑皮层分为额叶、顶叶、颞叶和枕叶。在功能上，每叶都是一个特定的中枢。大脑半球下部是丘脑和下丘脑。丘脑是大脑皮层下的感觉中枢，下丘脑则用来调节内脏活动和体内物质代谢。

小脑在大脑的后下方，分为中间的蚓部和两侧膨大的小脑半球。小脑的内部由白质和灰色的神经核组成。白质又称髓质，内含有与大脑和脊髓相联系的神经纤维。小脑主要的功能是协调骨骼肌的运动，维持和调节肌肉的状态，保持身体的平衡。

大脑模型
大脑主要包括左、右大脑半球，是中枢神经系统的最高级部分。人类的大脑是在长期进化过程中发展起来的思维意识器官。

脑干上承大脑半球，下连脊髓，包括中脑、脑桥和延髓，也由灰质和白质构成。脑干中有许多重要的神经中枢，如心血管运动中枢、呼吸中枢、吞咽中枢，以及视、听和平衡等反射中枢。

■丘脑——意识从这里产生

丘脑是产生意识的核心器官。对事物的意识是事物在脑子里的映像。它包含了两个内容：一个是脑中代表事物的符号，即样本；一个是指示这个事物的意思，即丘觉。丘脑将丘觉合成发放出来才能产生意识。大脑皮层、下丘脑等产出的样本是事物在脑中的表示形式。

【你知道吗】
爱因斯坦大脑左右半球的顶下叶区域异常发达，他的大脑宽度超过普通人的15%左右。顶下叶区域在视觉空间认知、数学思维和运动想象力方面发挥着重要作用，该区域的异常发达有利于爱因斯坦形成自己独特的思维方式。

意识的产生有两种方式，一是丘觉的自由发放，二是样本点亮丘觉。丘脑能够自由合成发放丘觉，当丘觉发放出来，我们便有了"想法"。样本只是事物在脑中的代表符号，在脑中表示出这个事物的长、宽等形状外观，没有意义指示功能。事物的意义是丘觉发放、指示出来的，丘觉发放出一个意思，也就使人产生了对事物的知觉，产生了对事物的意识。

- 睡眠的作用
- 脑垂体与激素
- 所谓"智商"

神经元：也叫神经细胞，是高等动物神经系统的结构单位和功能单位。

动植物与人体探秘篇

■ 睡眠的作用

睡眠与食物和水一样，对我们的精神和身体健康至关重要。睡眠的重要生理意义是恢复脑力和体力，它可以调节神经系统的功能，就好像对仪器重新调整零点，以便使神经系统各部分之间保持平衡，从而保证各种生理活动正常进行。

睡眠时，人脑里分泌的生长激素能够促使儿童的骨骼生长。生长激素不仅对人的体力恢复起着重要作用，还能促进皮肤毛细血管内血液的循环。睡眠最深的时候，也是身体内免疫物质释放增多的时候，这有助于提高免疫力。

睡梦中的儿童
适当的睡眠是最好的休息，良好的睡眠既是身体健康的基础，又是身体自我调节的一种方式。

■ 脑垂体与激素

脑垂体是身体内最复杂的内分泌腺，它所产生的激素不但与身体骨骼和软组织的生长有关，还可影响其他内分泌腺的活动。

脑垂体与下丘脑相连，呈椭圆形，位于颅中窝、蝶骨体上面的垂体窝内，外表包裹着坚韧的硬脑膜。

根据发生和结构特点，脑垂体可分为腺垂体和神经垂体两大部分。成人的脑垂体重约0.5至0.6克，分前叶和后叶两部分，能够分泌多种人体所需的激素。

激素音译为荷尔蒙，是

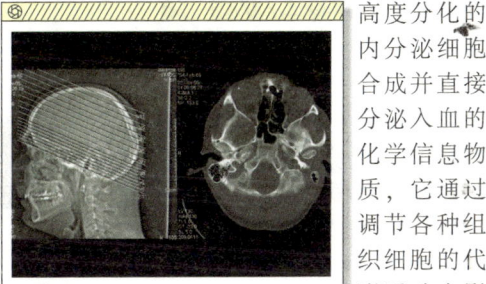

脑部CT
CT图像由一定数目从黑到白不同灰度的像素按矩阵排列所构成，以不同的灰度来表示，反映器官和组织对X射线的吸收程度。

高度分化的内分泌细胞合成并直接分泌入血的化学信息物质，它通过调节各种组织细胞的代谢活动来影响人体的生理活动。激素中的任何一种都不能在体内发动一个新的代谢过程，也不直接参与物质或能量的转换，只是直接或间接地促进或减慢体内原有的代谢过程。激素对人类的繁殖、生长、发育、各种其他生理功能、行为变化以及适应内外环境等，都能发挥重要的调节作用。一旦激素分泌失衡，便会引起疾病。

■ 所谓"智商"

智商就是智力商数。智力是人们认识客观事物并运用知识解决实际问题的能力。智力的高低通常用智力商数来表示，用以标示智力发展水平。大脑皮层上沟壑的深浅影响着人的智力。因为大脑皮层里面包含着神经元的细胞体（即灰质），沟壑越深大脑皮层面积越大，大脑皮层的面积越大，细胞体就越多，这样神经元之间的联系就越多，大脑运转的速度就越快。因此，从理论上说，大脑皮层越大的人越聪明。另外，智商与人脑中灰质的数量也有很大关系。

脑垂体位置示意图
脑垂体位于下丘脑的腹侧，是一卵圆形小体。脑垂体是人体最重要的内分泌腺，它能分泌多种激素，对代谢、生长、发育和生殖等有重要作用。

57

糖原：由许多葡萄糖组成的多糖，是机体细胞储存糖类的主要形式。肝脏和肌肉储存的糖原较多。

▶ 肺
▶ 胃
▶ 肝脏

认识脏腑

身体里的重要器官除心脏和脑以外，还有许多维持身体新陈代谢的脏器。它们就像我们体内的一座座工厂，为我们提供能量并分解和排放代谢产物。

■ 肺

肺是以支气管反复分支形成的支气管树为基础构成的。支气管在肺内反复分支可达23至25级，最后形成肺泡。肺泡之间的间质内含有丰富的毛细血管网，是进行气体交换的场所。

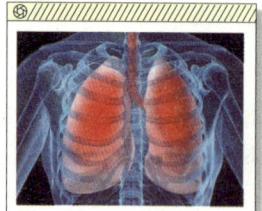

肺是体内外气体交换的主要场所。人体通过肺，从自然界吸入清气，呼出体内的浊气，从而保证人体新陈代谢的正常进行。

肺组织里有一套结构巧妙的换气站，吸入的空气经鼻、咽、喉、气管、支气管的清洁、湿润和加温作用，最后到达呼吸结构的末端——肺泡。肺泡与毛细血管之间由一道呼吸膜隔开。呼吸膜只允许氧气和二氧化碳自由通过。氧经肺泡进入毛细血管，进而经肺静脉到达心脏。二氧化碳由肺动脉经毛细血管到肺泡，经肺排出体外。

■ 胃

胃像一个布袋，位于人的左上腹腔，是消化道中膨胀最大的部分。它上接贲门食道，下通幽门十二指肠。胃的上部称上脘，包括贲门；中部称中脘，即胃体部位；下部称下脘，包括幽门。在胃的内表面有许多凹凸不平的黏膜，当有食物充填时，黏膜可扩展，使食物与胃有更大的接触面积。胃能分泌大量强酸性的胃液，其主要成分是能分解蛋白质的胃蛋白酶、能促进蛋白质消化的盐酸和具有保护胃黏膜不被自身消化的黏液。经过口腔粗加工后的食物进入胃，经过胃的蠕动搅拌和混合，加上胃内消化液里大量酶的作用，最后变成粥状的混合物，利于肠道的消化和吸收。

胃部结构图
胃是消化器官的一部分，能分泌胃液，消化食物。

■ 肝脏

肝脏位于腹腔的右上方，由左叶、右叶和胆囊构成。肝脏是维持血糖恒定的主要器官，它还可以把糖变成脂肪，把某些氨基酸和甘油转变为糖原。

肝脏能制造胆汁，它所分泌的胆汁可以促进脂溶性维生素的吸收，还可以把胡萝卜素转变为维生素A，人体内的维生素A有95%储存在肝脏内。

肝脏还是人体的主要解毒器官。胃、肠吸收来的一些有毒物质、药物以及体内代谢产生的有毒物质，就是在肝脏的作用下，转化成无毒物质或被氧化分解的。

肝脏具有其他器官无法比拟的旺盛的再生和恢复能力。肝脏即使被割掉一半或者受到严重伤害，残留的正常肝细胞仍能照常工作并产生新细胞。经手术切除75%的肝脏，4个月便能恢复原状。

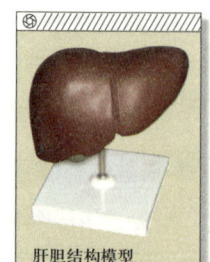

肝胆结构模型
肝脏由左叶、右叶和胆囊构成。胆囊仅仅是胆汁的聚集处，并不是胆汁的制造者。

58

▶ 胆囊　▶ 脾脏
▶ 胰脏　▶ 肾脏

三焦：中医指自舌的下部沿胸腔至腹腔的部分，分为上焦、中焦、下焦。

动植物与人体探秘篇

■ 胆囊

胆囊位于右上腹，肝脏的下缘，附着在肝脏的胆囊窝里，借助胆囊管与胆总管相通。它的外形呈梨形，长约7至9厘米，分为底、体、颈三部。底部游离，体部位于肝脏脏面的胆囊窝内，颈部呈囊状，结石常嵌顿于此。胆囊管长约2至4厘米，有调节胆汁出入的作用。胆汁由肝脏形成后，进入胆囊储藏，在肝的疏泄作用下，排泄注入小肠，以促进食物消化。若胆汁的生成与排泄受阻，会影响脾胃的消化功能，进而出现厌食、腹胀、腹泻、黄疸等症状。

■ 胰脏

胰脏位于胃的后方，由外分泌部和内分泌部两部分组成。

外分泌部包括腺泡和导管。腺细胞可以分泌出胰液，胰液的主要成分有碳酸氢钠和各种酶。碳酸氢钠能中和由胃进入小肠的盐酸，酶能促使淀粉分解为麦芽糖、蛋白质分解为氨基酸、脂肪分解为脂肪酸和甘油。因此，胰液能比较彻底地消化各种食物。

胰脏

胰脏又称胰腺，位于胃的后方，是人体中最重要的器官之一，它的生理作用和病理变化都与生命息息相关。

内分泌部位于外分泌部的腺泡之间，由大小不等的腺细胞团组成，这种腺细胞团称为胰岛。胰岛细胞间含有丰富的毛细血管，细胞紧贴毛细血管壁，其分泌物可以直接进入血液，然后被运送至全身，对调节血糖浓度有重要作用。

■ 脾脏

脾脏位于左上腹部，胃的后方，正常状态下巴掌大小，质较脆。脾脏有许多功能，在机体应激状态下，如中毒、药物抑制或感染时，脾脏就重新制造各种类型的血细胞，以挽救危急的生命。脾脏还是一个小血库，里面有许多血窦，平均每个能存40至50毫升血。脾脏可以净化血液，体内的血液每天大约要从脾脏流过30至50次，脾脏血窦里的吞噬细胞则不断检查出衰老伤残的细胞及血小板，然后将其吞噬。

脾脏还是一个细胞免疫大军营，人体的许多免疫卫士——淋巴细胞、杀伤细胞和自然杀伤细胞大量驻守在脾脏。多数的免疫球蛋白、补体、调理素、备解素等体液免疫"武器"都在脾脏生产。

> 【你知道吗】
>
> 中医的五脏是指心、肝、脾、肺、肾，六腑是指胆、胃、小肠、大肠、膀胱、三焦。五脏主要用于储藏精气，六腑主要用于消化食物，吸取其精华，排除其糟粕。

■ 肾脏

人体在新陈代谢过程中产生了许多代谢产物。这些废物的排出，主要靠肾脏来完成。肾脏位于腹后壁脊柱两侧，左右各一个。肾脏内侧中部凹陷成肾门，是血管和输尿管等出入肾脏的地方。

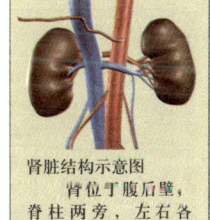

肾脏结构示意图

肾位于腹后壁，脊柱两旁，左右各一。其主要作用是分泌尿液，排出代谢废物、毒物和药物。

肾单位是肾脏结构和功能的基本单位。每个肾大约由100多万个肾单位构成，每个肾单位包括肾小体与它相连的肾小管两部分。肾小体由肾小球和包在它外面的肾小囊构成。肾小管是与肾小囊相连通的细长的弯曲管子。

肾脏是形成尿液的器官。原尿流经肾小管时，其中对人体有用的物质被肾小管重新吸收回血液；而剩下的废物则由肾小管流出，形成尿液。肾脏还担负着艰巨的清洁血液的任务，所以肾脏的血液供应很丰富，比体内其他任何器官都多。

59

肺静脉：将肺部进行物质交换后的血液输送到心脏中的血管。肺静脉里流的是动脉血。

▶ 一刻不停地跳动
▶ 心脏起搏器
▶ 心脏的修补与再造

输送血液的泵——心脏

心脏是人体的重要器官。人每时每刻都离不开心脏的辛勤工作。一旦心脏停止跳动，血液就会停止流动，细胞的新陈代谢就不能维持，人就会迅速死亡。

■ 一刻不停地跳动

心脏位于胸腔中部偏左，外形似桃子，大小如成人的拳头。心脏有四个腔：上面两个腔叫心房，下面两个腔叫心室。心房连通静脉：左心房连通肺静脉，右心房连通上、下腔静脉。心室连通动脉：左心室连通主动脉，右心室连通肺动脉。心房和心室之间、心室和动脉之间有瓣膜。这些瓣膜使血液只能从心房流向心室，从心室流向动脉，而不能倒流。

有人会问：我们的心脏昼夜不停，几十年如一日地工作，它不累吗？其实，在心脏的每一次跳动中，收缩才是工作，舒张是在休息。心脏每搏动一次约需0.8秒，其中收缩只占0.3秒，舒张占0.5秒。

人类的心脏
如果按一个人寿命70岁、心脏平均每分钟跳70次计算的话，在一个人的一生中，心脏要跳动近26亿次。一旦心脏停止跳动且通过抢救不能复跳，那就意味着一个人的生命终止了。

■ 心脏起搏器

心脏起搏器是一种植入病人体内利用电刺激方法使心脏有规律跳动的电子仪器。最初，心脏起搏器的电池部分装在身体的外部，导线从体外通过静脉到达心脏，只能在医院内短期使用。1960年，瑞典医生奥克·森宁为一位病人植入了一种放在人体皮下的起搏器，电池每2至3年更换一次。1988年，一位病人安装了一个核动力起搏器，这个起搏器使用了微量的钚，可以持续使用20年。

■ 心脏的修补与再造

为了挽救心脏病患者的生命，科学家们进行了艰苦的探索。首先是在医学上成功实施心脏修补术。对有创伤或病变的心脏进行人工修补和维护，使其继续发挥健全心脏应有的功能。但对于有严重创伤或病变的心脏，单凭简单的修补和维护是无法达到目的的，所以，人们又想到了心脏移植。在现在的技术水平下，做过心脏移植手术的人能活10至20年。但是，需要移植心脏的人太多，而心脏来源极少，于是，科学家们提出一个大胆的设想——人造心脏。

人造心脏是在解剖学、生理学上代替人体内因重症丧失功能不可修复的自然心脏的一种人工脏器，分辅助人工心脏和完全人工心脏两类。1985年起，全世界先后进行了数十例人造心脏移植手术，不少患者因此恢复健康。

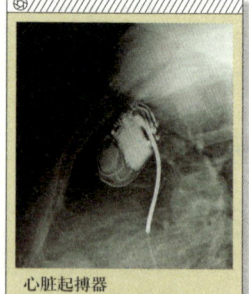

心脏起搏器
人工心脏起搏器发出有规律的电脉冲，能使心脏保持正常的跳动。

【你知道吗】
心脏的作用是推动血液流动，向器官、组织提供充足的氧和各种营养物质，并带走代谢的终产物（如二氧化碳、尿素、尿酸等），维持机体正常的代谢和功能。

- 成熟的男女
- 男性生殖器官
- 女性生殖器官
- 精子与卵子的结合

青春期：男女生殖器官发育成熟的时期。通常男子的青春期是14至16岁，女子的青春期是13至14岁。

动植物与人体探秘篇

人类的生育

从几百万年前的人类诞生到今天的60多亿人口存在，人类在地球这个美丽而富饶的家园上繁衍生息，创造了先进的文明。那么，人类是怎样代代相传、生生不息的呢？

■ 成熟的男女

青春期过后，男性喉结突出，声音变得低沉粗犷，长出胡须，出现遗精；女性皮肤细嫩，嗓音尖细，乳房隆起，肌肉柔韧，月经来潮。这些与性别有关的特征称为第二性征。由于性器官、性腺不断产生性激素，男女性别的第二性征日渐明显，性发育渐趋成熟。最能说明这一点的，对男子来说是遗精的出现，对女子来说是月经的出现。

■ 男性生殖器官

男性生殖器官分为内外两部分。男性的外生殖器包括阴茎、阴囊和尿道。其中阴茎是进行性交的器官，由几对含有极丰富血管的海绵体所组成。阴囊在阴茎的根部，分左右两半，内各有一个睾丸及附睾。尿道则一端连接着膀胱，另一端开口在龟头的顶端。内生殖器包括附睾、输精管、精囊、射精管、前列腺等，其中睾丸是主性器官，它的主要功能是产生生殖细胞——精子，及分泌雄性激素——睾酮。

■ 女性生殖器官

女性生殖器官也分为内外两部分。内生殖器包括卵巢、输卵

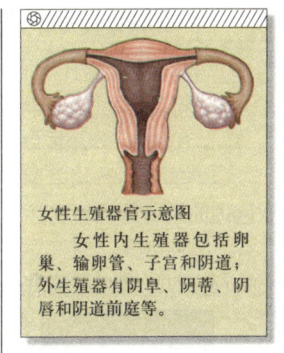

女性生殖器官示意图
女性内生殖器官包括卵巢、输卵管、子宫和阴道；外生殖器有阴阜、阴蒂、阴唇和阴道前庭等。

管、子宫和阴道。其中，卵巢是主性器官，主要功能是产生生殖细胞——卵子和分泌性激素。输卵管是运输卵子的管道，左右各有一条。子宫位于下腹部的中央，与阴道的上方相通。阴道是内外生殖器的连接部分。外生殖器包括阴阜、阴唇、阴蒂、阴道前庭等。阴阜位于耻骨联合前方，阴阜下方为一对大阴唇。小阴唇位于大阴唇的内侧，前端包绕着阴蒂，后端与大阴唇后缘相连。小阴唇之间的凹陷部分，叫阴道前庭。阴道前庭的前半部有尿道开口，后半部有阴道开口。

■ 精子与卵子的结合

青春期以后，女性卵巢中成熟的卵子被排入腹腔，它由腹腔口进入输卵管，并沿输卵管往子宫方向移动。性交时，精液中的部分精子在输卵管壶腹部与卵子相遇。精子穿进卵细胞前必须经过形态、生理及生物化学的变化，

【你知道吗】
俗话说的"十月怀胎"中的"月"指的是孕月，每个孕月是4周，即28天，整个怀孕天数在280天左右。

之后与卵细胞融合成为一个新的合体细胞，即受精卵。受精卵在输卵管的蠕动下被送到子宫，并种植在子宫内膜里，逐渐发育成胎儿。一般情况下，当第一个精子穿入卵细胞之后，就立即引起卵子外围物质的一系列变化，从而阻止其他精子穿入卵细胞，这就是通常女性怀孕只生一个孩子的原因。

孕妇
精子与卵细胞融合成受精卵后，受精卵在子宫内逐渐发育成胎儿。随着胎儿逐渐长大，女性身体也会发生一系列的变化，最明显的就是肚子越来越大。

胚胎：一般来说，卵子在受精后的两周内称为孕卵或受精卵，受精后的第3至第8周则称为胚胎。

▶ 男女染色体之别
▶ 关键在于父亲
▶ 环境污染改变性别比例

生男生女由谁定

受传统观念的影响，一些现代男女仍被生男生女的问题所困扰。那么，人类的性别究竟是如何分化的呢？

■ 男女染色体之别

现代科学证明，染色体的结合才是生男生女的秘密所在。

染色体是遗传物质的载体，存在于细胞核内，是脱氧核糖核酸（DNA）及核蛋白在细胞分裂时的呈现形式。正常人的体细胞内染色体的数目为46条，按其大小、形态可配成23对，第1对到第22对叫做常染色体，为男女共有；第23对是一对性染色体。性染色体包括X染色体和Y染色体。女性性染色体是两条X染色体，而男性性染色体是X染色体和Y染色体各一条。精子和卵子的染色体上携带着遗传基因，上面记录着父母传给子女的遗传信息。生殖细胞在发育成熟时要经过两次减数分裂，46条染色体减为23条。而胚胎的形成要经过精子与卵子的结合，受精卵内的染色体是父母双方的染色体的融合，又恢复为23对。

染色体组型
染色体组型描述了一个生物体内所有染色体的大小、形状和数量信息。这种组型技术可用来寻找染色体歧变同特定疾病的关系，比如染色体数目的异常增加、形状发生异常变化等。

X染色体
一般来说，人体每个细胞内有23对染色体，包括22对常染色体和一对性染色体。女性的性染色体组成为XX，男性为XY。但有些人的性染色体数目会出现异常。

■ 关键在于父亲

由于男女体细胞内均只含有一对性染色体，并且女性的性染色体为XX型，不含有Y染色体，故减数分裂后的卵子里只含有X染色体。而男性的性染色体为XY型，所以分裂后的精子里含有X或Y染色体。精子与卵子结合之后形成的受精卵中，性染色体配对可以表现为XX型，也可以表现为XY型。若含有X的染色体与卵子结合，则受精卵的染色体为XX型，胎儿的性别为女性；若含有Y的染色体与卵子结合，则受精卵的染色体为XY型，胎儿的性别为男性。由此可见，胎儿的性别是由男性参加受精的精子是X染色体还是Y染色体决定的。

■ 环境污染改变性别比例

巴西圣保罗大学学者乔治·哈拉克和其研究小组在对圣保罗市婴儿出生情况进行研究时发现了一个奇怪的现象：环境污染会使女性婴儿出生增多，男性婴儿出生减少。他们认为，环境污染是通过影响精子而发生作用的，这种影响导致了携带X或Y染色体的精子比例不同，由此导致新生儿性别比的差异。哈拉克等人把雄鼠暴露于污染中，被污染的雄鼠与雌鼠交配后，雌鼠生出的小鼠中雌性占多数，而且比预计的还要多。同时，污染也使雄鼠的总体精子数减少。

【你知道吗】
目前，我国男女出生性别比为116.9∶100，而有的省份竟达到135∶100。据此估计，到2020年，中国处于婚龄的男性人数将比女性多出3000万到4000万，这意味着平均五个男性中将有一个找不到配偶。

Part 4
仿生学与生物工程篇

汞：又称水银，是唯一在常温下呈液态并易流动的金属，不溶于水。

▶ 打灯笼的萤火虫
▶ 冷光源
▶ 荧光粉与荧光灯

萤火虫与荧光灯

在夏季的夜晚，如果你走到庭园中或田野里，就会看到一闪一闪的萤火虫飞舞在灌木丛的上空，像一盏盏小灯笼。这些小灯笼的光就是由其腹部末端的发光器发出的。我们平时用的荧光灯就是受萤火虫的启发制造出来的。

■ 打灯笼的萤火虫

萤火虫是鞘翅目萤科昆虫的通称，分布于热带、亚热带和温带地区。世界上已知的萤火虫约有1500多种，它们可以发出不同的光，作为自己特有的求偶信号。

萤火虫的发光部位是腹部。那里的表皮透明，好像一扇玻璃小窗，小窗下面是含有数千个发光细胞的发光层，其后是一层反光细胞，再后是一层色素层，可防止光线进入体内。发光细胞是一种腺细胞，能分泌一种液体，这种液体内含有两种含磷的化合物：一种是耐高热、易被氧化的物质，叫荧光素；另一种是不耐高热的结晶蛋白，叫荧光酶，它在发光过程中起着催化作用。在荧光酶的参与下，荧光素与氧化合就可以发出荧光。

荧光灯管

荧光灯俗称"日光灯"，是现在室内常用的照明灯。目前常见的有直管型荧光灯、彩色直管型荧光灯、环型荧光灯和单端紧凑型节能荧光灯等。

■ 冷光源

萤火虫等动物发出的生物光是目前已知唯一一类不产生热的光源，因此也叫"冷光源"。其发光效率可达100%——也就是说，它的全部能量都用在发光上，而没有消耗在转化为热能或其他无用的辐射上，这是其他光源办不到的。

除了萤火虫，灯笼鱼、爆火鱼等动物也可以发出冷光。

■ 荧光粉与荧光灯

人类根据萤火虫发光的原理制造出了荧光粉，俗称夜光粉。荧光粉在受到自然光、日光灯光、紫外光等照射后，能把光能储存起来，在停止光照后，再缓慢地以荧光的方式释放出来，可持续几小时至十几小时。

荧光灯是利用低气压的汞蒸气在放电过程中辐射紫外线，从而使荧光粉发出可见光的原理发光的。荧光灯内装有两条灯丝。灯丝上涂有电子发射材料三元碳酸盐，在交流电压作用下，灯丝交替作为阴极和阳极。灯管内壁涂有荧光粉，荧光粉吸收紫外线的辐射后能发出可见光。荧光粉不同，发出的光线也不同。荧光灯的发光效率远比白炽灯高，是目前最节能的电光源。

萤火虫

萤火虫是一种躯体翅鞘柔软、完全变态的昆虫，一生历经卵、幼虫、蛹及成虫四个时期。目前已知的萤火虫种类，其幼虫都会发光，一般幼虫的发光器位于第八腹节的两侧，在夜间活动时发光。至于成虫会不会发光，则视种类而定。

【你知道吗】

日光灯中充有汞蒸气。汞一旦进入人体内，可很快扩散，并积累到肾、胸等组织和器官中，引起发热、肺炎、呼吸困难和肾功能衰竭等。慢性汞中毒会导致人精神失常，严重的可致人死亡。

- 奇异的毒蛇
- 响尾蛇的"热眼"
- 热定位导弹

红外线：波长比可见光长的电磁波，在光谱上位于红色光的外侧。易于被物体吸收，穿透云雾的能力比可见光强。具有很强的热能。

仿生学与生物工程篇

响尾蛇与热定位导弹

你听说过响尾蛇吗？它们伸缩摆动的身体、锋利无比的毒牙让人望而生畏。同时，在军事领域中有一种叫做"响尾蛇"的导弹，它的研制就受到了响尾蛇的启发。

■ 奇异的毒蛇

响尾蛇是一种著名的口有毒牙的蛇。它的尾部末端长着一个由若干个特殊的环状鳞片组成的响环。响尾蛇多分布在美洲，从加拿大到阿根廷都可见到它的身影。不同的响尾蛇栖息环境不同。

响尾蛇
响尾蛇头部所拥有的特殊器官可以利用红外线感应附近发热的动物。而响尾蛇死后，只要头部的感应器官组织还未腐坏，在一个小时内，它仍可探测到附近15厘米范围内发出热能的生物，并自动作出袭击的反应。

响尾蛇奇毒无比，足以将被咬噬之人置于死地。奇异的是，响尾蛇在死后一个小时内，仍可探测到附近15厘米范围内发出热能的生物，并自动作出袭击反应。响尾蛇死后的咬噬能力，来自其红外线感应器官的反射作用。

■ 响尾蛇的"热眼"

响尾蛇是靠自己的"热感受器"来发现猎物的。有热量，就有一种人眼看不见的光线——红外线。响尾蛇的"热感受器"接收到这些红外线之后，就可以判断出这些热源的位置，进而一举把它们捕获。人们把响尾蛇的"热感受器"叫做"热眼"。它们的"热眼"长在眼睛和鼻孔之间

叫颊窝的地方。颊窝呈喇叭形，喇叭口斜向朝前，其间被一片薄膜分成内外两个部分。里面的部分有一个细管与外界相通，温度和它所在的周围环境温度一样。而外面的部分是一个热收集器，喇叭口所对的方向如果有热的物体，红外线就会经过这里照射到薄膜的外侧一面。显然，这要比薄膜内侧一面的温度高，这样，薄膜上的神经末梢感觉到温差，就会产生生物电流，并把信号传给大脑。

■ 热定位导弹

美国有一种"响尾蛇"空对空导弹，上面有一套"红外线导引"装置。在导弹上装这种装置，就是从响尾蛇的"热眼"受到的启发。飞机的发动机温度很高，会发出很强的红外线。"响尾蛇"导弹能靠"红外线导引"装置自动跟踪发出红外线的敌机，直到把它击中。"响尾蛇"导弹是世界上产量最大的红外制导空对空导弹，参加过越南战争、马岛冲突和海湾战争。目前，这一系列的导弹已发展到第三代。

【你知道吗】
响尾蛇的毒液与其他毒蛇的毒液不同，它进入人体后，会产生一种酶，使人的肌肉迅速腐烂，破坏人的神经纤维，进入脑神经后可使脑死亡。

"响尾蛇"AIM-9L导弹
"响尾蛇"AIM-9L导弹是美国于20世纪70年代初期开发研制的具有全向攻击能力的第三代"响尾蛇"空对空导弹，曾被誉为"超级响尾蛇"。

超声波：频率超过人能听到的最高频（20000赫兹）的声波，具有良好的导向性和能量集中性等特点。

- 倒挂睡觉的丑八怪
- 蝙蝠靠什么定位
- 蝙蝠与雷达

蝙蝠与雷达

蝙蝠是人们熟悉的一种动物，它能够捕捉各种有害昆虫。它们为什么能在漆黑的夜间或者山洞里自在地飞行呢？科学家们发现了这个奥秘，并据此发明了雷达。

■ 倒挂睡觉的丑八怪

蝙蝠是唯一有飞行能力的哺乳动物，它喜欢栖息于孤立的地方，如山洞、缝隙、地洞或建筑物内。蝙蝠相貌丑陋，外形古怪。外耳向前突出，非常大，且活动灵活。蝙蝠的脖子短，胸及肩部宽大，胸肌发达，而髋及腿部细长。前肢、后肢与躯干由皮膜连接，构成它们的飞行翅膀。与鸟类不同的是，蝙蝠的翅上没有羽毛。蝙蝠的后肢又短又小，几乎没有肌肉，不能站立。倘若落在地面，它们就只能缓慢地爬行，这种情况下，常被敌人擒获。因此，蝙蝠休息时总是将身体倒挂在一些物体上，这样可以借下落时产生的势能迅速起飞。

蝙蝠
蝙蝠总是倒挂在树上休息。它们中的大多数都具有回声定位系统，能够发出超声波信号，根据回声在黑暗中判别方向，为自身飞行路线定位，并准确捕捉昆虫、躲避障碍物。

■ 蝙蝠靠什么定位

多数蝙蝠在不同程度上都有回声定位系统，因此有"活雷达"之称。借助这一系统，它们能在完全黑暗的环境中飞行和捕捉食物。它们头部的口鼻上长着被称作"鼻状叶"

【你知道吗】
在美洲中部和南部，生活着一种吸血蝙蝠。每只吸血蝙蝠每晚的吸血量超过其体重的50%，主要以哺乳动物及鸟类的血液为食，偶尔也吸人血。一窝由100只吸血蝙蝠组成的蝙蝠群，每年能吸食掉730升血液，相当于20匹马或365只羊的全部血液。

的结构，在其周围还有很复杂的特殊皮肤褶皱，这是一种奇特的超声波装置，能连续不断地发出高频率超声波。如果碰到障碍物或飞舞的昆虫，这些超声波就会反射回来，然后被它们超凡的大耳廓接收，使反馈的讯息进入它们微细的大脑。这种超声波探测的灵敏度和分辨率极高，它们根据回声不仅能判别方向，为自身飞行路线定位，还能辨别不同的昆虫或障碍物，进行有效的回避或追捕。

■ 蝙蝠与雷达

早在几十年以前，人们就在蝙蝠的回声定位系统的启发下，研制出声音雷达，又叫声呐系统。这种雷达和蝙蝠的回声定位系统的工作原理一样，只不过发射的不是超声波，而是电磁波。它可以测定水中的物体和船只的位置，仅用几分之一秒的时间就可以把数百平方千米水域中的物体信息收录在荧光屏上，供人们分析研究。这一成果在第二次世界大战时被广泛运用。目前，雷达不仅是军事上必不可少的电子装备，而且在社会经济发展和科学研究等领域中也起着不可替代的作用。

舰载雷达
舰载雷达是利用微波波段电磁波探测目标的电子设备，广泛用于国防、军事等领域。

- 奇妙的蛙眼
- 什么是电子蛙眼

视觉中枢：大脑皮层中与形成视觉有关的神经元群，位于大脑两半球的皮层内。

仿生学与生物工程篇

青蛙与电子蛙眼

说起青蛙，很多人都知道它能捕食大量的田间害虫，是对人类有益的动物。它是害虫的天敌、农田的卫士。可你知道青蛙的眼睛也很奇特吗？

■奇妙的蛙眼

青蛙蹲在稻田里，偶尔眨一眨那凸凸的大眼睛，即使它眼前的禾秆上停着一只飞蛾，也"熟视无睹"。可是，飞蛾刚一起飞，青蛙就以迅雷不及掩耳之势，向前猛地一跳，张开大口，翻出舌尖，一下子就粘住飞蛾，将其钩进嘴里。

科学家们研究发现，蛙眼视网膜的神经元分成五类，一类只对颜色起反应，另外四类只对运动目标的某个特征起反应，并能把分解出的特征信号输送到大脑视觉中枢——视顶盖。视顶盖上有四层神经元，第一层对运动目标的反差起反应；第二层能把目标的凸边抽取出来；第三层只看见目标的四周边缘，第四层则只管目标暗前缘的明暗变化。这四层神经元的特征好像四张透明纸上的画图，叠在一起，就成了一个完整的图像。因此，在迅速飞动的各种形状的小动物里，青蛙可立即识别出它最喜欢吃的苍蝇和飞蛾，而对其他飞动的和静止不动的东西却毫无反应。

■什么是电子蛙眼

仿生学家根据蛙眼的原理和结构，发明了电子蛙眼。电子蛙眼是电子眼的一种，它的前部其实就是一个摄像头，摄像头通过光缆把成像信息传输到电脑。它能转动，类似蛙类的眼睛，且探测范围呈扇状。

电子蛙眼可以像真蛙眼那样，准确无误地识别出特定形状的物体。这种图像识别能力是雷达系统所需要的。雷达工作时，往往受到各种干扰，使显示屏上的影像看不清楚。依据蛙眼分别抽取图像特征的工作原理而改进的雷达系统，能够在显示屏上清晰地显示从强背景噪声中区分出的目标，因而提高了雷达的抗干扰能力。在战场上，敌人的飞机、坦克、舰艇发射的真假导弹都处于高速运动之中，要克敌制胜，必须及时把真假导弹区别开来。电子蛙眼和雷达相配合，就可以像蛙眼一样，敏锐迅速地分辨飞行中的真正目标。

青蛙
两栖类动物，以昆虫和其他无脊椎动物为主食，栖息于水边。最原始的青蛙在三叠纪早期开始进化。

电子蛙眼
电子蛙眼是电子眼的一种。它的前部其实就是一个摄像头，通过光缆把成像信息传输到电脑设备进行显示和保存。它的探测范围呈扇状且能转动，类似蛙类的眼睛。

【你知道吗】
仿生学是指模仿生物建造技术装置的科学，它是在20世纪中期才出现的一门新的边缘科学。仿生学研究生物体的结构、功能和工作原理，并将这些原理移植于工程技术之中，发明性能优越的仪器、装置和机器，创造新技术。

67

次声波：频率小于20赫兹的声波，不易被水和空气吸收，容易和人体器官产生共振，对人体有很强的伤害性。

- 爱蜇人的水母
- 听石与次声波
- 水母耳风暴预测仪

水母与风暴预测仪

辽阔的海洋，波浪翻滚，海鸟在低空盘旋飞翔，鱼儿在水中游动。有时，海鸟从海洋上成群地飞回海岸，小虾等也纷纷游到岸边；有时，鱼儿、水母和海豚等则远离海岸，游向大海。动物的行为常常和地球的气象变化息息相通。各种动物的不同行为，常常是天气变化的预兆。

■ 爱蜇人的水母

水母的种类很多，如海月水母、海蜇等。水母是海生的腔肠动物，外形像伞，通体半透明，呈白色、青色或微黄色。新鲜水母的刺丝囊内含有毒液，其毒素由多种物质组成。捕捞水母或在海上游泳的人如不慎接触水母的触手就会被蜇伤，引起皮肤红肿热痛、表皮坏死，并有全身发冷、烦躁、胸闷、伤处疼痛等症状，严重时会因呼吸困难、休克而危及生命。

海蜇在热带、亚热带及温带沿海广泛分布，我国常见的有伞面平滑口腕处仅有丝状体的食用海蜇，或兼有棒状物的棒状海蜇，以及伞面有许多小疣突起的黄斑海蜇。

■ 听石与次声波

蓝色的海洋上，空气与海浪摩擦产生的次声波是风暴来临的前奏曲。这种次声波人耳是无法听到的，而水母却可以听到，并且能根据次声波的变化判断出风暴的方向和大小。每当风暴来临前，它们就游向大海深处避难去了。

仿生学家发现，水母耳朵的共振腔里长着一个细柄，柄上有个小球，小球内有块小小的听石。当风暴来临前，次声波冲击水母耳内的听石时，听石就会刺激球壁上的神经感受器，水母便会听到正在来临的风暴的隆隆声。于是，它们好像接到了命令似的，在海边一下子消失了。

■ 水母耳风暴预测仪

水母凭借耳朵内可以感受次声波的听石，就能够知道风暴的来临，这大大启发了仿生学家。仿生学家仿照水母耳朵的结构和功能，设计了一种可以预测风暴的仪器，取名水母耳风暴预测仪。它可以相当精确地模拟水母感受次声波的机制。把这种仪器安装在舰船的前甲板上，当它接收到风暴来临前的次声波时，可以旋转360度的喇叭就会自行停止旋转，而其最后所指的方向，就是风暴来临的方向。指示器还可以准确地显示出风暴的强度。

这种水母耳风暴预测仪能提前15小时对风暴作出预报，又快又准。它的发明对航海和渔业的安全有重要意义。

水母

水母的伞状体内有一种特别的腺体，可以释放出一氧化碳，使伞状体膨胀。而当水母遇到敌害或者大风暴的时候，就会自动将气放掉，沉入海底。敌害走后或海面平静时，它只需几分钟就可以产生出气体让自己膨胀并漂浮起来。

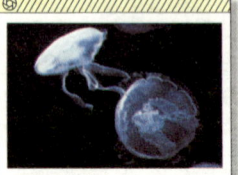

预知风暴的水母

水母是一种古老的腔肠动物，早在5亿年前就生活在地球上了。这种低等动物有预测风暴的能力。

【你知道吗】

目前已知最大的水母是分布在大西洋西北部海域的北极大水母。1870年，一只北极大水母被冲进美国马萨诸塞海湾，它的伞状体直径为2.28米，触手长达36.5米。而最小的水母全长只有12毫米。

- "海中智叟"
- 海豚的第六感觉器官
- 潜艇声呐系统

仿生学与生物工程篇

鲸：一种水栖哺乳动物，体形像鱼，头部大，眼小，颈部不显明，前肢呈鳍状，后肢完全退化，用肺呼吸。鲸分为须鲸和齿鲸两大类。

海豚与潜艇声呐系统

当人们在大海上处于危难时，常常会有海豚伸出援助之手，它是人类的好朋友。同时，科学家们也从海豚身上得到启发，发明了声呐。

海豚

海豚属于鲸目齿鲸类。凡是鲸类都拥有"声呐系统"，其中以海豚的最为精密。海豚能利用声波分毫不差地测出附近物体的形状、材料、位置，全部过程只需2秒钟。

"海中智叟"

海豚是一种本领超群、聪明伶俐的海中哺乳动物，经过训练，它们能打乒乓球、跳火圈等。除人以外，海豚的大脑是最发达的。人的大脑占本人体重的2.1%，海豚的大脑占它体重的1.7%，因而有人称海豚为"海中智叟"。海豚的大脑由完全隔开的两部分组成，当其中一部分工作时，另一部分可得到充分休息，因此，海豚可终生不眠。海豚有惊人的听觉，还有高超的游泳和潜水本领。海豚的潜水纪录是300米深，而其游泳速度可达40千米/小时，相当于鱼雷快艇的中等速度。

海豚的第六感觉器官

不管白天还是黑夜，水体清澈还是混浊，海豚都能准确地捕到鱼。这是因为海豚具有超声波探测和导航的本领。

超声波在水下能远距离传播，且传播速度是空气中的4.5倍，因此水下超声波探测装置的效能极高。海豚没有声带，其声源来自头部内的瓣膜和气囊系统。海豚把空气吸入气囊系统后，空气流过连接气囊的瓣膜边缘时会发生振动，从而发出声波。海豚头的前部还有"脂肪瘤"，它紧靠在瓣膜和气囊的前面，能把回声定位脉冲束聚焦后再定向发射出去，因此海豚的定位探测能力极强——它能分辨3千米以外鱼的性质，能侦察到15米以外浑水中2.5厘米长的小鱼。

军舰上的声呐系统

声呐可以向水中发射各种形式的声信号，这些声信号碰到需要定位的目标时产生反射回波，系统将接收反射回波进行分析、处理，除掉干扰，从而显示出目标所在位置。

潜艇声呐系统

人们在海豚定位绝技的启发下，发明了用在舰艇上的声呐系统。声呐，是利用水中声波对水下目标进行探测、定位和通信的电子设备。

目前，声呐是各国海军进行水下监视采用的主要技术，用于对水下目标进行探测、分类、定位和跟踪；进行水下通信和导航，保障舰艇、反潜飞机、反潜直升机的战术机动和水中武器的使用。

【你知道吗】

杀人鲸（虎鲸）是海豚科中体型最大的一种，它们的嘴巴细长，牙齿锋利，性情十分凶暴，善于进攻猎物，是企鹅、海豹等的天敌。有时它还袭击同类，可称得上是海中霸王。

69

性状：生物所表现出来的形态结构和生理特征。

▶ 什么是基因
▶ 基因重组
▶ 转基因技术

破解生命的密码——基因

已经过去的20世纪是生命科学迅速发展的世纪，生命科学中最重要的进程，就是在分子水平上对基因取得全面的认识。专家认为20世纪生命科学的发展史，就是对基因的认识不断深化的历史，也是人们利用这种知识为人类造福的能力不断提高的历史。基因是什么？它又是如何操纵着生物的生长、发育、繁衍的？它对人类的生活会产生怎样的影响呢？

■ 什么是基因

基因是携带有遗传信息的DNA（脱氧核糖核酸）或RNA（核糖核酸）序列，也称为遗传因子，是控制性状的基本遗传单位。基因通过指导蛋白质的合成来传达自己所携带的遗传信息，从而控制生物个体的性状表现。基因有两个特点，一是能忠实地复制自己，以保持生物的基本特征；二是能够"突变"，突变绝大多数会导致疾病，另外的一小部分是非致病突变。非致病突变给自然选择带来了原始材料，使生物可以在自然选择中被选择出最适合自然的个体。

基因最初是一个抽象的符号，后来，科学研究证实它是在染色体上占有一定位置的遗传功能单位。大肠杆菌乳糖操纵子中的基因分离和离体条件下转录的实现，进一步说明基因是实体。现在已经可以在试管中对基因进行改造，甚至人工合成基因。对基因的结构、功能、重组、突变以及基因表达的调控和相互作用的研究始终是遗传学研究的中心课题。

DNA模型的创立者之一沃森
1953年，英国剑桥大学卡文迪许实验室的科学家沃森和克里克，正式建立了DNA双螺旋模型，由此打开了探索生命之谜的大门。

■ 基因重组

基因重组是所有生物都可能发生的基本遗传现象。无论在高等生物体内，还是在细菌、病毒中，都存在基因重组。不仅在减数分裂过程中会发生基因重组，在高等生物的体细胞中也会发生基因重组。基因重组不仅可以发生在细胞核内的基因之间，也可以发生在线粒体和叶绿体的基因之间。可以说，只要有DNA，就可能发生重组。

从广义上讲，任何造成基因型变化的基因交流过程，都叫做基因重组。而狭义的基因重组仅指涉及DNA分子内断裂与复合的基因交流。真核生物在减数分裂时，通过非同源染色体的自由组合形成各种不同的配子，雌雄配子结合产生基因型各不相同的后代，这种重组过程虽然也导致基因型的变化，但是由于不涉及DNA分子内的断裂与复合，因此，不属于狭义的基因重组。

基因突变的青蛙
青蛙从卵、蝌蚪、小青蛙到成蛙的发育过程比较特殊，容易受到外部环境的影响而发生变异。近年来，因环境污染导致基因突变、发生畸形变异的青蛙有增多的趋势。

■ 转基因技术

将人工分离和修饰过的基因导入生物体基因组中，由于导入基因的表达，引起生物体性状的可遗传修饰，这一技术就是转基因技术。人们常说的"遗传工程"、"基因工程"、"遗传转化"均为转基因的同义词。转基因技术与传统生物技术是一脉相承的，其本质都是通过获得优良基因进行遗传改良。但在基因转移的范围和效率上不同。转基因技术所转移的

70

疫苗：将病原微生物及其代谢产物，经过人工减毒、灭活或利用基因工程等方法制成的用于预防传染病的自动免疫制剂。

仿生学与生物工程篇

基因不受生物体间亲缘关系的限制。这个过程所操作和转移的一般是经过明确定义的基因，功能清楚，后代表现可准确预期。转基因技术是对传统生物技术的发展和补充。将两者紧密结合，可大大提高动植物品种改良的效率。

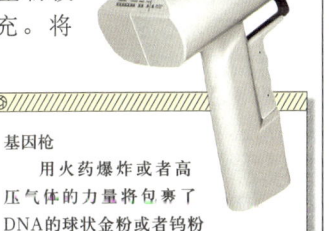

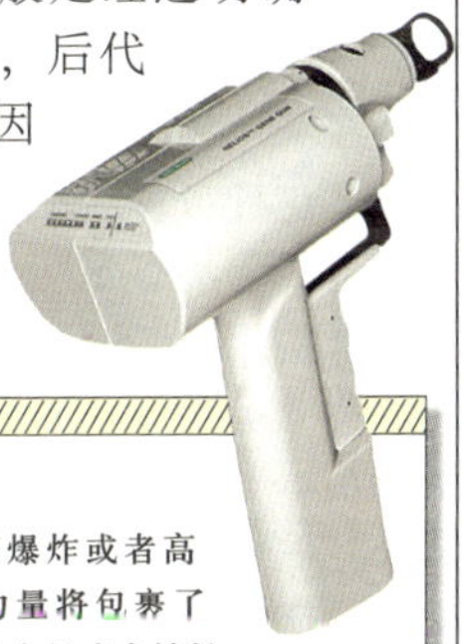

转基因植物是基因组中含有外源基因的植物，它可以改变植物的某些遗传特性，培育高产、优质的作物新品种，而且还可用来生产人类的生长素、胰岛素、干扰素、乙型肝炎疫苗等。转基因动物就是基因组中含有外源基因的动物，它是按照预先的设计，将外源基因导入精子、卵细胞或受精卵，育成的一些优良动物新品种。

基因枪
用火药爆炸或者高压气体的力量将包裹了DNA的球状金粉或者钨粉颗粒直接送入完整的植物组织或者细胞中，这一加速设备称为基因枪。

从本质上讲，转基因生物和常规育成的品种是一样的，两者都是在原有的基础上对某些性状进行修饰，或增加新性状，或消除原有不利性状而培育成的。常规育成的品种仅限于种内或近缘种间，而转基因植物中的外源基因可来自植物、动物、微生物。虽然目前的科学水平还不能完全精确地预测一个外源基因在新的遗传背景中会产生什么样的作用，但从理论上讲，转基因食品是安全的。

目前，世界各国通行的办法是对转基因商品实行标志制度，让消费者自行选择。

转基因植物——拟南芥
转基因植物就是利用现代分子生物技术，将某些生物的基因转移到其他物种中去，改造生物的遗传物质，使其在性状、营养品质、消费品质等方面向人们所需要的目标转变。

【你知道吗】
1977年，美国科学家首次用重组的人生长激素释放抑制因子基因生产人生长激素释放抑制因子获得成功。此后，基因重组技术在医药生产和农牧业育种等领域中取得了很大成果，预计21世纪，将在生产治疗心血管病、镇痛和清除血栓等药物方面发挥更大的作用。

转基因食品

所谓转基因食品，就是可以食用的转基因生物或以其为原料加工生产的食品。目前全世界的转基因作物已达120多种，种植面积超过4400万公顷。在美国，转基因食品高达4000多种，已成为人们日常生活中的普通商品。我国的转基因农作物和林木有22种，转基因棉花已进入大规模商业化种植。

转基因食品的安全性在世界范围内备受关注，近年来，已经成为公众争论的焦点。面对越来越多的转基因食品，以美国为首的支持派和以欧洲为首的反对派在全球范围内形成了两大阵营。那么，转基因食品的安全性到底怎么样呢？

转基因草莓
很多专家认为，转基因食品不仅不会危害人类，还可能因为其生长过程中不用杀虫剂等而有利于人体健康。图为采用转基因技术培育的草莓。

71

亲本：动植物杂交时所选用的母本或父本。

▶ 第一个"试管婴儿"
▶ 细胞融合
▶ 细胞核移植

细胞工程

细胞是生物体的结构单位和功能单位，那么，什么是细胞工程呢？细胞工程就是利用细胞的全能性，采用组织与细胞培养技术对动植物进行修饰，为人类提供优良品种、产品和保存珍贵物种。

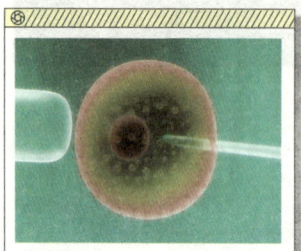

体外受精
"试管婴儿"并不是指真的在试管里长大的婴儿，而是指分别将卵子与精子取出后置于试管内使其结合，再将受精卵移植回母体子宫内发育、生长的胎儿。

■ **第一个"试管婴儿"**

"试管婴儿"是指用人工方法让卵子和精子在体外受精并进行早期胚胎发育，然后移植到母体子宫内发育而诞生的婴儿。世界上第一个试管婴儿布朗·路易丝于1978年7月在英国诞生，此后该项研究发展极为迅速，到1981年已有十多个国家着手进行该项研究。

培养试管婴儿，首先需要从妇女卵巢中取出成熟的卵子，在体外创造合适的受精条件使卵子受精；然后，将成熟的受精卵移植到子宫内使之发育成胚胎；胚胎进一步发育，就形成试管婴儿。试管婴儿和在此基础上发展起来的胚胎移植能够解决妇女的某些不育症，同时为开展人类、家畜和农作物的遗传工程，为保存面临绝种危机的珍贵动物提供了有效的繁殖手段。试管婴儿是现代科学的一项重大成就，它开创了胚胎研究和生殖控制的新纪元。

■ **细胞融合**

细胞融合也称体细胞杂交，又叫无性杂交，就是使两个不同物种的活细胞紧密接触在一起，并且使接触部位的细胞膜发生融化。这样，两个细胞的细胞质互相流通，最后合二为一，成为一个细胞。这个细胞，由于来源于两种不同生物的细胞，保留了两种生物的遗传物质，因而具有两个亲本的遗传特征，很可能兼有两个亲本的一些优良性状。这对于改良品种，提高农、林、牧业产品的产量和质量具有重大的意义。

■ **细胞核移植**

把一种生物细胞的细胞核移植到另一种去核或不去核细胞的细胞质内，这就是细胞核移植。20世纪80年代初，我国武汉的一些生物科学工作者，进行了一项大胆的试验。他们先对鲫鱼的成熟卵细胞"动手术"，设法除掉它的细胞核。然后又从鲤鱼的胚胎细胞中取出细胞核，让它到去核的鲫鱼细胞中"安家落户"。在他们的精心操作之下，这种换掉了细胞核的鲫鱼卵细胞就像正常的受精卵细胞一样，开始了不断的分裂，最终发育成一种新产品杂交鱼。这种鱼一年就能长到500克以上，外观形态和肉质滋味都酷似鲫鱼，只是嘴巴边上多了两根须。这是一次成功的细胞核移植。

母亲腹中的胎儿
体外受精后，成熟的受精卵被移植到子宫内，和普通的胎儿一样在母亲腹中生长发育，直至分娩。

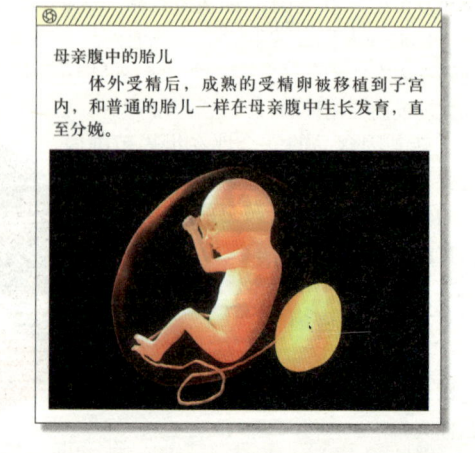

免疫细胞：主要是指能识别抗原，产生特异性免疫应答的淋巴细胞等。

其实，在同种生物中使用细胞核移植技术也有巨大的价值，它能使性状特别优异的品种迅速得到推广。道理很简单，生物个体的体细胞数量总要比生殖细胞多得多，而体细胞细胞核里的遗传物质则与生殖细胞里的是一模一样的。当人们发现了性状特别优异的动植物体后，用细胞核移植技术，就可以把它的大量体细胞的细胞核移植到同种生物的卵细胞里，从而培养出大量性状优异的后代。

"万用"干细胞

干细胞是一种未充分分化，尚不成熟的细胞，具有再生各种组织器官的潜在功能，医学界称之为"万用细胞"。

按照发育潜能，干细胞分为两类：一类是全功能干细胞，可直接克隆人体；另一类是多功能干细胞，可直接复制各种脏器和修复组织。人类希望利用干细胞的分离和体外培养，在体外繁育出组织或器官，并最终通过组织或器官移植，实现对疾病的临床治疗。科学家普遍认为：干细胞的研究将为临床医学提供更为广阔的应用前景。

按照所处发育阶段，干细胞可分为胚胎干细胞和成体干细胞。

干细胞的发育受多种内在机制和微环境因素的影响。最新研究发现，成体干细胞可以横向分化为其他类型的细胞和组织，这为干细胞的广泛应用提供了基础。

总之，凡需要不断产生新的分化细胞以及分化细胞本身不能再分裂的细胞或组织，都要通过干细胞所产生的具有分化能力的细胞来维持肌体细胞的数量。可以这样说，生命是通过干细胞的分裂来实现细胞的更新及保持持续生长的。随着基因工程、胚胎工程、细胞工程等各种生物技术的快速发展，按照一定的目的，在体外人工分离、培养干细胞已成为可能。利用干细胞构建各种细胞、组织、器官作为移植器官的来源，这将成为干细胞应用的主要方向。

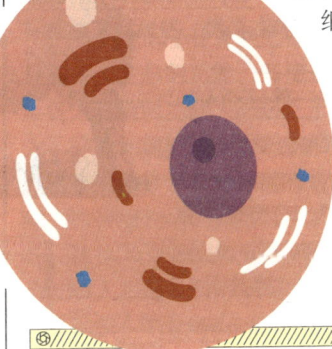

细胞核

细胞核是细胞的控制中心，在细胞的代谢、生长、分化中起着重要作用，是遗传物质的主要存在部位。尽管细胞核的形状多种多样，但是它的基本结构大致相同，即主要是由核被膜、染色质、核仁、核孔和核骨架等构成。

干细胞

这是一类具有自我复制能力的多潜能细胞。在一定条件下，它可以分化成多种功能细胞。

【你知道吗】

造血干细胞是指尚未发育成熟的细胞，是所有血细胞和免疫细胞的起源，也是一种多功能干细胞。目前，中国造血干细胞捐献者资料库的库容量已突破50万份，成功捐献人数超过600人。

安乐死：指医生应无法救治而又极为痛苦的病人的主动要求，对病人停止治疗或使用药物，让病人尽快无痛苦地死去。

从"多利"说起
"克隆人"的争论

克隆技术

"克隆"这个词，我们并不陌生。世界上第一例克隆动物是1996年在英国诞生的克隆羊"多利"。至今，克隆家族已"人丁兴旺"。研究"克隆人"的设想引起了强烈反响，有的人认为这将促进社会进步，有的人则认为这将给人类带来灾难。

克隆羊多利

多利是世界上第一例经体细胞核移植出生的动物，是克隆技术领域研究的巨大突破。它的诞生在世界各国科学界、政界乃至宗教界都引起了强烈反响，并引发了一场由克隆人所衍生的道德问题的讨论。

■ 从"多利"说起

1996年7月5日，英国科学家伊恩·维尔穆特领导的一个科研小组（伊恩·维尔穆特于2006年3月7日承认，他的同事基思·坎贝尔博士才是多利的主要缔造者），利用克隆技术培育出一只小母羊"多利"。这是世界上第一只用已经分化的成熟体细胞（乳腺细胞）克隆出的羊。

培育多利的过程主要分四个步骤进行：首先从一只6岁的雌性绵羊（称之为A）的乳腺中取出乳腺细胞，将其放入低浓度的培养液中，细胞逐渐停止分裂，此细胞称为供体细胞；然后从另一只雌性绵羊（称之为B）的卵巢中取出未受精的卵细胞，并立即将细胞核除去，留下一个无核的卵细胞，此细胞称为受体细胞。随后利用电脉冲方法，使供体细胞和受体细胞融合，形成融合细胞；最后将融合细胞转移到第三只雌绵羊（称之为C）的子宫内发育成胚胎细胞，胚胎细胞进一步分化和发育，最后形成小绵羊多利。多利有三个母亲：它的"基因母亲"是绵羊A，"借卵母亲"是绵羊B，"代孕母亲"是绵羊C。

2003年2月，兽医检查发现多利患有严重的肺病，这种病在目前还是不治之症，于是研究人员对它实施了安乐死。

■ "克隆人"的争论

克隆羊"多利"出生后，举世震惊。人们不禁要问：会不会出现克隆人呢？

由于克隆人可能带来严重的后果，一些生物技术发达的国家，现在大都对此明令禁止或者严加限制。千百年来，人类一直遵循着有性繁殖方式。克隆人与被克隆人之间的关系也有悖于传统的由血缘确定的方式。就"克隆人"这一个体而言，他会生活在"我是一个死去的人的复制品"的阴影中，这对他的心理会产生严重的负面影响。多利的克隆成功经过了200多次的失败，出现过畸形或夭折的羊。而克隆人更为复杂，如果制造出不健康、畸形或短寿的人，将是对人权的一种侵犯。

克隆小狗

克隆可以理解为复制、拷贝，就是从原型中产生出同样的复制品，它的外表及遗传基因与原型完全相同，因此克隆出来的生物与原型也几乎一模一样。

【你知道吗】

电脉冲可以使融合细胞产生类似于自然受精过程中的一系列反应，使其也能像受精卵一样进行细胞分裂、分化，从而形成胚胎细胞。

74

Part 5

物质与新材料篇

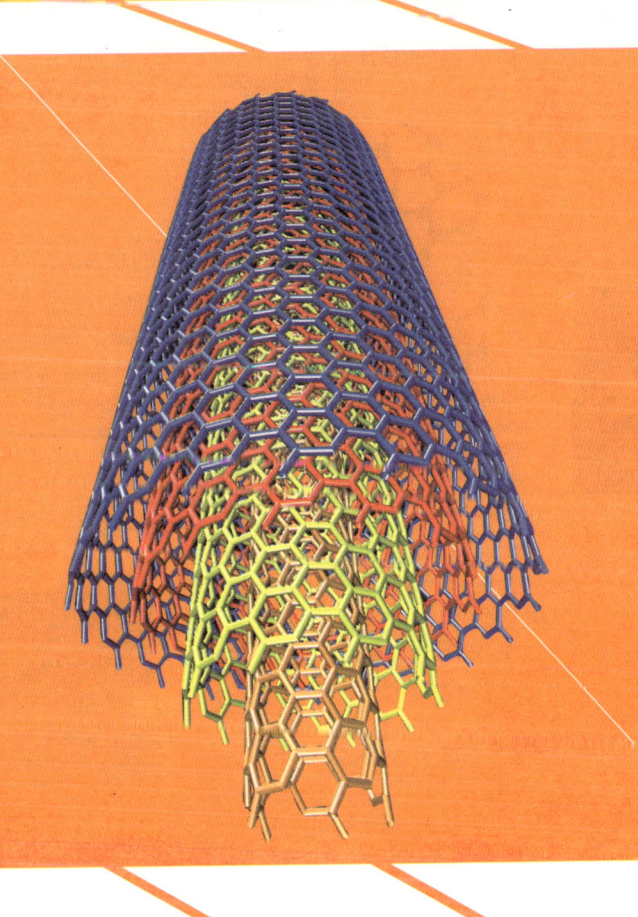

当量：(1)科学技术上指与某标准数量相对应的某个数量，如化学当量、热功当量、核装置的梯恩梯当量。(2)特指化学当量。

▶ 构成物质的基本粒子
▶ "隐身人"——中微子
▶ 扑朔迷离的反物质

无限可分的微观世界

通常将人们感官所不能直接感觉到的微小的物体和现象分别叫做"微观物体"和"微观现象"，而将这些物体和现象的总体叫做"微观世界"。

■ 构成物质的基本粒子

物质是由大量肉眼看不到的粒子——分子、原子或离子等构成的。分子是组成物质的微小单元，它是能够独立存在并保持物质原有的一切化学性质的最小微粒。分子一般由更小的微粒原子组成。不同物质的分子，其微观结构和形状也不同。原子是化学变化中的最小微粒，由原子核和核外电子组成。原子核由质子和中子构成。核外电子按一定的轨道绕原子核运动，当原子吸收外来能量，使轨道电子脱离原子核的吸引而自由运动时，原子便失去电子而显电性，成为离子。

原子（演示图）
原子是构成自然界各种元素的基本单位，由原子核和核外电子构成。而原子核又由质子和中子构成。

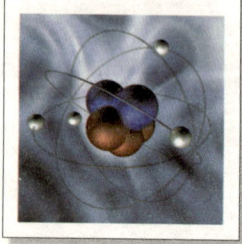

分子（演示图）
分子是物质中能够独立存在并保持该物质化学特性的最小单元，由原子组成。原子通过一定的作用力，以一定的次序和排列方式结合成分子。

■ "隐身人"——中微子

中微子是组成自然界的最基本粒子之一，常用符号ν表示。中微子个头小，不带电，可自由穿过地球，几乎不与任何物质发生作用，号称宇宙间的"隐身人"。中微子只参与非常微弱的弱相互作用，具有最强的穿透力。宇宙中充斥着大量的中微子，大部分为宇宙大爆炸的残留，大约为每立方厘米100个。

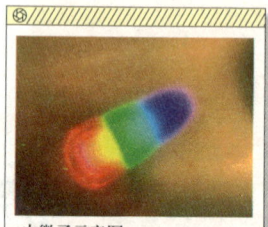

中微子示意图
中微子是1930年德国物理学家泡利为解释β衰变中能量似乎不守恒而提出的，20世纪50年代才在实验中观测到。

中微子不仅在微观世界最基本的规律中起着重要作用，而且与宇宙的起源和演化有关。

■ 扑朔迷离的反物质

反物质就是由反粒子组成的物质。所有的粒子都有反粒子，这些反粒子的特点是其质量、寿命、自旋、同位旋与相应的粒子相同，但电荷、重子数、轻子数、奇异数等量子数与之相反。但直到现在，宇宙中反物质的存在还被认为是理论上的。反物质和物质一旦相遇，就相互吸引、碰撞而100%转化为光并释放出巨大的能量，这个过程叫做湮灭。湮灭过程会释放出正、反物质中蕴涵的所有静质量能。根据爱因斯坦著名的质能关系式，一种理论认为，宇宙大爆炸早期曾产生了数量相当的物质和反物质，随后发生的湮灭消耗掉了绝大部分的正、反物质，遗留下的少部分正物质构成了如今的物质世界。

【你知道吗】
反物质极不稳定，它可以把接触到的任何东西化为灰烬，连空气也不例外。1克反物质就相当于2万吨梯恩梯当量的核弹的能量。

- 固态、液态和气态
- 第四种状态——等离子态
- 液晶材料

电荷：物质、原子或电子等所带的电量，单位是库仑。根据电场作用力的方向性，电荷可分为正电荷和负电荷。

物质与新材料篇

物质的第四种状态

看到这个题目，你一定很奇怪，物质不是只有三种状态：固态、液态和气态吗？错！科学家们已经发现了物质的第四种状态。

■ 固态、液态和气态

在我们身边的物质世界中，有气体，有液体，也有固体。它们都是由许许多多肉眼看不见的微粒构成的，这些微粒就是分子、原子或离子。由于微粒之间的距离不同，物质就呈现出三种不同状态。气体物质的微粒间有较大距离，密度最小。液体和固体物质中，微粒间距较小，密度较大，一般为每立方厘米几克、十几克。

■ 第四种状态——等离子态

将气体加热，当其原子的温度达到几千甚至上万摄氏度时，电子就被甩掉，原子变成只带正电荷的离子。此时，电子和离子带的电荷相反，但数量相等，这种状态被称为等离子态。人类可以利用它放出大量能量时产生的高温，切割金属、制造半导体元件、进行特殊的化学反应等。等离子态常被称为"超气态"，它和气态有很多相似之处，比如没有确定形状和体积、具有流动性等。

在茫茫无际的宇宙空间里，等离子态是一种普遍存在的状态。宇宙中大部分发光的星球内部温度和压力都很高，物质差不多都处于等离子态。只有在那些昏暗的行星和分散的星际物质里才能找到固态、液态和气态物质。

■ 液晶材料

1888年，澳大利亚科学家莱尼茨尔合成了一种奇怪的有机化合物。它有两个熔点：它的固态晶体被加热到145摄氏度时，便熔成混浊的液体，而一切纯净物质熔化时应该是透明的；当继续加热到175摄氏度时，它似乎再次熔化，变成清澈透明的液体。后来，德国物理学家列曼把处于"中间地带"的混浊液体叫做液晶。

液晶种类很多，通常按液晶分子的中心桥键和环的特征进行分类。目前已合成了1万多种液晶材料，其中常用的液晶显示材料有上千种。液晶显示材料具有明显的优点：驱动电压低，功耗微小、可靠性高、显示信息量大、彩色显示、无闪烁、对人体无危害、生产过程自动化、成本低廉、便于携带等。

液晶显示屏
在正常情况下，液晶的分子排列很有秩序，显得清澈透明，一旦加上直流电场，分子的排列被打乱，部分液晶变得不透明，颜色加深，因而能显示数字和图像。

霓虹灯
霓虹灯是靠充入玻璃管内的低压稀有气体（旧称惰性气体），在高压电场下冷阴极辉光放电而发光的，其光色由充入的稀有气体的光谱特性决定。

【你知道吗】
在我们周围，也能看到等离子态的物质，在日光灯和霓虹灯的灯管里，在炫目的白炽电弧里，都能找到它的踪迹。另外，在地球周围的电离层里，在美丽的极光、闪电和流星的尾巴里，也有奇妙的等离子态物质存在。

熔点：晶体物质开始熔化为液体时的温度。不同晶体物质的熔点不同，非晶体物质（如玻璃、石蜡、塑料等）没有熔点可言。

- 什么是合金材料
- 铝和铝合金
- 铝合金的应用

不会生锈的铝合金

说起铝合金，大家一定都不陌生。在我们周围，有很多东西都是用铝合金制成的，那永不生锈的窗子、汽车零配件……但你知道铝合金是怎么制造出来的吗？

■ 什么是合金材料

由一种金属与其他金属或非金属所组成的、具有金属特性的物质，叫做合金。常用的合金主要有钢铁、铝合金、铜合金等，特种合金有耐蚀合金、耐热合金、钛合金、磁性合金等。合金的许多性能优于纯金属，故合金的应用范围十分广泛。

各类合金都有以下几点通性：熔点低于任一种组成金属的熔点；硬度比其任一种组成金属的硬度大；导电性和导热性低于任一组成金属；有的抗腐蚀能力很强（如不锈钢）。利用合金的这些特性，可以制造高电阻和高热阻材料，还可制造有特殊性能的材料，如在铁中掺入15%的铬和9%的镍，就能得到一种耐腐蚀的不锈钢，适用于化学工业。

■ 铝和铝合金

铝在地壳中含量为7.45%，仅次于氧和硅，比铁（5%）还多，是一种十分丰富的金属资源。铝比重小，重量轻，某些情况下可以用来代替钢铁。它能使设备重量减轻很多，强度增高而又不怕腐蚀。

铝合金是纯铝加入一些合金元素制成的，如铝—锰合金、铝—铜合金、铝—铜—镁系硬

铝合金轮毂
铝合金比重小、强度高、塑性好，可加工成各种型材，工业上广泛使用。尤其是变形铝合金，力学性能高，主要用于制造航空器材、日常生活用品、建筑用门窗等。

铝制易拉罐
人们现在常用的铝制易拉罐并非是由100%的纯铝制成，其中还含有少量的铜和镁，目的是增加易拉罐的硬度和耐腐蚀性。

铝合金、铝—锌—镁—铜系超硬铝合金。铝合金比纯铝有更好的物理力学性能：易加工、耐久性高、适用范围广、装饰效果好、花色丰富。铝合金分为防锈铝、硬铝、超硬铝等种类，每一种均有各自的使用范围，并有各自的代号，以方便使用者选用。

■ 铝合金的应用

铝合金仍然保持了铝重量轻的特点，但机械性能明显提高。铝合金比重较小，强度大，价格便宜，因而，能在很多地方代替钢铁合金。

铝合金材料的应用有以下三个方面：一是作为受力构件；二是作为门、窗、管、盖、壳等材料；三是作为装饰和绝热材料。利用铝合金阳极氧化处理后可以进行着色的特点，人们还制成了各种装饰品。铝合金板材、型材表面可以进行防腐、轧花、涂装、印刷等二次加工，从而制成各种装饰板材、型材。因此，铝合金被广泛应用在工程结构上。另外，在航空器上铝合金也有重要应用。

【你知道吗】
由于铝的化学性质活泼，与氧结合紧密，因此自然界中不存在天然铝。铝的冶炼十分困难，人们直到1854年才用比氧更活泼的钠把铝从其氧化物中还原出来，铝因而身价倍增。那时在皇宫中最为珍贵的不是金银钻石，而是铝制的工艺品和餐具。

王水：浓硝酸和浓盐酸以1∶3体积比配制而成的混合溶液，腐蚀性极强，性质不稳定。

航天材料——钛合金

钛是一种用途广泛而又不易冶炼的金属。伴随着科技的进步，钛金属和钛合金的应用更加广泛。钛合金成为制造飞机和航天器的主要材料。

■ 21世纪的金属——钛

钛在地壳中的含量约为0.6%，仅次于铝、铁、钙、钠、钾和镁，居金属含量的第七位。1791年，英国化学家格雷戈尔发现了钛元素，但直到1910年，英国人亨特才第一次在爆炸器中用钠还原四氧化钛，制得不到1克的纯金属钛。因为钛在高温下化学性质活泼，所以必须在与空气和水相隔绝的环境中进行冶炼，在真空或稀有气体中提纯。由于冶炼困难，所以直到1947年，全世界才生产出2吨钛。

钛比重小，仅为钢的一半，但强度比钢高。它抗腐蚀性强，甚至能抗王水的腐蚀；熔点高，比黄金还高600摄氏度左右。综合性能如此优异的金属是极其少见的，因此，钛受到科学家们的重视。钛高强度，小比重的性能，使它特别适合作为超音速飞机和航天器的材料。钛的耐高温性能好，是制造涡轮喷气发动机的理想材料。由于良好的抗腐蚀性能，钛可用来制造深海潜艇，去探索海底的秘密。钛也可用于制造化工行业的反应器等设备。

但是目前钛的冶炼还很困难，产量很低。如果在冶炼技术上取得突破，钛就有可能代替钢铁成为21世纪应用最广泛的金属，因而它被称为"21世纪的金属"。

钛合金车轮
钛合金车轮重量轻、硬度高，是车轮中的优等品。

■ 钛合金的应用

以钛为基本金属元素加入其他合金元素组成的合金称作钛合金。钛合金是一种新型结构材料，它具有良好的综合性能，如比重小、热强度高、抗断裂韧性高、疲劳强度和抗裂纹扩展能力好、低温韧性良好、抗蚀性能优异等。某些钛合金的最高工作温度为550摄氏度，预期可达700摄氏度。

早在20世纪60年代中期，钛及其合金已在一般工业中应用，用于制作电解工业的电极、发电站的冷凝器、石油精炼和海水淡化的加热器以及环境污染控制装置等。

目前，钛合金在航空、航天、汽车、造船等工业部门中得到日益广泛的应用，是较为理想的航天工程结构材料。全世界钛产量中约80%用于航空和航天工业，主要用于制造机身、机翼、蒙皮和承力构件等。

F-15战斗机
钛产量中约80%用于航空和航天工业。例如美国F-15战斗机的机体结构材料，钛合金用量达7000千克，约占结构重量的34%。

【你知道吗】
钛的工业化生产是从1947年开始的。航空工业发展的需要，使钛工业以平均每年约8%的增长速度向前发展。目前世界钛合金加工材料年产量已达4万余吨，钛合金牌号近30种。

马氏体：黑色金属材料的一种组织名称，强度和硬度高是其主要特征。

▶ "记忆合金"是什么
▶ "记忆"的原因
▶ "记忆合金"有哪些

"记忆力"超强的记忆合金

记忆合金，顾名思义，就是带有"记忆"功能的合金。它真的具有意识、能够记忆吗？不是的，它只是一种能够在适当条件下恢复原状的合金体。

■ "记忆合金"是什么

记忆合金即形状记忆合金，在外力作用下会发生变形，当外力去掉，在一定的温度条件下，又能回复原来的形状。由于它具有百万次以上的回复功能，因此被称为"记忆合金"。记忆合金可以完全回复原状，即使反复变形500万次，也不会产生疲劳断裂，因而具有许多奇妙的用途。

■ "记忆"的原因

记忆合金变形的过程中发生了马氏体转变，因而能回复原状。把金属或合金以较快的速度从高温冷却，就会出现一种新的结晶体，这种新结晶体叫马氏体，这种转变叫马氏体转变。因为冷却速度快，原子的相对位置变化不大，原子间不存在相互扩散现象，只是重新组合成新相。马氏体转变在金属热处理中是一种常见现象，但不一定都有形状记忆效应。但是形状记忆合金就不同了，它的马氏相由孪晶组成，孪晶也称姊妹晶，组成它的两种晶体结构相同，只是晶相不同。另外，两种孪晶间存在界面，界面间作用力较弱，受到外力

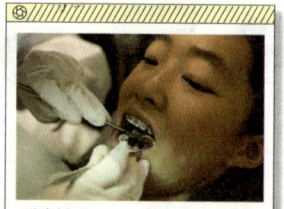

牙齿矫形 与传统的不锈钢丝相比，使用形状记忆合金矫正牙齿，不仅操作简便，疗效好，也可减轻患者的不适感。

记忆合金镜架眼镜 由记忆合金制成的眼镜镜架重量轻、耐腐蚀，而且具有很强的弹性，镜腿可以任意弯折、扭曲都不会变形。这种眼镜特别适合运动人士佩戴。

作用时界面间发生滑移，因而容易变形。虽然发生很大形变，但原子间的结合方式和顺序并没有改变，当温度上升，超过它的转变温度时，它又回复原状。

■ "记忆合金"有哪些

目前正在研究的形状记忆合金主要有三大类型：

镍钛合金，是最成熟的记忆合金。1963年，人们发现镍钛合金具有形状记忆效应，并于20世纪70年代初将其用于制作飞机油路管接头。镍钛合金强度很高，耐腐蚀，反复使用次率很高，有的可以达到20万次以上。

铜系形状记忆合金，其价格只有镍钛合金的1/10，但功能差一些。这个系列的成员主要是铜—锌—铝合金以及铜—镍—铝合金。目前正在通过添加其他金属和改进处理方法改善其性能，这类合金是很有发展前途的。

铁系形状记忆合金，其价格在三类中是最低的。铁系合金中有记忆功能的有铁—铂合金、铁—钯合金、铁—镍—碳合金、铁—锰—硅合金等。铁—镍—钴—钛合金的形状记忆效应性质与镍钛系相同。而铁—锰—硅合金相变可逆性差，只适于制造管接头等一次性使用。由于价格低廉，铁系合金的开发潜力巨大。

【你知道吗】

作为一类新兴的功能材料，记忆合金的很多新用途正不断被开发。不久的将来，汽车的外壳也可以用记忆合金制作。如果不小心碰瘪了，只要用电吹风加热就可使其恢复原状，既省钱又省力。

瓷器与China
用途广泛的新型陶瓷

硅酸盐：硅、氧与一个或一个以上金属元素（主要是铝、铁、钙、镁、钾、钠等）结合而成的化合物的总称。

物质与新材料篇

神通广大的新型陶瓷

在远古时代，我们的祖先就开始用黏土做成器皿盛装食物，后来人们发现这些器皿经火烧后，更加坚固耐用，这就产生了最初的陶瓷。时至今日，许多新型陶瓷正在改变着我们的生活。

■ 瓷器与China

陶瓷的主要原料是黏土、长石、石英等。人们先把它们磨成粉，再按一定比例混匀，加工成型，然后送入窑内高温烧结即可制得。如果在毛坯上涂上各种釉质，刻上花纹，就可烧得精美的花瓶、盆、碗等日用品。

早在东汉时期，古人就在昌南（即今景德镇）建造窑坊，烧制陶瓷。到了唐朝，人们又吸收了南方青瓷和北方白瓷的优点创出一种青白瓷。青白瓷晶莹滋润，有"假玉器"的美称，因而远近闻名，并大量出口欧洲。就这样，欧洲人以"昌南"（china）作为瓷器和生产瓷器的"中国"（China）的代称，久而久之，欧洲人就把昌南的本意忘却了，只记得它是"瓷器"，即"中国"了。

中国瓷器
多姿多彩的瓷器是中国古代的伟大发明之一，"瓷器"与"中国"在英文中同为一词，精美绝伦的中国瓷器完全可以作为中国的代表。

■ 用途广泛的新型陶瓷

陶瓷硬度高、耐高温、抗腐蚀，因而在工业上有广泛用途。

1924年，德国科学家以纯氧化铝为原料烧结出坚硬非凡的氧化铝陶瓷。用这种陶瓷做成的刀具，能切削硬度较高的合金钢。发动机的火花塞瞬时温度高达2500摄氏度，最大工作压力达100个大气压，但在如此非常的条件下，氧化铝陶瓷仍能正常地长期工作。

日用陶瓷制品
如今的陶瓷制品种类繁多，应用广泛，早就不再局限于工艺品这一范畴了。在中国人的日常生活中，陶瓷制品依然是最常用的器皿之一。

导弹飞行时由于空气摩擦，头部温度高达1000摄氏度。氮化硅由于其耐高温的特性，往往作为弹头的制作材料。另外，它还能透射红外线和微波。

氮化硅新型陶瓷具有足够高的强度和硬度，又有惊人的耐高温、耐腐蚀、抗急冷急热性能，是一种用途广泛的工程陶瓷。

碳化硅陶瓷是另一种新型陶瓷。它质地坚硬，可作金刚石的代用品，是制造高温燃气涡轮发动机的理想材料。

1955年，人们制得了性能较高的锆钛酸铅压电陶瓷，用这种压电陶瓷可生产大功率的超声和水声换能器。同时，它在高频通信技术、导弹技术、地震预报和医疗上都有广泛用途。此外，这种陶瓷是透明的，用它可制成立体电视眼镜，医生戴上这种眼镜，可以通过电视看到病人体内的立体图像。

【你知道吗】
陶瓷的主要原料是硅酸盐矿物。因此，陶瓷属于"硅酸盐工业"的范畴。随着科技的发展，先后出现了许多新陶瓷，它们不再使用或很少使用传统陶瓷原料，其原料甚至扩大到非硅酸盐、非氧化物的范围。

碳氢化合物：仅由碳、氢两种元素组成的有机化合物，又称为烃。

▶ 什么是高分子材料　　合成纤维
▶ 合成塑料　　合成橡胶

用途广泛的高分子材料

说起铝合金，大家一定都不陌生。在我们周围，有很多东西都是用铝合金制成的，那永不生锈的窗子、汽车零配件……但你知道铝合金是怎么制造出来的吗？

■ 什么是高分子材料

高分子化合物是以天然气或石油为原料，使用化学方法，经过一系列反应得到的。它的分子链形状细长，或者首尾相连，或者含有小支链，相互交连，吸引力非常强，在强度、弹性等方面都比低分子物质优越许多。从结构上看，高分子化合物的分子是由许多相同的单体（链节）重复排列组成，所以又叫高聚物（高分子聚合物）。人工合成的有机高分子材料的品种很多，主要包括一般说的"三大材料"，即合成纤维、合成橡胶和合成塑料。此外，还包括合成油漆、涂料、胶粘剂和一部分液晶。

塑料袋
塑料袋的出现虽然极大地方便了人们的生活，但是它不易降解，变成污染物后长期存在并不断累积，会对环境造成极大危害。

■ 合成塑料

塑料在人工合成的有机高分子材料中诞生最早，发展最快，产量最高，和人们生活的关系也最密切。塑料的显著特点是具有可塑性和可调性。可塑性是指采用最简单的工艺，就可以在短时间内制造出形状极复杂的塑料制品；可调性是指在生产过程中，可以用改变工艺、变换配方等方法来调整塑料的各种性能。此外，塑料还具有重量轻、不导电、不怕酸碱、不传热的优点。

■ 合成纤维

合成纤维是以煤、石油、天然气、水、空气、食盐、石灰石等为原料，经化学处理制成的人工纤维。合成纤维的主要品种有锦纶、腈纶、涤纶、维纶、丙纶和氯纶等六种。其中前三种产量最大，占整个合成纤维产量的90%。合成纤维具有强度高、耐磨、比重小、弹性大、防蛀、防霉等优点，其共同的缺点是吸湿性和耐热性较差，染色比较困难。

■ 合成橡胶

人们将石油中的多种碳氢化合物分离出来，利用化学方法聚合得到合成橡胶。一些通用合成橡胶可以代替天然橡胶制成日常橡胶制品：丁苯橡胶在合成橡胶中产量最高，主要用于制造汽车和飞机轮胎；氯丁橡胶弹性和加工性好，可制造密封件和减震零

尼龙绳
尼龙具有很高的机械强度，是一种重要的工程塑料，产量在五大通用工程塑料中居首位。常用于制作绳索、梳子、牙刷、衣钩、扇骨、网袋兜、水果外包装袋等等。

件；丁腈橡胶耐热、耐油和耐老化，可制作耐油胶管和油箱；硅橡胶在人体中具有很好的生物相容性，已用于制造人造血管、人造瓣膜、人造心脏等。

【你知道吗】
锦纶是最早出现的合成纤维，它的特点是比重小、强度高，具有突出的耐磨性。大多用于制造丝袜、衬衣、渔网、缆绳、降落伞、航天服、轮胎、帘布等。

82

- 硅与单晶硅
- 计算机芯片的核心材料
- 单晶硅的替代者

半导体：导电能力介于导体与绝缘体之间的物质，如锗、硅、硒和某些化合物。

物质与新材料篇

计算机的"心"——单晶硅

电脑的发展是一个逐步壮大的过程，它的每块硅片上的电路数目从几百发展到几百万之多。但组成芯片的材料并没有改变，仍旧是一块单晶硅片。

■ 硅与单晶硅

硅是地壳中最丰富的元素之一，其质量占地壳总质量的1/4，仅次于氧。硅通常以硅酸盐和氧化物的形式存在，我们平常见到的沙子都是二氧化硅，只是纯度不同。单晶硅，即硅的单晶体，是一种具有基本完整的点阵结构的晶体。它是一种良好的半导体材料，主要用于制造半导体器件、太阳能电池等。单晶硅主要由高纯度的多晶硅在单晶炉内拉制而成。熔融的单质硅在凝固时，硅原子以金刚石晶格排列成许多晶核，如果这些晶核长成晶面取向相同的晶粒，就会平行结合起来结晶成单晶硅。

含硅的沙子

硅是地壳中含量仅次于氧的元素，约占地壳总质量的26％。其实，我们随处都可以见到含硅的物质——脚下最普通的沙子，女士项链上镶嵌的宝石等。

■ 计算机芯片的核心材料

单晶硅作为计算机芯片的核心材料，除了纯度高以外，还有长度均匀、完整、无缺陷等特点。在其生产中，目前普遍采用提拉法，即在坩埚中装满硅并加热使坩埚里的温度保持在1685摄氏度，使坩埚里的单质硅处在熔融状态。坩埚上部有一个提拉杆，有机械装置使提拉杆自由升降和旋转。把一小颗单晶硅固定在提拉杆顶端浸入坩埚，这一颗硅晶体就会像一颗种子引得硅原子在它周围按顺序排列，形成晶体。晶体形成以后，若将其切割成片状并抛光，就制成了硅片。然后，在绝对无尘的环境中，通过几十道工序，在晶片上制作出大量晶体管及其他元件，接着将晶片切割，就制成了计算机芯片。

■ 单晶硅的替代者

在今后相当长的时间内，单晶硅还将继续作为半导体材料的主体。但是，科技工作者已经在探索性能更优越的半导体材料——砷化镓。据专家推测，用砷化镓制造的晶体管开关速度比硅晶体管的开关速度快1至4倍。这样，用砷化镓晶体管就可以制造出速度更快的电子计算机。在元素周期表中，和镓同族的元素还有铟和铊，与砷同族的元素还有磷、锑。把这两族元素组成不同的化合物，就可以得到具有不同电子和不同光学性质的材料，以适应不同需要。这类半导体是由化合物组成的，所以叫做化合物半导体。

【你知道吗】

在1983年12月发射的宇宙飞船"空间实验室"1号中，科学家进行了制备单晶的实验。这次实验把在地球上制造单晶体的设备搬上太空实验室，并制造出了半导体硅和半导体锑化镓晶体。这在人类的科学技术发展史上，写下了太空制造晶体的光辉一页。

硅片

硅片是半导体和太阳能电池的主要生产材料。用硅片制成的芯片有着惊人的计算与存储能力。

淬火：一种将金属工件或玻璃加热到某一适当温度并保持一段时间，随即浸入淬冷介质中快速冷却的热处理工艺。

▶ 玻璃加工
▶ 钢化玻璃
▶ 夹丝玻璃

玻璃家族

关于玻璃，有这样一个故事：一队远行的商人在野外露宿，生火做饭。在烈焰的烧烤下，石头熔化了，锅里的水倒下来浇灭了火。第二天早晨，有人在被水浇灭的火堆里发现了透明的小球，这就是第一颗玻璃球。

■ 玻璃加工

人类制造玻璃已有5000多年的历史，但它作为大众化材料被大批量生产则是从20世纪开始的。1910年，比利时人发明了有槽垂直上拉法，使平板玻璃的生产摆脱了手工的吹制法而迅速发展。1959年，英国的皮尔金格兄弟研制出浮法玻璃生产工艺，大大提高了生产率并且降低了生产成本。1971年，日本人研制出对辊法，又使玻璃生产工艺大大前进了一步。

我们现在使用的玻璃通常是硅酸盐玻璃，这种玻璃是以石英砂、纯碱、长石及石灰石等为原料，经混合、高温熔融、匀化后，加工成型，再经退火制成的。

玻璃花房
钢化玻璃以其抗冲击强度高、光洁、透明等优良性能而被广泛用于汽车、室内装饰以及各种建筑物中。图为用钢化玻璃制成的玻璃花房。

"安全玻璃"
钢化玻璃也被称为"安全玻璃"，因为它的碎片均匀且没有普通玻璃碎片的刀状尖角。

璃高2至3倍，对防止热炸裂有明显的效果。生产钢化玻璃的工艺有两种：一种是将普通平板玻璃或浮法玻璃在特定工艺条件下，经淬火法或风冷淬火法加工处理；另一种是将普通平板玻璃或浮法玻璃通过离子交换法，将玻璃表面成分改变，使玻璃表面形成一层压应力层。

■ 夹丝玻璃

夹丝玻璃又叫防碎玻璃，它是将普通平板玻璃加热到红热软化状态时，再将预热处理过的金属丝或金属丝网压入玻璃中间制成的。它的防火性优越，可遮挡火焰，高温燃烧时不炸裂，破碎时不会造成碎片伤人。它还有防盗性能，玻璃割破后还有金属丝网阻挡。它要求金属丝（网）的热膨胀系数与玻璃接近，不易与玻璃起化学反应，有较高的机械强度和一定的磁性。夹丝玻璃有压花夹丝玻璃、磨光夹丝玻璃和彩色夹丝玻璃等品种。

■ 钢化玻璃

钢化玻璃提高了玻璃的承载能力，改善了玻璃的抗拉强度，具有抗冲击强度高、抗弯强度大、热稳定性好以及光洁、透明、可切割等特点。在遇到超强冲击破坏时，钢化玻璃的碎片呈分散细小颗粒状，无尖锐棱角，故又称安全玻璃。钢化玻璃的耐急冷急热能力比普通玻

【你知道吗】

公元前3500年，古埃及人首先发明了玻璃，他们用它来制作首饰。到了公元前1000年，古埃及人掌握了玻璃吹制的工艺，能吹制出多种形状的玻璃产品。

◆ 84

- 奇妙的超导现象
- "第四次科技革命"
- 超导计算机

电阻率：用来表示各种物质电阻特性的物理量，常用单位是欧姆·平方毫米/米。

物质与新材料篇

引领新科技潮流的超导材料

我们日常生活中使用的所有物质都具有电阻，这是一般的常识。但是，当物体的温度降低到绝对零度（零下273.15摄氏度）附近时，其电阻会变成零。这就是超导现象。你能想象这种现象的发现会给世界带来什么影响吗？

■ 奇妙的超导现象

1911年，荷兰莱顿大学的卡茂林·昂尼斯意外地发现，将汞冷却到零下268.98摄氏度时，汞的电阻突然消失。后来他又发现许多金属和合金都具有与汞相类似的在超低温下失去电阻的特性。他把金属和合金失去电阻的状态称为超导态。

这一发现引起了世界范围内的震动。在卡茂林之后，人们开始知道处于超导状态的导体称为"超导体"。超导体的直流电阻率在一定的低温下突然消失，被称做零电阻效应。导体没有了电阻，电流过时就不发生热损耗，可以毫无阻碍地在导线中传导，并产生超强磁场。

卡茂林·昂尼斯
卡茂林·昂尼斯（1853－1926年），低温物理学家，因制成液氦和发现超导现象而获1913年诺贝尔物理学奖。

■ "第四次科技革命"

由于超导体没有电阻，在电流流过时就不会因为发热而损失电能，因此采用超导电线可以实现远距离无损耗输电，减少能源浪费。超导体中每平方厘米可以流过几十万安培的强大电流，因而可产生很强的磁场。用超导体制成的超导发电机的功率可比目前的发电机高100倍以上。超导磁悬浮列车的时速已达550千米。高速超导电子计算机的计算速度可达每秒几百亿次以上。目前，世界各国都把超导体研究列为重点攻关项目。超导体很有可能为我们带来"第四次科技革命"。

【你知道吗】
1998年7月24日，北京有色金属研究总院研制成功了我国第一根由铋系高温超导材料制造的输电电缆，其性能达到世界先进水平。

■ 超导计算机

20世纪80年代后期，科学家发现了一种陶瓷合金，它在零下238摄氏度时可出现超导现象。目前，科学家正在寻找一种高温超导材料，甚至一种室温超导材料。一旦找到这些材料，人们可以利用它们制成超导开关器件和超导存储器，而利用这些器件制成超导计算机。超导计算机的运算速度将是现在电子计算机的100倍，而电能消耗仅是电子计算机的千分之一。目前制成的超导开关器件的开关速度，已达到几皮秒（10^{-12}秒）的高水平，这是当今所有电子、半导体、光电器件都无法企及的。

高温超导电缆
高温超导电缆采用能传输高电流密度的超导材料作为导电体，具有体积小、重量轻、损耗低和传输容量大的优点。高温超导电缆的传输损耗仅为传输功率的0.5%，比常规电缆5%至8%的损耗要低得多。

相干：两个或多个信号源，如果它们的幅度和相位的变化是同步的，则说明这些信号是相干的。

▶ 什么是纳米材料
▶ 隐身材料
▶ 纳米机器人

方兴未艾的纳米材料

1959年，诺贝尔奖获得者、美国物理学家查德·费因曼曾经提出："如果有一天可以按人的意志安排一个个原子，将会产生怎样的奇迹？"随着纳米材料科学的出现、发展与完善，这一设想很快变成了现实。

■ 什么是纳米材料

纳米级结构材料简称为纳米材料，其结构单元的尺寸介于1至100纳米范围之间。由于纳米材料的尺寸已经接近电子的相干长度，其性质因为强相干所带来的自组织发生了很大变化。并且，其尺度已接近可见光的波长，加上大表面的特点，它所表现的特性往往不同于该物质在整体状态时所表现的性质。在现有的科学水平上，纳米材料的制备基本

多重纳米结构
当物质到了纳米尺度以后，大约在1至100纳米这个范围，物质的性能就会发生突变，出现特殊性能。

上分成两个阶段。首先是纳米颗粒的制备，其次是保持这些纳米颗粒在没有受到污染的条件下用高压将其压缩成纳米固体。

■ 隐身材料

由于纳米微粒尺寸远远小于红外线及雷达波波长，因此纳米微粒材料对这些波的透过率比常规材料要强得多。这就大大减少了波的反射率，使得红外探测器和雷达接收到的反射信号变得很微弱。再者，纳米微粒材料的表面积比常规粗粉大3至4个数量级，对红外光和雷达波的吸收率也比常规材料大得多，这就使得红外

F-117A隐形攻击机
F-117A机身外表所包覆的红外与微波隐身材料中包含有多种纳米超微颗粒，它们对不同波段的电磁波有强烈的吸收能力，以欺骗雷达，达到隐形的目的。

探测器及雷达得到的反射信号强度大大降低。结合以上两个方面，用纳米微粒材料制得的机械装置，很难被红外探测器和雷达发现，从而达到隐身的目的。隐身材料在许多方面都有广阔的应用前景，但当前大多被用在航空航天以及与军事密切相关的部件制造上。

■ 纳米机器人

纳米机器人正在科学家的精心设计之中。第一代纳米机器人是生物系统和机械系统有机结合的产物。将这种微型机器人注入人体血管内，它们就可以做全身健康检查，疏通脑血管中的血栓，清除心脏动脉脂肪沉积物，甚至还能消灭病毒，杀死癌细胞。第二代纳米机器人是直接用原子、分子装配成的有一定功能的纳米装置，它们具有可以自我调节的转换程序，并能生产人体所需的蛋白质。第三代纳米机器人将是含有纳米电子计算机的、可以实现人机对话并有自身复制能力的纳米装置。那时，人类的劳动方式将彻底改变。

【你知道吗】
有科学家预言，纳米材料将是21世纪材料构成的基本单元。美国最早成立了纳米研究中心。我国已在1990至1992年先后召开了两次全国性的纳米学术盛会，并把纳米技术纳入"863"计划。

Part 6

寻找新能源篇

腐殖质：动植物残体在土壤中经微生物分解而形成的有机物质。能改善土壤，增加肥力。

▶ 积累万年的能源
▶ 煤炭的开采
▶ 煤炭的主要用途

埋在地下的黑色金子——煤

提到煤炭，大家都不会陌生。人类利用煤炭已有2000多年的历史了。这种储量相对丰富的能源被人们誉为"埋在地下的黑色金子"。

■ 积累万年的能源

煤炭是千百万年来植物的枝叶和根茎，在地面上堆积而成的一层极厚的黑色腐殖质，由于地壳的变动不断被埋入地下，长期与空气隔绝，并在高温高压下，经过一系列复杂的物理、化学变化，最终形成的黑色可燃化石。碳、氢、氧三种元素的总和约占煤有机质的95%以上。碳是煤中最重要的成分，其含量随煤化程度的加深而增多。

■ 煤炭的开采

煤炭开采主要有露天开采与矿井开采两种形式。露天开采是指移去煤层上面的表土和岩石，开采显露的煤层，习惯叫剥离法开采。

对埋藏过深、不适于露天开采的煤层主要采用矿井开采的办法。一般来说，可用三种方法打通通向煤层的通道，即竖井、斜井、平硐。竖井是一种从地面开掘出到达某一煤层或某几个煤层通道的垂直井。开采出的煤是从井下提升上来的。斜井是用来开采非水平煤层或是从地面到达某一煤层或多煤层之间的一种倾斜巷道。运煤时需要用带式输送机，人员和材料则需用轨道车辆运输。平硐是一种水平或接近水平的隧道，常随着煤层开掘，可采用任何常规方法将煤运输到地面。

煤
煤被人们誉为黑色的金子、工业的食粮，是18世纪以来人类所使用的主要能源之一。

■ 煤炭的主要用途

煤炭是人类的主要能源之一，任何煤炭都可作为工业和民用燃料。煤炭还可以用来炼焦，所产生的焦炉煤气是一种燃料和化工原料。煤焦油可用于生产化肥、合成纤维、医药、炸药等。焦炭主要用于高炉炼铁和铸造，也可用来制造氮肥。另外，煤炭还能制取低温焦油和低温焦炉煤气等化工原料。煤与氢作用后可以转化为低分子液态和气态产物，加工后可得到汽油、柴油等液体燃料。

露天开采的煤矿
根据煤矿的自然条件和煤层赋存条件，覆盖浅的煤层才适宜露天开采。露天采煤同井下采煤相比，其有基建投资少、建矿时间短、作业安全、劳动生产率高等优点。

【你知道吗】
中、美、俄、德等国是世界上主要的产煤国，其中中国是世界上煤产量最大的国家。我国的煤炭储量居于世界前列，仅次于美国和俄罗斯。

- 石油的形成
- 神奇的气体
- 海底的可燃冰

甲烷：最简单的有机化合物，化学式CH_4。比空气轻，极难溶于水。无色无味的可燃气体，是天然气的主要成分。

寻找新能源篇

石油、天然气、可燃冰

世界三大能源物质，除了煤以外，还有石油和天然气。它们为人类广泛使用并熟知。但是人们很难想到，晶莹剔透的"冰"也能作为燃料，为人类服务。

■ 石油的形成

远古时期，旺盛的生物活动制造出大量的有机物。在流水的搬运下，大量的有机物被带到了地势低的湖盆或海盆里。在这一过程中，有机物与一些无机物碎屑混合在一起，并沉积在盆底。随后，有机物中的氧逐渐散失，而碳和氢却保留下来，形成了新的碳氢化合物，并与无机物碎屑共同形成了石油源岩。此时，水盆底部的沉积物在重力的作用下开始下沉，并逐渐被压实，变成了沉积岩。而液体的石油油滴不能变成岩石，就被挤了出来，并聚集在一处。由于密度比水轻，石油开始向上移动。在岩石裂隙中运移的石油，在遇到致密的岩石时，就会停留在致密岩层的下面，逐渐富集，最终形成油田。

石油最主要的用途是做燃料。此外，它还可以制成石油溶剂、沥青、润滑油等。

石油
石油是从地下深处开采的棕黑色可燃黏稠液体，为古代海洋或湖泊中的生物经过漫长的演化形成的混合物，与煤一样属于化石燃料。

■ 神奇的气体

在石油地质学中，天然气通常指油田气和气田气。其形成过程与石油相同，只不过它是以气态形式存在的。其成分以烃类为主，并含有非烃气体。广义的天然气是指地壳中一切天然生成的气体，包括油田气、气田气、泥火山气、煤层气和生物生成气等。按天然气在地下存在的状态可分为游离态、溶解态、吸附态和固态水合物几种。只有游离态的天然气经聚集形成的天然气藏，才可开发利用。天然气的主要用途是做燃料，还可制造炭黑、化学药品和液化石油气，另外，它还是制造氮肥的最佳原料。

【你知道吗】
最早给石油科学命名的是我国宋代科学家沈括。他在《梦溪笔谈》一书中，把历史上出现的石漆、石脂水、火油、猛火油等名称统一为石油，并对石油的相关性质作了详细的论述。

■ 海底的可燃冰

20世纪60年代以来，人们陆续在海洋深处发现了一种可以燃烧的"冰"，地质学上称之为天然气水合物。它是一种白色固体物质，外形像冰，有极强的燃烧力，可作为上等能源。它主要由水分子和烃类气体分子（主要是甲烷）组成，所以也称为甲烷水合物。天然气水合物靠巨厚水层的压力来维持其固体状态，一般分布在海底到海底之下1000米的范围以内，再往深处则由于地温升高其固体状态容易遭到破坏而难以存在。

油田里的采油机
这种采油机被形象地称为"磕头机"，利用一上一下的往复运动，带动油井内的抽油杆和活塞，把原油从一千多米深的油井中抽到地面上。

89

电力网：电力系统的一部分，由变电站和输电线、配电装置等组成。

▶ 最基本的常规能源
▶ 电从哪里来
▶ 电怎样传输

现代文明的基石——电力

1831年，英国物理学家法拉第将一个封闭电路中的导线通过电磁场时，导线转动并有电流流过，法拉第因此了解到电和磁场之间有某种紧密的关联，他据此构造了第一座发电机原型。人类开始进入电力时代。

■ 最基本的常规能源

电能作为动力的能源，开始于19世纪70年代。电能的广泛应用掀起了第二次工业化高潮，从此科技开始改变人们的生活。即使在当今的互联网时代，我们仍然对电能有着极大的需求，因为我们发明了电脑、家电等更多使用电能的产品。不可否认，新产品的不断出现使得电能成为人们的必需品。20世纪出现的大规模电力系统是人类科学史上最重要的成就之一，它是由发电、输电、变电、配电和用电等环节组成的电力生产与消费系统。通过这个系统，人们将电能经输电、变电和配电供给各个用户。

电力输送

大规模电力系统已经成为人类生活中不可缺少的部分，它是由发电、输电、变电、配电和用电等环节组成的电力生产与消费系统。电力输送是以输电线路作为载体的，是用电流进行传输的。

■ 电从哪里来

电能的获得主要有火力发电和水力发电两种。火力发电是指把燃料燃烧时产生的热能，通过发电动力装置转换成电能的一种发电方式。在所有发电方式中，火力发电是历史最久的，也是最重要的一种。

水电站的基本设备是水轮发电机组。当水流进入水轮机时，水轮机受水流推动而转动，使水能转化为机械能；水轮机带动发电机发电，使机械能转换为电能。水能发电具有可重复再生、运行不消耗燃料、运行管理费和发电成本低、不产生有害物质等特点，是一种清洁的能源。

■ 电怎样传输

从发电站发出的电能，一般都要通过输电线路送到各个用电地方。根据输送电能距离的远近，采用不同的高电压。从我国现在的电力情况来看，送电距离在200至300千米时采用220千伏的电压输电；在100千米左右时采用110千伏；50千米左右采用35千伏；在15至20千米时采用10千伏，有的则用6600伏。输电电压在110千伏以上的线路，称为超高压输电线路。在远距离送电时，我国还有500千伏的超高压输电线路。和其他能源的传输（如输煤、输油等）相比，电能传输的损耗小、效益高、灵活方便、易于调控、对环境污染少。

电有电荷存在和电荷变化的现象。电是一种很重要的能源，广泛用在生产和生活各方面，如发光、发热、产生动力等。

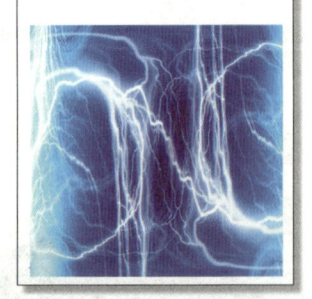

【你知道吗】

输电电压的高低是输电技术发展水平的主要标志。到20世纪90年代，世界各国常用的输电电压有220千伏及以下的高压输电、330至765千伏的超高压输电、1000千伏及以上的特高压输电。

- 优点众多的新能源
- 氢燃料汽车
- 生物制氢

汽化器：也叫化油器，它能把汽油变成雾状，按一定比例和空气混合，形成供汽缸燃烧的混合气。

寻找新能源篇

❀ 最清洁的能源——氢

虽然现在有多种燃料，但是真正在燃烧时完全没有污染的燃料只有一种，那就是氢。氢的燃烧生成物只有水，对环境没有任何污染。

氢分子示意图
氢是一种化学元素，化学符号为H，原子序数为1，在元素周期表中位于第一位。它的原子是所有原子中最小的。氢通常的单质形态是氢气。

■ 优点众多的新能源

氢是一种化学元素，化学符号为H。氢通常的单质形态是氢气，是无色无味、极易燃烧的双原子气体，火焰呈浅蓝色。氢气是最轻的气体，也是宇宙中含量最高的物质。氢原子存在于水、所有有机化合物和活生物中，是所有原子中最小的。氢是一种新能源。氢燃烧产生的热量大约是等量的汽油或天然气燃烧产生热量的3倍。而且氢的储运性能好，使用也方便。近年来，液态氢已被广泛用作人造卫星和宇宙飞船的能源。

■ 氢燃料汽车

用氢作为汽车燃料，不仅清洁，在低温下容易发动，而且燃料对发动机的腐蚀作用小，可延长发动机的使用寿命。由于氢气与空气能够均匀混合，完全可省去一般汽车上所用的汽化器，从而可简化现有汽车的构造。更令人感兴趣的是，只要在汽油中加入4%的氢气，用它作为汽车发动机燃料，就可节油40%，而且无须对汽油发动机作多大的改进。因此，氢的市场应用前景非常广阔。

20世纪70年代末，前联邦德国的奔驰汽车公司用氢气进行了试验，他们仅用了5千克氢，就使汽车行驶了110千米。2005年10月，我国第一辆具有完全自主知识产权的以氢燃料为动力的轿车研制成功，时速可达80千米。

■ 生物制氢

工业上制氢的方法有很多种，最成熟的工业大规模制氢方法是烃类或甲醇裂解制氢和电解水制氢。引人注意的是，许多原始的低等生物在新陈代谢的过程中也可放出氢气。一种叫做"红鞭毛杆菌"的细菌，就是个制氢能手。在玻璃器皿内，以淀粉作原料，掺入一些其他营养素制成的培养液就可培养出这种细菌。这种细菌制氢的效能很高，每消耗5毫升的淀粉营养液，就可产生出25毫升的氢气。美国宇航部门还准备把一种光合细菌——红螺菌带到太空中去，用它放出的氢气作为能源供航天器使用。

氢气球
由于氢气密度比空气小，氢气球可以向上漂浮。当前氢气球多用作儿童玩具，其上印刷各种图案，或者用于各种庆祝场合，以营造热闹的气氛。

【你知道吗】
在大自然中，氢的分布很广泛。氢的主体是以化合物水的形式存在的，而地球表面约71%为水所覆盖，储水量很大。因此可以说，氢是"取之不尽，用之不竭"的能源。如果能用合适的方法从水中提取氢，那么氢将成为一种应用前景广阔的能源。

91

太阳辐射：指太阳向宇宙空间发射的电磁波和粒子流，是地球表层能量的主要来源。

▶ 取之不尽，用之不竭
▶ 太阳能气流电站
▶ 太阳能空间电站

地球的能源之母——太阳能

地球上的绝大多数能源都来源于太阳能。没有太阳能，就不会有地球生物和人类的一切。而人们认真地考虑利用太阳能的问题，严格地说只是最近二三十年的事。

太阳能发电
集热板可以将吸收的太阳光转化为热能或电能，为我们的生活服务，使环境更加清洁。

■ 取之不尽，用之不竭

太阳一秒钟发出的能量就相当于1.3亿吨标准煤燃烧时所放出的热量。由于地球表面大气层的反射和吸收，真正到达地球表面的太阳能只有其总量的42亿分之一，但已相当于目前全世界所有发电站发电能力总的20万倍。太阳发光放热的历史已有40多亿年，预计还将持续几十亿年。因此，太阳可称得上人类取之不尽、用之不竭的能源宝库。与其他能源相比，太阳能具有干净、方便、安全等特点。

■ 太阳能气流电站

利用太阳能发电的方式很多，其中最为新奇的是太阳能气流发电。太阳能气流电站的中央竖立着一个用波纹薄钢板卷制而成的大"烟囱"，它并非是用来排烟的，而是用来抽吸空气的。在"烟囱"的周围，是巨大的环形曲面半透明塑料大棚；在"烟囱"底部装有汽轮发电机。大棚内的空气经太阳暴晒后，温度比棚外空气高约20摄氏度。由于空气具有热升冷降的特点，再加上大"烟囱"又能向外排风，这就使热空气通过"烟囱"快速地排出去，从而驱使热空气通过"烟囱"底部的汽轮发电机发电。

■ 太阳能空间电站

众所周知，太阳辐射经过大气层到达地球表面时，已大大减弱。在大气层以上接收的太阳能要比在地面上接收的多4倍以上。在这种情况下，人们就萌生了建造空间电站的设想。要把这个设想变成现实，就必须研制一种太阳能动力卫星，并把它发送到距地面3.5万多千米的高空，而且要在与地球同步的轨道上。动力卫星上装有巨大的太阳能电池板，能把太阳能直接转换成电能，然后再将电能转换成微波束发回地面。地面接收站通过巨型天线，可将动力卫星送回地面的微波能重新转换成电能。现在，担负运输任务的航天飞机已奔忙于太空和地球之间。随着航天技术的飞速发展，以及太阳能利用水平的不

太阳能电池板
太阳能电池板是太阳能发电系统中的核心部分，也是太阳能发电系统中价值最高的部分。其作用是将太阳辐射能转换为电能，或送往蓄电池中存储起来，或推动负载工作。左图上方的长方形装置即太阳能电池板。

断提高，科学家们满怀信心地预言，到21世纪末有可能通过航天飞机将第一个大型动力卫星送入轨道。

【你知道吗】
太阳有非常巨大的能量，研究发现，在前40多亿年里，太阳发出的光和热所消耗的质量只占它总质量的0.03%，而它还可以继续燃烧约50亿年，所以我们利用太阳能的前景非常广阔。

- 悠久的历史
- 风力发电
- 我国的风能资源

矿物能源：矿产资源的重要组成部分，主要指煤、石油、天然气。油页岩、铀、钍、地热也是重要的矿物能源。

寻找新能源篇

古老而又现代的风能

在自然界，风是一种巨大的能源，它所蕴含的能量远远超过矿物能源所提供的能量总和，是一种取之不尽、且尚未得到大量开发利用的能源，还是一种不断再生的、没有污染的清洁能源。

■ 悠久的历史

人类利用风能有着悠久的历史。中国、埃及、荷兰、西班牙等国都在很早以前就有了风车、风磨等利用风能的设备。19世纪末，人们开始研究风力发电。1891年，丹麦建造了世界上第一座试验性的风能发电站。第二次世界大战期间，人们开始用小型螺旋桨式风车发电。20世纪70年代中期以来，由于能源供应紧张，石油、煤炭对环境的污染严重，很多国家开始重视对风能发电的研究。

■ 风力发电

丹麦是最早利用风力发电的国家。早在1910年，丹麦就已有数百个装机容量为5至25千瓦的风力发电站。

通常，人们按装机容量大小将风力发电站分为大、中、小三种类型。装机容量在10千瓦以下的为小型，10至100千瓦的为中型，100千瓦以上的为大型。中小型风力发电站主要用作充电设备、照明设备、卫星地面站、灯塔和导航设备的电源，以及边远地区居民用电。大型风力发电站可用来为电网供电。目前，世界上投入运转的最大的风力发电站在德国，其发电功率为3000千瓦。

■ 我国的风能资源

根据历年气象资料，我国距地面10米高度处风能的分布情况是：东南沿海及其岛屿、青藏高原、西北、华北、新疆、内蒙古和东北部分地区为风力资源丰富的地区，年平均风速大于3米/秒的天数在200天以上；甘肃、山东、苏北、皖北等地区年平均风速大于3米/秒的天数在150天以上。风能是一种需要因地制宜加以利用的能源，只有在年平均风速较高而且稳定、远离电网并缺乏常规能源的地区，利用风能才比较经济。当前，一些偏远草原、岛屿等地的风力发电成本已与柴油发电相当。但大规模风力发电的成本仍高于火力发电，需要进一步降低成本。

【你知道吗】

荷兰被称为"风车之国"，它坐落在地球的盛行西风带，濒临大西洋，是典型的海洋性气候国家，所以一年四季海陆风不息，这就给缺乏水力、动力资源的荷兰提供了利用风力的优厚条件。

古老的风车

人类很早就利用风车来提水灌溉、碾磨谷物等。而现在，这些设备已经成为一个地区著名的景观，其实用性反而下降。欧洲的荷兰就被誉为"风车之国"。

风力发电

风能是一种潜力很大的能源。把风的动能转变成机械能，再把机械能转化为电能，就可以实现风力发电，让风为我们所用。

93

势能：旧称"位能"，指由相互作用的物体之间的相对位置，或由物体内部各部分之间的相对位置所决定的能量。

▶ 什么是海洋能
▶ 潮汐能
▶ 海水温差能

前景广阔的新能源——海洋能

辽阔浩瀚的海洋，不仅使人心旷神怡，而且让人迷恋和陶醉。然而，大海最诱人的地方，是它蕴藏着极为丰富的自然资源和含量巨大的可再生能源——海洋能。

■ 什么是海洋能

海洋能是蕴藏在海洋中的可再生能源，包括潮汐能、波浪能、海流和潮流能、海水温差能和海洋盐度差能等。潮汐能、海流和潮流能来源于月球和太阳的引力，其他海洋能都来源于太阳辐射能。这五种海洋能在全球的可再生总量约为788亿千瓦，技术上可利用的能量为64亿千瓦。

海洋能的能量密度较小且不稳定，随时间变动大。海洋环境复杂，所以海洋能装置要有抗风暴、抗海水腐蚀、抗海生生物附着的能力。现阶段，海洋能的试验性发电成本较高，尚不能与常规火电、水电竞争。但海洋能总量大，无污染，对生态环境影响小，是一种有开发潜力的可再生能源。

■ 潮汐能

月球引力的变化引起潮汐现象，潮汐导致海平面周期性升降，海水涨落及潮水流动所产生的能量就是潮汐能。潮汐能是以势能形态出现的海洋能，具体指海水潮涨和潮落形成的势能。

【你知道吗】

我国的海洋发电技术有近40年的历史，迄今已建成潮汐电站8座。小型潮汐发电技术基本成熟，已具备开发中型潮汐电站的技术条件。

海洋的潮汐中蕴藏着巨大的能量。在涨潮的过程中，汹涌而来的海水具有很大的动能，而随着海水水位的升高，这些巨大的动能就会转化为势能。而在落潮的过程中，海水奔腾而去，水位逐渐降低，势能又转化为动能。潮汐能与潮量和潮差成正比，其主要利用方式是发电。世界上潮差的较大值约为13至15米，但一般说来，平均潮差在3米以上就有实际应用价值。潮汐发电需要借助海湾、河口等有利地形，建筑水堤，形成水库，进而建造水电站，通过水轮发电机组进行发电。

■ 海水温差能

通常情况下，太阳辐射无法透射到海水表面400米以下，且海水的温度随着海洋深度的增加而降低。海洋表层的海水与500米深处的海水温度差可达20摄氏度以上。海洋中上下层海水温度的差异，蕴藏着一定的能量，叫做海水温差能，或海洋热能。利用海水温差能可以发电。现在新型的海水温差发电装置，是把海水引入太阳能加温池，将其加热到45至60摄氏度，有时可高达90摄氏度，然后再把加温后的水引进保持真空的蒸发汽锅中进行发电。

用海水温差发电，还可以得到一种副产品——淡水。一座10万千瓦的海水温差发电站，每天可产生378立方米的淡水。另外，由于电站抽取的深层冷海水中含有丰富的营养盐类，因而发电站周围就会成为浮游生物和鱼类群集的场所，可以增加近海捕鱼量。

潮力磨坊
在欧洲，利用潮汐的能量推磨已有上千年的历史，主要用于研磨谷物。在我国唐朝时候，沿海地区也出现了利用潮汐来推磨的小作坊。

- 人类利用核能的历史
- 走近核反应堆
- 太空核电站

核裂变：一个原子核分裂成几个原子核的变化过程。一般来说，只有一些质量非常大的原子核，像铀、钍等才能发生核裂变。

寻找新能源篇

核能——是祸还是福

1942年12月2日下午3点25分，在美国芝加哥大学斯特哥菲尔德体育场里，由著名物理学家费米博士领导的科研小组实现了受控的原子核链式裂变反应。从此人类进入了核能时代。

■ 人类利用核能的历史

核能的开发，自1896年居里夫妇从沥青中提炼出放射性元素镭之后，就开始了。由费米博士领导建立起来的世界上第一座原子反应装置，是用大量装着铀的空心石墨块"堆"起来的，称为"核反应堆"。这标志着人类步入了核能时代。两年半以后，原子弹研制成功。1945年8月，美国向日本广岛、长崎投放原子弹，造成12万人丧生。1954年，苏联建成世界上第一座核能发电站。从此，核能的利用以惊人的速度发展起来。

核聚变

核聚变能释放出巨大的能量。太阳内部就连续进行着氢聚变成氦的过程，它的光和热就是由核聚变产生的。

■ 走近核反应堆

核反应堆是装配了核燃料以实现大规模可控裂变链式反应的装置。当铀-235的原子核受到外来中子轰击时，一个原子核会吸收一个中子分裂成两个质量较小的原子核，同时放出2至3个中子。裂变产生的中子又去轰击另外的铀-235原子核，引起新的裂变，如此持续进行。这种链式反应能产生大量热能。用循环水（或其他物质）导出的热量可以使水变成水蒸气，推动气轮机发电等。

■ 太空核电站

早在1965年，美国就发射了一颗装有核反应堆的人造卫星。太空核反应堆在工作原理上与地球上的基本一样，只是前者要求反应堆体积更小，更轻便实用。太空核反应堆不仅可用作太空飞行器和卫星的主要电源，而且是未来用于科学考察和开采月球矿藏的理想能源。

【你知道吗】

1986年4月26日，世界上最严重的核事故在苏联切尔诺贝利核电站发生。苏联官方4个月后公布：31人死亡，得放射性病的有203人；从危险区撤出13.5万人。时隔六年之后，1992年，乌克兰官方公布，已有7000多人死于那次事故造成的核污染。

核电站

虽然核能发电比较清洁，但核电厂的反应器内有大量的放射性物质，如果不慎发生事故释放到外界环境中，会对生态环境及人的身体健康造成严重伤害。

95

工程微藻：用转基因技术构建的特殊微藻，主要用于生产柴油。

▶ 什么是生物质能
▶ "出身低微"的新能源——沼气
▶ 生物柴油

第四大能源——生物质能

几千年来，人类一直靠燃烧稻草、木材等植物来做饭取暖。17世纪后期，煤、石油和天然气等发现后，它们才逐渐退居次要地位。而随煤、石油等资源的逐渐枯竭，生物质能的大范围使用被提上了日程。

■ 什么是生物质能

生物质能是蕴藏在生物质中的能量，是指直接或间接地通过绿色植物的光合作用，把太阳能转化为化学能后固定和储藏在生物体内的能量。它是唯一一种可再生的碳源，可转化成常规的固态、液态和气态燃料，如沼气、生物柴油等。生物质能具有硫、氮含量低，污染小等优点。作为燃料时，由于生物质在生长时需要的二氧化碳相当于它排放的二氧化碳的量，因而其二氧化碳净排放量近似于零，可有效地减轻温室效应。目前，生物质能技术的开发已成为世界热门课题之一。

■ "出身低微"的新能源——沼气

沼气是一种可燃气体，由于这种气体最早是在沼泽、池塘中发现的，所以人们称它"沼气"。沼气的主要成分是甲烷。甲烷在常温下是一种无色、无味、无毒的气体，比空气轻。甲烷气体的发热值较高，所以说沼气是一种优质的人工气体燃料。

人畜粪便、动植物遗体、工农业有机物废渣和废液等，在一定温度、湿度、酸度和缺氧的条件下，经厌氧性微生物的发酵作用，就能产生出沼气。目前，沼气可以代替供应紧张的汽油、柴油开动内燃机发电，驱动农机具加工农副产品，也可以用来煮饭、照明等。

沼气池
沼气池的池型种类很多，但反应原理都是利用生物发酵，将有机物转化为甲烷等可燃气体。

油棕
油棕属多年生单子叶植物，是热带木本油料作物，有着"世界油王"的美誉。

■ 生物柴油

生物柴油是指以油料作物、野生油料植物和工程微藻等水生植物油脂以及动物油脂、餐饮垃圾油等为原料油，通过酯交换工艺制成的、可代替石化柴油的再生性柴油燃料。生物柴油是生物质能的一种。生物柴油的研究是从20世纪70年代开始的，至2005年，欧盟15个成员国生物柴油产量已超过200万吨，占世界生物柴油总量的90%。

【你知道吗】
德国是目前世界上生物柴油产量最大的国家。我国从2001年开始生产生物柴油，目前，全国生产生物柴油的企业已有数十家，年产量超过10万吨。

- 地球深处的可再生热能
- "天然医生"——温泉
- 地热发电

华清池：位于西安东约30千米的临潼骊山脚下，是中国著名的温泉胜地。

寻找新能源篇

🌼 地球深处的能源 —— 地热能

我们居住的地球，很像一个大热水瓶，外凉内热，而且越往里面温度越高。来自地球内部的热能称为"地热能"。温泉就是人类很早就开始利用的一种地热能。

■ 地球深处的可再生热能

地热能是来自地球深处的可再生热能。它起源于地球内部的熔融岩浆和放射性物质的衰变。地下水的深处循环和来自极深处的岩浆侵入到地壳后，把热量从地下深处带至近地面。如果热量提取的速度不超过补充的速度，那么地热能就是可再生的。

地热发电厂

据估计，地热的总蕴藏量约为地球煤炭总能量的1.7亿倍。利用地热发电，已经成为能源利用研究的重要课题。

人们通常将地热资源分为四类：水热资源、地压资源、干热岩和熔岩。到目前为止，对地热资源的利用，主要是水热资源的开发。近年来，一些国家开始进行干热岩的开发研究和试验。而地压资源和熔岩资源的利用尚处于探索阶段。

■ "天然医生"——温泉

温泉是一种由地下自然涌出的热泉水。温泉可以以其化学组成、地质、物理性质、温度加以分类。温泉的形成必须具备地底有热源存在、岩层中有裂隙让温泉水涌出、地层中有储存热水的空间三个条件。温泉的水多是由大气降水或地表水渗入地下深处、吸收四周岩石的热量后又上升流出地表的。有资料表明，温泉浴不仅可使肌肉、关节松弛，消除疲劳，还可扩张血管，促进血液循环，加速人体新陈代谢。此外，某些温泉中还含有丰富的矿物质，有治疗某些疾病的功效。

■ 地热发电

地热发电是地热利用的最重要方式，它和火力发电的原理是一样的，都是把蒸汽的热能在汽轮机中转变为机械能，然后带动发电机发电。所不同的是，地热发电不需要庞大的

温泉浴

大多数温泉中都含有丰富的矿物质，对人体有一定的保健疗养功能，所以温泉浴现在已成为一些注重保养人士的时尚选择。

【你知道吗】

我国是世界上开发利用地热资源较早的国家之一，北京就是当今世界上六个开发利用地热较好的首都之一，其他五个是法国的巴黎、匈牙利的布达佩斯、保加利亚的索非亚、冰岛的雷克雅未克和埃塞俄比亚的亚的斯亚贝巴。

锅炉，也不需要消耗其他燃料，仅地热能就可以。

要利用地下热能，首先需要有"载热体"把地下的热能带到地面上来。目前能够被地热电站利用的载热体，主要是地下的天然蒸汽和热水。利用地热能发电，建造电站的投资少，发电成本比水电、火电和核电站都低，设备的利用时间也较长，发电用过的蒸汽和热水，还可以用在取暖或其他方面。

电子流：自由电子在空间做定向运动所形成的电流。

▶ 来自电磁场
▶ 来自闪电
▶ 来自极光

地球也是发电机器

我们认识了三大常规能源，还了解了许多的新能源，它们有一个共同点就是都可以用来发电，并且需要发电机来进行能量转换。但是你知道吗，地球上的自然电却不需要依赖任何转换装置，因为自然电的发电机就是地球。

■ 来自电磁场

地球是一个庞大的天然磁体，但磁场却比较弱。然而，地球在不停地转动，它所具有的动能却非常大。如果我们把整个地球作为发电机的转子，以南北两极为正极，以赤道为负极，理论上可以获得10万伏左右的电压。这便是人们把地球本身当做一个巨大的发电机的一种设想。

电磁感应定律告诉我们，导体在磁场中做切割磁力线的运动便会产生感应电流。地球上的河流和海洋也是导体。随着地球的自转，它们相对于地磁场自然而然产生了切割磁力线的运动。那么，河流和海洋中就有地磁场的感应电流了。海洋覆盖着地球表面的71%，其中蕴藏的电量是不可估量的。

■ 来自闪电

雷雨云聚集和储存的大量负电荷，可以使云层下面的大地表面感应出正电荷。两种不同极性的电荷互相吸引，驱使电子从云层流向大地，以闪电的形式给地球充电。据估算，每秒钟约有100次闪电袭击地球，其闪光带长度从300

雷雨云

雷雨云是对流云发展的成熟阶段，伴随雷电活动和降水。

北极光

绚烂的北极光有种令人窒息的美，而且还是一种颇具开发潜力的新能源，将给人类带来巨大的好处。

米到2750米不等。一次闪电产生的电压可达1亿伏，电流可达16万安培，可产生37.5亿千瓦的电能，比目前美国所有电厂的最大装机容量之和还多。

但闪电持续时间实在太短，只有若干分之一秒，因此闪电中大约75%的能量作为热耗散掉了。至今，人们还没有找到利用闪电能的有效方法。

■ 来自极光

多出现在3月、4月、9月和10月四个月份的极光，是两极地区特有的自然现象。我们知道，太阳内部和表面进行着剧烈的热核反应，不断产生着强大的带电微粒流——电子流。这种电子流顺着地磁场的磁力线，来到地磁极附近，其中一部分电子流射入大气层时，使大气中的气体分子和原子发生电离，产生出大量的带电离子，从而发出光和电来。

极光作为一种颇具开发潜力的新能源，将给人类带来巨大的好处。有人推算过，极光发射出的电量高达1亿千瓦，相当于目前美国全年耗电量的100多倍。

【你知道吗】

极光产生的能量常常搅乱无线电和雷达的信号。极光所产生的强力电流，可以集结在长途电话线上影响微波的传播，使电路中的电流局部或完全"损失"。极光还可使电力传输线受到严重破坏。

98

Part 7

电脑与现代通信篇

▶ 计算机的发明
▶ 二进制运算

编码：根据一定的协议或格式把模拟信息转换成代码或编码字符的过程。

20世纪的奇迹——计算机

世界上第一台电子计算机诞生于1946年，它的出现标志着计算工具随着科学技术的飞跃式发展和世界文明的进步，进入了一个崭新的历史阶段。电脑的产生和广泛应用，是20世纪的重要标志之一。

■ 计算机的发明

进入20世纪，各个科学领域和技术部门的计算问题堆积如山，已经明显阻碍了科学的发展。德国、美国、英国几乎同时开始了机电式计算机和电子计算机的研究。1946年2月，美国物理学家莫克利和埃克特制成了能进行各种科学计算的大型通用计算机——电子数字积分计算机（ENIAC）。它完全采用电子线路执行算术运算、逻辑运算和信息存储，其运算速度比继电器计算机快1000倍。这是世界上第一台电子计算机。它使用了18800个电子管，重达30多吨，耗电150瓦，每秒可进行5000次加法或减法运算。它把科学工作者从繁重的计算工作中解放出来。ENIAC的问世标志着电子数字计算机时代的到来。

世界第一台电子计算机ENIAC
"ENIAC"是英文"电子数字积分计算机"的简称，1946年2月14日在美国诞生，宣告了计算机时代的到来。

■ 二进制运算

要用计算机做工作，首先要将有关信息以计算机能够识别的方式存储。计算机内部的信息不是以我们熟悉的十进制形式表示和存储的，而是以二进制编码的形式表示和存储的。十进制有0至9共十个数字；二进制只有两个数字，记为0、1。在十进制中，逢十进一；在二进制中，逢二进一。

缘何计算机要选用二进制呢？因为计算机是由电子元器件构成的，二进制在电子元器件中最易实现。它只有两个数字，用两种稳定的物理状态即可表达，而且稳定可靠。二进制中简单加法是最基本的运算。乘法是连加，减法是加法的逆运算，除法是乘法的逆运算。其余任何复杂的数值计算都可以分解为基本算术运算复合进行。二进制主要的弱点是表示同样大小的数值时，其位数比十进制或其他进制多得多。

286电脑
英特尔（Intel）公司的一款x86系列CPU，名为"80286"，被广泛应用在20世纪80年代中期到90年代早期的IBM PC兼容机中，这种电脑就被称为"286电脑"。这时电脑体积已经很小了。

【你知道吗】
世界上第一台光电脑已由欧共体的英国、比利时、德国、意大利和法国的70多名科学家和工程师合作研制成功。这是一台全光数字计算机，其运算速度比目前的电脑快1000倍。

| 硬件设备 | 巨型计算机 | 继电器：开关的一种，但其并非以机械方式控制，而是一种以电磁力来控制切换方向的开关。 | >>>>>>>>>>> |
| 程序与软件 | 多媒体计算机 | | 电脑与现代通信篇 |

■ 硬件设备

计算机硬件设备是指计算机系统中所使用的电子线路和物理设备，是看得见、摸得着的实体，如中央处理器（CPU）、存储器、外部设备等。中央处理器的主要功能是逐条执行程序所指定的操作。存储器的主要功能是存放程序和数据。外部设备是用户与机器之间的桥梁，包括输入设备和输出设备。输入设备的任务是把用户要求计算机处理的各种形式的信息转换为计算机所能接受的编码形式存入到计算机中；输出设备的任务是把计算机的处理结果以用户需要的形式输出。

■ 程序与软件

计算机程序是对能使计算机硬件系统顺利有效工作的程序集合的总称。程序总是要通过某种物理介质来存储和表示的，但软件并不是指这些物理介质，而是指那些看不见、

CPU
"CPU"是英语"Central Processing Unit（中央处理器）"的缩写。CPU一般由逻辑运算单元、控制单元和存储单元组成，堪称电脑的"心脏"。

摸不着的程序本身。可靠的计算机硬件如同一个人的强壮体魄，而有效的软件则如同一个人的灵敏思维。计算机的软件系统可分为系统软件和应用软件两部分。系统软件负责对整个计算机系统资源的管理、调度、监视和服务。应用软件是指各个不同领域的用户为各自的需要而开发的各种应用程序。

■ 巨型计算机

巨型计算机是一种超大型电子计算机。它具有很强的计算和处理数据的能力，主要表现为高速度和大容量，并配有多种外部和外围设备及丰富的、高性能的软件系统。其实，巨型计算机只是一个相对的概念，一个时期内的巨型计算机到下一时期可能成为一般的计算机。

计算机主板
如果说CPU是电脑的心脏，那么主板就是电脑的血管和神经。有了主板，CPU才能控制硬盘、内存、显卡、光驱等周边设备。

现代巨型计算机的标准是什么呢？首先，运算速度要达到平均每秒1000万次以上；其次，存储容量在1000万位以上。巨型计算机主要用来承担重大的科学研究、国防尖端技术和国民经济领域的大型计算课题及数据处理任务，它的研制水平标志着一个国家的科技发展实力。

■ 多媒体计算机

具有对多种媒体信息进行获取、编辑、存储、检索、传输、展示等能力的计算机就是多媒体计算机。而能处理多种媒体信息的计算机技术，称为"多媒体技术"。多媒体技术的主要特点是能统一、综合处理多种形式的信息，所以多媒体技术是计算机技术、声像技术以及通信技术相结合的一种综合性技术。多媒体技术能使计算机的功能扩展到处理声音及图像，使用户能在计算机屏幕上享受到图、文、声并茂的画面，能对多种信息进行综合的统一编辑与处理，能具体、方便地实现人机交互。多媒体技术发展极其迅速，应用面愈来愈广，21世纪将是多媒体计算机时代。

驱动器：通过某个文件系统格式化并带有一个驱动器号的存储区域。

▶ 计算机存储设备
▶ 从软盘到光盘
▶ 全息存储器

超大容量的全息存储器

我们都知道，家用电脑的硬盘容量是有限的，而现在，科学家已经发明一种超越普通硬盘的全息存储器。它的存储容量非常大，存储密度更高，可以把数据保存100年之久。

■ 计算机存储设备

光盘
光盘的存储量大，而且存储的信息不能被轻易改变，比软盘具有很大的优越性，所以现在大部分软件都以光盘作为载体。使用时，只需把光盘插入电脑中进行相关操作，就可以获得特定的程序了。

存储器是计算机系统中的记忆设备，用来存放程序和数据。存储器的存储介质，目前主要采用半导体器件和磁性材料。存储器按读写功能，可分为只读存储器与随机读写存储器；按其在计算机系统中所起的作用，又可分为主存储器、辅助存储器、高速缓冲存储器、控制存储器等。目前计算机通常采用多级存储器体系结构，即高速缓冲存储器、主存储器和外存储器。硬盘是目前计算机使用的主要存储设备。

■ 从软盘到光盘

1967年，IBM公司推出世界上第一张软盘，直径为81.28厘米。1979年，索尼公司推出3.5英寸的双面软盘，其容量为875KB，到1983年已达1MB。软盘的读写是通过软盘驱动器完成的。常用的是容量为1.44MB的3.5英寸软盘。软盘存储速度慢，容量也小，但可装可卸、携带方便。

软盘虽携带方便，但容量小，而光盘则弥补了软盘的这一缺憾。光盘分两类，

3.5英寸软盘
它是一种类似于磁带的计算机外部存储器，将圆形的磁性盘片装在一个方的密封盒子里，可以防止磁盘表面划伤而导致数据丢失。

一类是只读型光盘，利用激光的反射来读取数据；另一类是可记录型光盘，可以利用特殊的激光在染料光盘层上写入数据，写入数据后还可以利用激光的反射读出。现在一般光盘的最大容量是650MB，DVD盘片单面为4.7GB。

■ 全息存储器

全息存储器是利用全息照相的技术原理制造的。研发人员要为它配备一套高效率的全息照相系统。全息存储器在存储和读取数据时都是以

硬盘
硬盘是电脑主要的存储媒介之一，由一个或者多个铝制或者玻璃制的碟片组成。这些碟片外覆盖有铁磁性材料。绝大多数硬盘都是固定硬盘，被永久性地密封固定在硬盘驱动器中。图为打开的硬盘内部。

页为单位的。全息存储器的最大优点是超高密度，具有极大的存储提升潜力。只要控制芯片具有足够强的数据处理能力，全息存储器甚至可以提供高达1000TB的容量。目前，硬盘的最大容量为750GB，这只相当于全息存储器的一个小碎片的容量。（在MB、GB、TB中，M表示10⁶，G表示10⁹，T表示10¹²）。

【你知道吗】
现在的硬盘存储容量已从以MB为单位发展到以GB、TB为单位，台式电脑硬盘使用的碟片直径一般为8.89厘米，笔记本电脑硬盘使用的碟片直径一般为6.35厘米。

人工智能

可穿戴的计算机

MP3：一种音乐格式或能播放MP3音乐文件的播放器。

电脑与现代通信篇

计算机的未来

自1946年第一台电子计算机诞生以来，电子计算机一直以惊人的速度进行着飞跃式的发展。从"586"到"奔腾"，从"奔腾"再到今天的双核、多核；从DOS到Windows95再到WindowsXP，从WindowsXP到今天的WindowsVista；从最初体积庞大的电子计算机到今天的小巧玲珑的笔记本电脑、可穿戴电脑……

PDA

PDA是"Personal Digital Assistant"的简写，即"个人数码助理"，一般称为掌上电脑，主要用途是移动中进行个人数据处理，集中了存储、办公、电话、传真和网络等多种功能。

■ 人工智能

人工智能是研究开发用于模拟、延伸和扩展人的智能的理论、方法、技术及应用系统的一门新的技术科学。人工智能是计算机科学的一个分支，它试图了解智能的实质，并生产出一种新的能以人类智能相似的方式作出反应的智能机器。该领域的研究包括机器人、语言识别、图像识别、自然语言处理和专家系统等。

目前能够用来研究人工智能的主要物质手段，以及能够实现人工智能技术的机器就是计算机。人工智能的发展史是和计算机科学与技术的发展史联系在一起的。除了计算机科学以外，人工智能还涉及信息论、控制论、自动化、仿生学、生物学、心理学、数理逻辑学、语言学、医学和哲学等多门学科。人工智能学科研究的主要内容包括知识表示、自动推理和搜索方法、机器学习和知识获取、知识处理系统、自然语言理解、计算机视觉、智能机器人、自动程序设计等。

■ 可穿戴的计算机

可穿戴计算机对人们来说其实并不陌生。从宽泛的概念来看，近年来为人们所熟悉的U盘、PDA、MP3和手机都属于可穿戴计算机。U盘是一个可穿戴存储器；PDA就是一个小的掌上电脑，而MP3已经具备了处理器与存储器；手机也相当于一个随身佩戴的计算机。

戴在手腕上的电脑

这种戴在手腕上的微型电脑不仅携带、使用方便，而且外形小巧美观，相信不久就会成为时尚人士必不可少的潮流装备。

【你知道吗】

人工智能的一个比较流行的定义，是由科学家约翰·麦卡锡在1956年的达特矛斯会议上提出的：人工智能就是要让机器的行为看起来就像人所表现出的智能行为一样。而目前对人工智能的定义可划分为四类，即"像人一样思考"、"像人一样行动"、"理性地思考"和"理性地行动"。

目前，科学家们正在想方设法改进技术，以利于可穿戴机"上身"。美国已经研制出火柴盒大小的主机，虽然只有火柴盒大小，但却像真正的主机一样包括了处理器、存储器与接口。英国正在研制软式"计算机衣服"，这种"衣服"在袖口、衣领处都装有计算机控制开关。我国研制的眼镜般大小的微显示器放大效果已经达到50英寸/2米，这一技术在国际上是领先的。

103

主干网：通过桥接器与路由器把不同的子网或LAN连接起来形成的单个总线或环型拓扑结构，这种网通常采用光纤做主干线。一般指省与省、国家与国家之间的网络，带宽一般在10G左右。

- 生物计算机
- 纳米计算机

现在的可穿戴机已经可以装到衣服内部，或手表、背包、戒指、发卡等人们随身佩戴的小饰品中。佩戴这些装有可穿戴机的小饰品可以帮助打台球的人准确地测定角度与力度，告诉不会跳舞的人该怎么走舞步等。可穿戴机的网络是随身走的，即使没有网络的地方也可以与其他人进行必要的联系。穿戴机不需要主干网，每台机器都有自己的中心网，出现问题可以自组网络。

■ 生物计算机

科学家通过对生物组织体的研究发现，生物组织体是由无数细胞组成的，而细胞则是由水、盐、蛋白质和核酸等有机物组成。一些有机物中的蛋白质分子像开关一样，具有"开"与"关"的功能。因此，人类可以利用遗传工程技术仿制出这种蛋白质分子，用来制成计算机元件。科学家把由这种生物元件组成的计算机叫做"生物计算机"。

生物计算机体积小，功效高。在1平方毫米的面积上，可容纳几亿个电路，比目前的集成电路小得多。像生物细胞一样，生物计算机的内部芯片出现故障时，能自我修复。所以，生物计算机具有永久性和很高的可靠性。生物计算机的元件是由有机分子组成的生物化学元件，它们是利用化学反应工作的，所以只需要很少的能量。

目前，生物计算机仍处于研制阶段。一旦研制成功，必将会在计算机领域引起一场划时代的革命。

■ 纳米计算机

美国科学家已经成功地将纳米碳管植入硅片中，并计划下一步用这种纳米晶体管来制作"纳米计算机"。他们估计纳米计算机的运算速度将是现在的硅芯片计算机的1.5万倍，而且耗费的能量也会减少很多。

现代计算机所用的芯片是以半导体硅为基本材料而构成的大规模集成电路。大规模集成电路上元器件的尺寸约在0.35微米时，称为"微电子器件"。目前计算机的硅芯片已经达到物理极限，体积无法再缩小，通电和断电的频率无法再提高，耗电量也无法再减少。而纳米计算机的基本元器件尺寸可小到几到几十纳米范围内。长期以来，科学家们一直在研究以不同的原理实现纳米级计算，目前已提出了四种不同的工作机制，它们有可能发展成未来纳米计算机技术的基础。这四种工作机制是：电子式纳米计算技术，基于生物化学物质与基于DNA的纳米计算机，机械式纳米计算机，量子波相干计算机。

集成电路

集成电路就是采用一定的工艺，把一个电路中所需的晶体管、二极管、电阻、电容等元件及布线互连一起，制作在一小块或几小块半导体晶片或介质基片上，然后封装在一个管壳内，从而使电子元件向着微型化、低功耗和高可靠性方面迈进了一大步。

微型芯片

芯片是电脑基本电路元件的载体，它的尺寸越小，电脑的体积就越小，而芯片装置的晶体管等元件越多，电脑的功能就越先进。因此体积更小、容量更大、速度更快是芯片技术所追求的目标。

逻辑思维：思维的一种高级形式，其特点是以抽象的概念、判断和推理作为思维的基本形式，以分析、综合、比较、抽象、概括和具体化作为思维的基本过程，从而揭露事物的本质特征和规律性联系。

电脑与现代通信篇

- "光脑"
- 神经电脑

■"光脑"

光计算机又称"光脑"，是由光代替电子或电流，实现高速处理大量信息的计算机。1990年1月底，美国的贝尔实验室制成了第一台光计算机，尽管它只能用来计算，但毕竟是光计算机领域中的一大突破。

光计算机比电子计算机更先进。光子是宇宙中速度最快的东西，每秒达30万千米；而电子在半导体内的运动速度约每秒60至500千米，最快也不到光速的1/10。所以光计算机的运算速度至少比现在的计算机快1000倍，存储容量比现在的计算机大百万倍，而且能识别和合成语言、图画和手势，能学习文字，甚至连潦草的手写文字都能辨认。不仅如此，在遇到错误的文字时，它还能"联想"出正确的字形。

电脑中的电子是沿固定线路流动的。光计算机利用反射镜、棱镜、分光镜等，可以随意控制和改变光子的移动方向。这样，在传递信息时，光束不需要导体，就可以相互交叉而不损失信息。光计算机的出现，将使21世纪成为人机可以进行复杂交际的时代。

■ 神经电脑

人们把电子计算机比做"电脑"，可电脑只具备人左脑的功能，即擅长逻辑思维，而不具备人右脑的功能，即缺乏形象思维的能力。为了弥补计算机这方面的缺陷，科学家正准备利用新型硬件模仿人脑的神经结构，开发出能辨识物体、能听懂声音、具有自己学习能力的人工智能电脑，这种电脑被称为"神经电脑"，或第六代电脑、"人工大脑"。

人脑有140亿个神经元及10亿多个神经键，每个神经元都相当于一台微型电脑。如果用许多微处理机模仿人的神经元结构，并采用大量的并行分布式网络将其整合就构成了神经电脑。神经电脑有类似神经的节点，每个节点与许多节点相连。若把每一步运算分配给每台微处理机，它们同时运算，其信息处理速度和智能会大大提高。若是有节点断裂，这种电脑还有修复资料的能力。所以，神经电脑具有修复性、强壮性的特点。

神经电脑将来会有更广泛的应用。如识别文字、符号、图形、语言以及声响和雷达收到的信号，判读支票等；实现知识处理，进行市场估计、顾客情况分析、新产品分析、医学诊断等，进行运动控制，控制智能机器人，实现汽车自动驾驶和飞行器的自动驾驶等；在军事上，可用来发现、识别来犯之敌，判定攻击目标，进行智能决策和智能指挥等。

U盘

U盘即"USB盘"的简称。U盘是闪存的一种，因此也叫闪盘。U盘的主要优点是：小巧轻便，便于携带，存储容量大，价格便宜。

【你知道吗】

现在能使可穿戴机完全进入生活的技术还不成熟，如可穿戴机要求体积小、重量轻，但又要求使用时间长等问题还有待进一步解决。在无线电通信方面，要求通信电波有长距离绕射能力，同时又要求高速度和宽频带，这些都是相互矛盾的，很难解决。在软件方面，适用于PC机的Windows操作系统对于可穿戴机来说容量太大，可穿戴机必须开发适合自己的嵌入式操作系统。

神经元结构图

神经元是高等动物神经系统的结构单位和功能单位，也叫"神经细胞"。神经系统中含有大量的神经元，据估计，人类人脑皮层中约有140亿个神经元。

105

IP地址：用来表示Internet上每台主机的唯一地址的一组数字，是这台主机在Internet上的唯一标志。

▶ 互联网的诞生
▶ 网络构件
▶ 互联网上的WWW

信息高速公路——互联网

当今世界进入了信息时代、知识经济时代、e时代、学习时代，无论是什么时代，都与计算机和互联网密切相关。互联网包罗万象，无处不在，时刻影响着人们的行为模式与思维方式。

灵魂"。工作站指连接到网络上的计算机。外围设备是连接服务器与工作站的一些连线或连接设备，如双绞线、集线器、交换机等。通信协议是指通信系统中规定的一个统一的通信标准，在通信的实体之间大家都能接受的一种协定。

■ 互联网的诞生

互联网源于1969年冷战时期美国国防部建立的ARPAnet网（高级研究项目机构网络），其目的是便

网上冲浪

在英语中，上网叫做"surfing the internet"，"surfing"是"冲浪"的意思，于是中国人便将上网形象地称为"网上冲浪"。

于及时为战争提供技术资料，这就是互联网的雏形。1983年，ARPAnet被分为独立的民用网络和军用网络两部分。同时大量的学术、教育、研究和非营利性机构也被并入网中，并改名为NSFnet。随着计算机和远程通信技术的发展，大批形式不同的网络连接进来，人们逐渐将这种以NSFnet为主干、连接了大量具有不同硬件和软件的计算机网络的网络称为"Internet"，也就是我们现在所说的互联网。

■ 网络构件

计算机网络一般由服务器、工作站、外围设备和通信协议组成。服务器是整个网络的核心，是一种高性能计算机，可存储、处理网络上80%的数据、信息，因此被称为"网络的

■ 互联网上的WWW

WWW（World Wide Web），中文译为万维网，又称Web。它最早是由欧洲量子物理实验室开发出来的多媒体资讯查询系统。1993年，WWW技术有了突破性的进展，成为互联网上最流行的信息传播方式。通过万维网，人们可以迅速、方

万维网

"WWW"是"World Wide Web"的缩写，中文译名为万维网。网络迅速普及后，万维网吸引了无数网站加入，所以后来的网站域名大都由"WWW"开头。

便地取得丰富的信息资料。用户借助于一个浏览器软件，在地址栏里输入所要查看的页面地址，就可以

【你知道吗】

TCP/IP的全称为"传输控制协议/网际协议"，它是目前最常用的一种网络协议，是Internet国际互联网络的基础，它使不同厂家生产的计算机能在各种网络环境下进行通信。

连接到该地址所指向的WWW服务器，查找所需的图文信息。WWW具有多媒体集成功能，能提供具有声音、图片、动画的界面与服务。访问WWW的感觉有些像逛大商场，既可以漫无边际地徜徉，也可以奔着一个目标前进。

◆106

- 电脑病毒
- 垃圾邮件
- "流氓软件"

ISP：互联网服务提供商，即向广大用户综合提供互联网接入业务、信息业务和增值业务的电信运营商。

电脑与现代通信篇

电脑带来的烦恼

众所周知，电脑的诞生为我们的生活带来了极大的便利，也促进了生产力的发展。但是任何事物都有两面性，电脑也给人类带来了一些新的烦恼。

■ 电脑病毒

计算机病毒是一种程序，一段可执行码，它会对计算机的正常程序进行破坏，导致电脑无法正常使用，甚至整个操作系统或电脑硬盘损坏。计算机病毒会很快蔓延：就像生物病毒一样，计算机病毒有独特的复制能力；它们附着在文件上，当文件被复制或从一个用户传送到另一个用户时，它们就随同文件一起蔓延开来。同时，计算机病毒很难根除，因为它不是独立存在的，它隐蔽在其他可执行的程序之中，既有破坏性，又有传染性和潜伏性。

■ 垃圾邮件

一般来说，凡是未经用户许可就强行发送到用户的邮箱中的任何电子邮件都可称为"垃圾邮件"。中国电信将垃圾邮件定义为：向未主动请求的用户发送的电子邮件广告、刊物或其他资料；没有明确的退信方法、发信人、回信地址等的邮件；利用中国电信的网络从事违反其他ISP的安全策略或服务条款的行为；其他预计会导致投诉的邮件。

垃圾邮件一般具有批量发送的特征。内容包括赚钱信息、成人用品广告、商业或个人网站广告、电子杂志、连环信等。现在，很多国家已经立法，试图杜绝垃圾邮件。不少网络服务供应商的服务政策也包含反垃圾邮件，并公布有用作投诉垃圾邮件的电子邮箱或电话。

【你知道吗】
2006年末到2007年初，一度引起互联网恐慌的"熊猫烧香"病毒的制造者李俊，2007年9月24日被法院以破坏计算机信息系统罪判处有期徒刑4年。

■ "流氓软件"

"流氓软件"又称"恶意软件"，是介于病毒和正规软件之间的软件。这种软件同时具备正常功能（下载、媒体播放等）和恶意行为（弹广告、开后门），常给用户带来危害。恶意软件具有强制安装、难以卸载、浏览器劫持、弹出广告、恶意收集用户信息、恶意卸载正常程序、恶意捆绑等特点。与病毒不同，很多恶意软件不是由小团体或者个人秘密编写和散播的，而是多由知名企业或团体散播的。很多用户会在不知情的情况下安装它们，而其多种反卸载和自动恢复技术使得很多专业人员也难以应付。

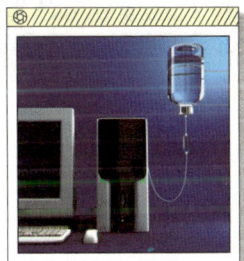

垃圾邮件（漫画）
　　垃圾邮件一般批量发送，内容繁芜，没有实质意义，而且占用网络带宽，造成邮件服务器拥塞，侵占收件人信箱空间，耗费收件人的时间、精力和金钱等，因此引起人们的极大反感。

电脑"病"了（漫画）
　　受病毒的侵害，电脑"病"了。若想保证电脑"健康"，安装并及时升级反病毒软件是主要方法之一。

107

浏览器：可以显示网页服务器或者文件系统的HTML文件内容，并让用户与这些文件交互的一种软件。

▶ 电子邮件
▶ 信息检索
▶ 计算机支持的协同工作

网络上的生活

身处21世纪，回首20世纪，你感触最深的是什么？多数人的回答是："网络已深入到现代生活的每一个角落。"如果人类21世纪之旅乘坐的是一辆汽车，它必将行驶在信息高速公路上。

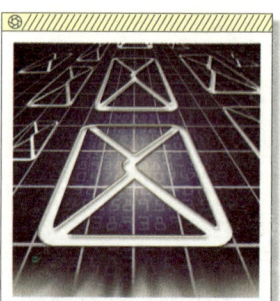

■ 电子邮件

电子邮件，简称E-mail，就是电子信箱。它是一种用电子手段提供信息交换的通信方式，是Internet应用最广的服务之一。通过网络的电子邮件系统，用户可以用非常低廉的价格、以非常快的速度，与世界上任何一个角落的网络用户联系。这些电子邮件可以包含文字、图像、声音等各种信息形式。另外，电子邮件还可以进行一对多的邮件传递，即同一邮件可以一次发送给许多人。最重要的是，电子邮件是网络系统中人与人直接进行信息交流的系统，它的数据发送方和接收方都是人，所以极大地满足了人们之间大量的、快速的通信需求。

电子邮件
英文简称为"E-mail"，是Internet应用最广的服务之一。通过网络的电子邮件系统，用户可以用非常低廉的价格、非常快速的方式，与世界上任何一个角落的网络用户联系。

■ 信息检索

面对互联网上浩如烟海的信息，人们如何才能精准而快速地找出自己所需要的东西呢？这就需要用到搜索引擎。

搜索引擎是指根据一定的策略、运用特定的计算机程序搜集互联网上的信息，并对信息进行组织和处理，为用户提供检索服

电子信箱地址中的"@"
"@"在电子信箱地址中的出现，使得电子邮件得以通过网络准确无误地传送。可以说，它是现代人们沟通的"密钥"及快速通道，把世界更加紧密地联结了起来。

务的系统。

从使用者的角度看，搜索引擎提供一个包含搜索框的页面，在搜索框输入词语，通过浏览器提交给搜索引擎后，搜索引擎就会返回跟用户输入的内容相关的信息列表。

目前应用最广的搜索引擎有百度、雅虎、谷歌等。

■ 计算机支持的协同工作

计算机支持的协同工作是同多个学科领域紧密相关的一个综合性的学科研究领域，它以人类的协同工作为研究对象，从多种学科角度在理论上解释人们的合作和交流，探索计算机技术对人类群体工作的可能支持，同时利用现有技术，特别是多媒体、网络与通信、分布式处理等技术建立一个协同工作的环境。

信息检索网上的信息浩如烟海，包罗万象，要想找到自己需要的东西，信息检索就必不可少了。

计算机支持的协同工作系统的实现方法有透明合作和有意识合作两种。透明合作方法的基本思路是，将一个单用户应用程序作为计算

108

- 电子商务
- 网络聊天
- 网络游戏

电脑与现代通信篇

域名：与网络上的数字型IP地址相对应的字符型地址。

机支持的协同工作工具，直接应用于协同工作环境，用户只需像在执行单用户任务一样执行任务即可，而协作的方式、过程则由计算机支持的协同工作系统来规定和支持。而有意识合作方法则采用开放的系统结构，为用户提供基本的协作框架和协作功能，协作的具体方式、过程则需要由用户亲自操作。

■ 电子商务

电子商务通常是指在全球各地广泛的商业贸易活动中，在因特网开放的网络环境下，基于浏览器与服务器应用方式，买卖双方不必见面而进行各种商贸活动，实现消费者与商户之间网上交易和相关综合服务活动的一种新型的商业运营模式。

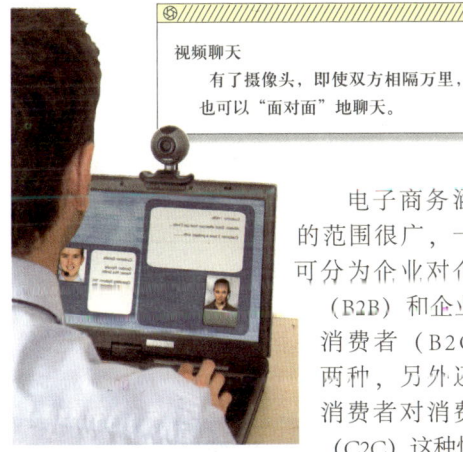

视频聊天
有了摄像头，即使双方相隔万里，也可以"面对面"地聊天。

电子商务涵盖的范围很广，一般可分为企业对企业（B2B）和企业对消费者（B2C）两种，另外还有消费者对消费者（C2C）这种快速增长的新模式。因特网上的电子商务可以分为三个方面：信息服务、交易和支付。因特网本身所具有的开放性、全球性、低成本、高效率的特点，也成为电子商务的特征。

■ 网络聊天

实时传讯（IM）是网络聊天的实现方式，这是一种可以让使用者在网络上建立某种私人聊天室的即时通信服务。大部分的即时通信可

摄像头
它是一种数字视频的输入设备，利用光电技术采集影像，通过内部的电路把这些代表像素的"点电流"转换成为能够被计算机识别的数字信号，并转化为图像。

提供如下服务：显示联络人名单，联络人是否在线及能否与联络人交谈。目前在互联网上受欢迎的即时通信软件包括QQ、MSN、NET Messenger Service、ICQ等。

实时传讯与电子邮件最大的不同在于不用等候，只要两个人都在线，就能像多媒体电话一样，传送文字、档案、声音、影像给对方。

■ 网络游戏

网络游戏就是在互联网上，众多玩家可以同时参与的一种游戏。它打破了传统电脑游戏只能单机运行的瓶颈，使得天南海北的人可以同时在同一个场景对话、合作、"战斗"，大大增强了互联网的娱乐性。

【你知道吗】
电子邮件地址的格式是"USER@SERVER.COM"。第一部分"USER"代表用户信箱的账号，对于同一个邮件接收服务器来说，这个账号必须是唯一的；第二部分 @ 是分隔符；第三部分"SERVER.COM"是用户信箱的邮件接收服务器域名。

第一代网络游戏诞生于1969至1977年。由于当时的计算机硬件和软件尚无统一的技术标准，第一代网络游戏的平台、操作系统和语言各不相同。而且机器重启后游戏的相关信息即会丢失，因此无法模拟一个持续发展的世界。时至今日，随着计算机硬件水平的不断提高和网络的不断完善，互联网的功能逐渐增强，越来越多的人喜欢网络游戏，很多专业游戏开发商和发行商也介入网络游戏，一个规模庞大、分工明确的产业终于形成。

109

马可尼与无线电
电子管的诞生
无线电的应用

整流：利用二极管的单相导电性，将交流电改变为直流电的过程。

永不消逝的电波——无线电

无线电从诞生到现在已经走过了一千多年。现今我们使用的许多设备都用到了无线电，比如手机、无绳电话、移动上网、卫星传输等。它正在全方位地改变着我们的生活。

■ 马可尼与无线电

意大利电气工程师和发明家伽利尔摩·马可尼在博洛尼亚大学学习期间，用电磁波进行了约2千米距离的无线电通信实验，获得成功。1894年，马可尼想到，可以利用这种无线电波向远距离发送信号，从而完成许多电报（有线）无法完成的通信任务。经过一年的努力，马可尼于1895年成功地发明了一种工作装置。1898年，他利用这种装置第一次发射了无线电。1901年，他发射的无线电信息穿越大西洋，从英格兰传到了加拿大的纽芬兰省。而用于商业的无线电广播则是从20世纪30年代初期才开始的。

伽利尔摩·马可尼（1874～1937年），意大利电气工程师和发明家，人类无线电通信的创始人，被誉为"无线电之父"。

■ 电子管的诞生

早在1836年，大发明家爱迪生在改进白炽灯泡时就发现了"爱迪生效应"，也就是热金属发射电子的现象。1904年，在马可尼公司当顾问的英国科学家弗莱铭利用"爱迪生效应"发明了可以用于检波和整流的第一支电子管——真空二极管，简称二极管。二极管的作用是当其上加有正向电压时，它就导通；而当加上反向电压时，它就截止。二极管的出现，大大提高了收报机的灵敏度和可靠性。1906年，美国无线电工程师德·福雷斯特在二极管的阳极和阴极间又插入一个控制电极——栅极，研制成能放大电信号的真空三极管。二极管和三极管的发明在无线电发展史上是革命性的贡献。

二极管
几乎在所有的电子电路中，都要用到半导体二极管。它是诞生最早的半导体器件之一，其应用非常广泛。

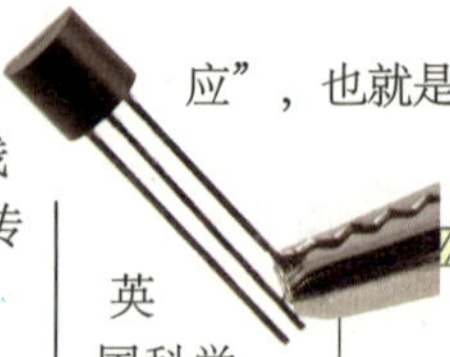

三极管
一种固体半导体器件，可以用于检波、整流、放大、开关、稳压、调制信号等，是所有现代电器的关键活动元件，被认为是现代历史上最伟大的发明之一。

■ 无线电的应用

无线电最早应用于航海中，现在，无线电已有多种应用形式，包括无线数据网、各种移动通信以及无线电广播等。无线电已经广泛深入到我们的生活之中：我们收听的广播、收看的卫星电视节目都是用无线电进行传输的；我们天天用到的手机更是无线电的一种重要的应用；所有的卫星导航和定位系统也都用到了无线电；射电天文望远镜、微波炉等许多设备都离不开无线电。

【你知道吗】
1906年圣诞节前夜，美国马萨诸塞州采用外差法实现了历史上首次无线电广播。1922年，位于英格兰切尔姆斯福德的马可尼研究中心开播了世界上第一个定期播出的无线电广播娱乐节目。

- 手机
- 蜂窝网络
- 蓝牙技术

基站：在一定的无线电覆盖区中，通过移动通信交换中心，与移动电话终端之间进行信息传递的无线电收发电台。

电脑与现代通信篇

手机革命

1973年4月的一天，一名男子站在纽约街头，掏出一个约有两块砖头大的无线电话打了一通，引得过路人纷纷驻足观望。这个人就是手机的发明者马丁·库帕。当时，他是美国著名的摩托罗拉公司的工程技术人员。

■ 手机

手机是一种移动电话，旧称"大哥大"，是便于携带的、可以在较大范围内移动的电话终端。目前在全球范围内使用最广的手机是GSM手机和CDMA手机。它们都是数字制式的，除了可以进行语音通信以外，还可以收发短信（短消息、SMS）、MmS（彩信、多媒体短信）、无线应用协议（WAP）等。部分手机除了典型的电话功能外，还包含了PDA、游戏机、MP3、照相、录音、摄像、定位等更多的功能，有向掌上电脑发展的趋势。

手机
一种移动电话。现今手机除了具有典型的电话功能外，还包含了PDA、游戏机、MP3、照相、录音、摄像、GPS等更多的功能。

■ 蜂窝网络

蜂窝网络就是把移动电话的服务区分为一个个正六边形的子区，每个子区设一个基站，形状酷似"蜂窝"。目前主流通信服务提供商绝大部分采用蜂窝网络。常见的蜂窝网络类型有：GSM网络、CDMA网络、3G网络、TDMA网络等。

蜂窝网络主要由以下三部分组成：移动站、基站子系统、网络子系统。移动站即网络终端设备，比如手机或者一些蜂窝工控设备。基站子系统包括常见的移动机站、无线收发设备、专用网络（一般是光纤）、数字设备等。网络子系统由移动交换中心和操作维护中心以及原地位置寄存器、访问位置寄存器、鉴权中心和设备标志寄存器等组成。

■ 蓝牙技术

蓝牙是东芝、爱立信、IBM、Intel和诺基亚于1998年5月共同提出的近距离无线数字通信的技术标准。实际上就是取代数据电缆的短距离无线通信技术，通过低带宽电波实现点对点、点对多点的信息交流。这种网络模式也被称为"私人空间网络"，是以多个微网络或精致的蓝牙主控器与附属

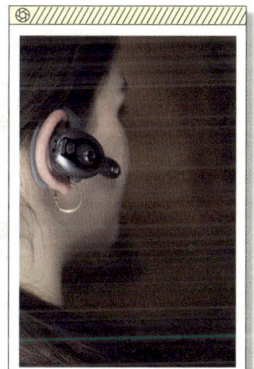

蓝牙耳机
将蓝牙技术应用在耳机上，就是所谓蓝牙耳机，可以让使用者免除恼人的电线牵绊，自在地以各种方式轻松通话。

【你知道吗】
诺基亚公司生产的Vertu系列手机是目前世界上最昂贵的手机，它以钛金属为主材，由手工打造而成，机身镶嵌各种宝石，非常奢华、高贵。

器构建的迷你网络为基础的。蓝牙主要用于短距离数据和语音传输，功耗非常低，同时能连接许多元件，传输速度极快。它是实现语音和数据无线传输的开放性规范，是一种低成本、短距离的无线连接技术。

失真：又称"畸变"，指在放大电路中，输出信号波形形状不能重现输入信号波形形状的现象。

▶ 低轨道通信卫星
▶ 全球卫星定位系统

神通广大的卫星通信

卫星通信是20世纪最伟大的科学成就之一，它对整个人类社会的发展产生了极为深刻的影响。1958年，美国发射了世界上第一颗实验通信卫星"斯科尔"号。接着，苏联和美国又于1965年分别将通信卫星"闪电"1号和"国际通信卫星"1号发射到太空。卫星引发了人类通信的巨大变革。

■ 低轨道通信卫星

低轨道通信卫星在距地球表面不同高度，但低于地球同步卫星轨道的空间中运行。由于卫星绕地球旋转的速度快于地球本身的自转，而且地面站又只能在短距离范围内和卫星通信，因此卫星在运行过程中，与地面接收站的通信时间很短。当卫星的覆盖区域错过地面接收区域时就无法进行通信。而克服低轨道卫星通信这一缺点的方法就是增加轨道上的卫星数量。

"国际通信卫星"1号
1965年4月6日，美国发射了世界上第一颗实用型商用通信卫星——"国际通信卫星"1号。当时，人们给它取了一个好听的名字——"晨鸟"。但是，这只"晨鸟"却一点没有鸟的样子，而是一个直径0.7米的圆筒。

目前，世界各国已经启用或正在研制的低轨道卫星通信系统已有多种，其中比较著名的是全球星（Globalstar）系统，其基本设计思想是利用低轨道卫星组成一个连续覆盖全球的移动通信卫星系统，向世界各地提供话音、数据或传真、无线电定位业务。它是作为地面蜂窝移动通信系统和其他移动通信系统的延伸，与这些系统具有互运行性。此外，它还是一个类似于无绳电话的无线电话系统，但其服务范围不受限制，同一手机就可以在世界上任何地方、任何时间与任何地方的用户建立可靠、迅速、经济的通信联络。

■ 全球卫星定位系统

美国从20世纪70年代开始研制全球卫星定位系统，历时20余年，耗资200亿美元，于1994年全面建成。它是一种具有海陆空全方位实时三维导航与定位能力的新一代卫星导航与定位系统。全球卫星定位系统以全天候、高精度、自动化、高效益等特点，成功地应用于大地测量、工程测量、航空摄影、运载工具导航和管制、地壳运动测量、工程变形测量、资源勘察、地球动力学等多种学科，取得了很好的经济效益和社会效益。

【你知道吗】

通信卫星一般采用地球静止轨道，这条轨道位于地球赤道上空35786千米处。卫星在这条轨道上以每秒3075米的速度自西向东绕地球旋转，绕地球一周的时间为23小时56分4秒，恰与地球自转一周的时间相等。因此从地球上看，卫星一直在固定位置，这就使地面接收站的工作方便多了。现在，通信卫星已承担了全部的洲际通信和电视信号传输业务。

通信卫星
通信卫星通过反射或转发无线电信号，实现卫星与地球站之间或地球站与航天器之间的通信。

112

- 卫星广播电视通信
- 空间通信平台
- 寿终正寝的卫星

太空垃圾：简单来说，就是人类探索宇宙的过程中，遗弃在宇宙空间的各种残骸和废物。

电脑与现代通信篇

美国还专为军方提供了一种先进的全球卫星定位系统，它在收到系列军用通信卫星发出的信号后，几秒钟内便可完成定位的运算，从而确定地球上任何一处军事目标在100米范围以内的具体位置。这种全球卫星定位系统在1991年初的海湾战争中发挥了巨大的作用，虽然当时还不完善。现在已被广泛应用于工程施工、勘探测绘、武器与车辆导航、车辆防盗和电子地图、移动通信等诸多领域。

■ 卫星广播电视通信

卫星广播电视是20世纪70年代发展起来的新技术。在卫星广播电视通信系统中，地面电视台的信号通过卫星地面站直接发射给卫星，再由卫星转发到另一个地方的卫星地面接收站，然后再传送至各个用户的终端设备。这种由卫星直接转发电视信号的方式避免了以往电视信号在地面多次转发过程中，因高大建筑和山脉等障碍物而引起的信号反射造成的各种失真。

由于在地球同步轨道上，等间隔地运行的三颗通信卫星就能覆盖整个地球，因此对地球上的每个国家来说，一颗地球同步卫星就能使全国各地的安有通信卫星信号接收装置的用户都收到卫星转播的广播电视节目。我国的电视观众可以从"亚洲"1号卫星和中国发射的"东方红"2号

卫星上直接收看中央电视台的全套节目以及其他电视台播发的节目。

■ 空间通信平台

空间通信平台是一种大型的航天器，相当于把许多普通通信卫星上的各种仪器设备集中在一起而构成的一个多功能的通信卫星。它的优点是可以不断地补充燃料，使用寿命长；可对各种仪器设备进行维修服务。

■ 寿终正寝的卫星

目前，世界各国发射升空的通信卫星大都是为了单一目的而设计的小型卫星，应用范围窄、功能单一、寿命有限。而在卫星升入太空以后，由于技术条件限制，其有限的燃料无法得到补充。因此卫星一旦燃料用尽，人们只能眼睁睁地看着它沦为太空垃圾。

在地球同步轨道上，现在已经挤满了各种各样的通信卫星。对于那些失去通信能力、如同废物的通信卫星，人们还得想方设法将它"赶"出同步轨道，以便把这宝贵的位置让给新到来的伙伴。

GPS信号接收器
GPS卫星发送的导航定位信号，是一种可供无数用户共享的信息资源。只要拥有一台GPS信号接收器，就可以随时随地接收GPS信号。

卫星天线
卫星天线的作用是收集由卫星传来的信号，并尽可能去除杂讯。大多数卫星天线通常呈抛物面状，卫星信号通过抛物面天线的反射后集中到抛物面的焦点处。

113

折射率：光从真空射入介质发生折射时，入射角与折射角的正弦之比叫做介质的"绝对折射率"，简称折射率。

▶ 大本领的小个子
▶ 单一波长的相干光

光纤通信

光纤通信技术是现代通信技术的重要组成部分。作为一门新兴技术，光纤通信技术近年来发展速度之快、应用面之广是通信史上罕见的。另外，光纤也是世界新技术革命的重要标志和未来信息社会中各种信息的主要传送工具。

■ 大本领的小个子

光纤是"光导纤维"的简称。光纤通信是以光波作为信息载体，以光纤作为传输媒介的一种通信方式。从理论上讲，一条光纤可以同时传输1000万套高质量的电视节目或100亿路电话而相互间毫无干扰。构成光纤通信的基本物质要素是光纤、光源和光检测器。

光纤主要分为传输点模数类光纤和折射率分布类光纤两大类。传输点模数类光纤又分为单模光纤和多模光纤。单模光纤的纤芯直径很小，在给定的工作波长上只能以单一模式传输，传输频带宽，传输容量大。多模光纤的传输性能较差。折射率分布类光纤可分为跳变式光纤和渐变式光纤。跳变式光纤纤芯的折射率和保护层的折射率都是一个常数，在纤芯和保护层的交界面，折射率呈阶梯变化。渐变式光纤纤芯的折射率随着半径的增加按一定规律减小，在纤芯与保护层交界处减小为保护层的折射率。纤芯折射率的变化近似于抛物线。

光纤体积小，重量轻，在传输信号时不仅损耗小，而且对多种形式的电磁具有很强的抗干扰性。而且用光纤传输信息不会产生信号的泄露，保密性极好。

■ 单一波长的相干光

在光纤通信系统中，输入的声音、图像等信息变为电信号后，直接将电信号在光波上调制为光信号，然后送入光纤进行传输，接收端的光接收机把从光纤中收到的光信号再转换为电信号，经处理后送给用户。光纤通信系统中光源的激光器有一种特殊的本领，它能发出只有单一波长的光，即"相干光"。由于激光器发出的光是相干的，因而非常集中，不会像手电筒或探照灯发出的光束那样朝四面八方扩散。另外，激光器发出的光仅有一种波长，所以很"纯"，不会出现像自然光那样的相互干扰。如果把激光束打在与地球相隔38万千米的月球上，它的光斑只有几千米，而把高度聚光后的探照灯光束打在月球上，直径可达几千千米。由此

铺设光缆
在光纤通信系统中，光纤或光缆构成光的传输线路。其功能是将发信端发出的已调光信号，经过远距离传输后，耦合到收信端的光检测器上去，从而完成传送信息任务。

【你知道吗】
经过十多年的研究和发展，光纤通信技术突飞猛进，目前已经相当发达。今天，跨越大西洋的6500千米的海底光缆可供大洋两岸18万人同时通话。跨越太平洋的13000千米的海底光缆线路已交付使用。跨越大西洋和太平洋的海底光缆线路也于1994年正式开通使用。目前，世界上的光纤通信线路已超过1000万千米。

光纤传感器
光纤传感器的用处非常大，可以用来测量多种物理量，比如声场、电场、压力、温度、角速度、加速度等。

核潜艇：全称是核动力潜艇，专指以核反应堆为动力来源的潜艇。

可见，激光的能量始终都集中在所传播的一个固定方向上。这样，我们就可以通过光纤将大量的信息传到很远的地方，这是现有其他的通信方式望尘莫及的。

■ 光纤通信的军事应用

光导纤维

光导纤维的基本原料是廉价的石英玻璃，科学家将其拉成直径只有几微米到几十微米的丝，然后再包上一层折射率比它低的材料，即可制成光导纤维。只要入射角满足一定的条件，vv光束就可以在这样的光导纤维中弯弯曲曲地从一端传到另一端，而不会在中途泄漏。

近年来，光纤通信技术在军事上的发展令人瞩目。在洲际弹道导弹指挥系统、地面基地通信、舰载通信、卫星地面站、雷达信号远距离传输、战略武器系统及各种保密通信乃至核潜艇上，光纤通信技术正在取代传统的通信技术。用光缆设备取代金属芯的同轴电缆已在实战中被证明具有很好的效果。

在20世纪90年代的海湾战争中，"爱国者"导弹成功地拦截了"飞毛腿"导弹的袭击，从某种程度上讲也有光纤通信的一份功劳。每个"爱国者"导弹分队由一个作战控制台和多个导弹发射台组成，作战控制台通常安装在一台车内，由它监测跟踪敌方发射的"飞毛腿"导弹，并指挥发射台发射"爱国者"导弹予以拦截。作战控制台与发射台之间采用了新型的光缆设备作为连接的主要

线路，而将以前使用的高频电台的无线电连接线路作为备用线路。由于光缆是完全绝缘的，且不辐射电磁信号，所以不会被企图跟踪"爱国者"导弹的仪器探测到。此外，光缆的绝缘性能还有效地防止敌方的干扰和电子对抗，因此实战效果很好。

■ 集成光路

随着集成电路尺寸的缩小和集成度的提高，特别是因特网的出现和各种新通信业务对带宽的要求，出现了很多难以解决的通信技术问题。于是，科学家们希望可以用光子取代电子实现信息的存储、处理和传输，集成光路应运而生。

集成光路与集成电路原理基本相同，只是在光路中集成的不是电子元件，而是光学元件，包括大量的微型激光器、调制器和光导薄膜。目前，世界上制成的最小激光器只有人头发直径的1/10大小，可将2亿个这样的激光器集成在一块相当于人指甲大小的芯片上。使用了集成光路的光纤通信系统，可以将声音和图像等信息通过声到光的转换装置和激光扫描

世界各国的网络可以看成是一个大型局域网，而海底和陆上光缆则将它们连接成为互联网。海底光缆一般铺设于深海或者浅海，或者河道，不易受损。

装置直接变为光信号，送入光纤中传输。可以说，集成光路是未来提高信息传输速度的关键技术。

功率：功跟完成这些功所用时间的比，即单位时间内所做的功。单位是瓦特。

▶ 什么是微波
▶ 微波中继

微波通信

微波通信是现代化的通信方式之一，它主要用来解决城市、地区以及各部门之间同时传输多路电话和电视节目等大容量信息的传输问题。世界上许多国家都把它作为一种重要的通信手段予以大力发展，以期形成比较大的通信网。

■ 什么是微波

微波是指波长在1毫米至1米之间的电磁波。微波通信不需要固体介质，当两点间直线距离内无障碍时就可以使用微波传送。目前，在微波通信中采用的是波长5至20厘米的电磁波。微波通信具有许多优点，它的传输容量很大，可同时传输上万路的电话或数套电视节目，所需要的功率却很小。由于微波基本不受昼夜、季节的影响，因而传输的信号比较稳定。此外，微波的方向性很好，所以它的保密性也比一般的无线电短波好。

微波通信被广泛地用来传输国内的电报、电话、传真和电视节目等信号。目前，微波中继通信的最大问题是无法完成越洋的洲际通信。

微波中继站
由于地球表面是一个弯曲的球面，要使微波沿着地球表面传向远处，就必须采取接力的方法，即在沿线每隔50千米左右的地方建立一个微波中继站。

■ 微波中继

微波不能像长波那样靠地球来传播，因为地球对它有较强的吸收作用。它也不能像短波那样靠电离层来传播，因为这时微波会毫不费力地穿透电离层而跑到宇宙空间并一

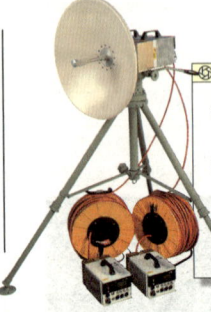

微波发射与接收装置
微波在空中的传播与光波相近，属于直线传播，遇到阻挡就被反射或阻断，因此微波长距离（大于50千米）通信需要中继站转发。

去不复返。所以，微波只能像光线一样直线传播，这样，地球上的许多物体都会成为它传播的障碍。

为了使微波传送得更远，通常的方法是把天线架高些。但即使这样，一个40米高的天线也只能保证微波在50千米范围内传播。要实现长距离通信，就要每隔50千米左右设置一个中继站，把前一站送来的信号放大，然后再传送到下一站。这样一站一站地转

【你知道吗】
微波通常由直流电或50MHz（兆赫）的交流电通过特殊的器件来获得。可以产生微波的器件有许多种，但主要分为两大类：半导体器件和电真空器件。

发，最终才到达目的地。微波中继站的设备包括天线、收发信机、调制器、多路复用设备以及电源设备、自动控制设备等。为了把微波聚集起来送至远方，一般都采用抛物面天线，其聚焦作用可大大增加传送距离。所以微波通信有时也称为"微波中继通信"或"微波接力通信"。

Part 8

尖端兵器篇

消声筒：无声手枪用来消声的筒状器械。

▶ 自动手枪之父
▶ 无声的手枪
▶ "戴戒指"的手枪

小巧的杀人利器——手枪

从古至今，随着科技的进步，兵器的发展也日新月异，而作为常用的杀人利器，手枪的更新换代更是如此。那么，世界上究竟有哪些种类的手枪呢？

■ 自动手枪之父

世界上第一把自动手枪——勃朗宁手枪，是由世界著名枪械设计大师、"自动手枪之父"约翰·勃朗宁设计的。1899年，勃朗宁设计了一支口径为7.65毫米、自动方式为自由枪机式的手枪，并获得专利。这是世界上第一种自由枪机式手枪。1900年，比利时国营赫斯塔尔公司获得这种手枪的生产特许权并开始制造。该手枪被比利时军队列为制式手枪，枪的全称是"勃朗宁M1900式7.65mm手枪"。这种手枪在解放前流入我国较多，在我国被称为"枪牌手枪"。

勃朗宁M1900式手枪
这是比利时国营赫斯塔尔公司早期大规模生产的第一代约翰·勃朗宁自动手枪。该手枪采用传统的自由枪机式工作原理，与众不同的是复进簧装在枪管上方的管子里。

丝网，大部分能量被消声丝网吸收，所剩气体喷出套筒时压力和速度都很低，发出的声音就很微弱了。有的是将消声筒前端用橡皮密封，子弹从枪口射出，穿过橡皮，橡皮很快收缩，阻止气体外逸，从而起到消声作用。还有的在消声筒出口装上类似照相机快门的机械装置，靠火药气体自动开启，子弹射出后迅速关闭，剩余气体不能随之逸出，这样也可以使手枪射击时不发出大的声响。

■ 无声的手枪

采用了消声装置、射击声音非常小的手枪，被称为"无声手枪"。无声手枪之所以无声，奥秘在它的枪管上，这种手枪的枪管外面装有一个附加的消声套筒。各种无声手枪的消声套筒结构并不相同，但消声作用是一样的。

最常见的消声方式是在消声套筒前半部装上卷紧的消声丝网。子弹射出后，枪口喷出的高压气体不直接在空气中膨胀，而是进入消声

无声手枪
无声手枪的准确名称应该是"微声手枪"。由于这种枪安有消声套筒，在室内射击时室外听不见声音，反之也是一样，故称"无声手枪"。

■ "戴戒指"的手枪

电子智能手枪可识别主人，因为其上配有一枚特殊的戒指，戒指内装有可记录手枪使用者个人编码信息的微芯片，戒指上则安装有传输信号的天线。只有当使用者的个人信息与芯片内记录的信息相符时，戒指才会发出可被枪柄上的接收器识别的信号，手枪才可正常使用。否则，微芯片将锁死手枪。同时，这种智能手枪还具有选择发射致命子弹和非致命子弹的功能。

【你知道吗】
第二次世界大战期间，有一位飞行员在执行飞行任务时，突然发现飞机旁边有一个小黑点，好奇之下，他用手一抓，却发现抓到的是一颗子弹。

- AK-47突击步枪的发明
- AK-47突击步枪的突出优势
- AK-47突击步枪的仿制品

口径：枪口的直径，一般用毫米或英寸来表示。

尖端兵器篇

神威兵器——AK-47

凡是有战争的地方，就有枪；凡是有枪的地方，就有AK-47。AK-47突击步枪是世界上最著名、装备范围最广的神威兵器。为什么它会受到如此欢迎呢？

■ AK-47突击步枪的发明

AK-47突击步枪的发明者是苏联著名的枪械设计师卡拉什尼科夫。1946年，卡拉什尼科夫在他设计的半自动步枪的基础上，设计了一种可连发射击的样枪（称为"AK-46"），并于同年参加了靶场选型试验。他设计的回转式闭锁枪机"AK-46"，成为此后设计的AK系列枪械闭锁机构的原型。

经过一系列试验与改进，AK-47突击步枪诞生了。在风沙、泥水环境中经过严格测试后，"AK-47"于1947年被选定为苏联军队制式装备，1949年最终定型，正式投入批量生产。1951年，该枪开始用于装备苏联军队，取代了西蒙洛夫半自动卡宾枪。1953年"AK-47"改变了机匣的生产方法，由冲压工艺变为机加工艺。从此，"AK-47"开始大量装备苏联军队。

AK-47突击步枪
AK-47及其改进产品可靠性高，结构简单，坚实耐用，价格合理，使用灵活方便，是许多国家军队及反政府武装采购突击步枪时的首选。

拆装容易。但是该枪在连发射击时枪口上跳严重，影响精度；与小口径步枪相比，系统质量较大，携行不便。该枪采用导气式自动原理，枪机回转闭锁机构，其突出特点是能在各种恶劣的条件下使用，而且武器操作简便，连发时火力猛。这种枪无论是在高温还是低温条件下，射击性能都很好。机匣为锻件机加工而成，弹匣用钢或轻金属制成，不管在什么气候条件下都可以互换。

中国56式冲锋枪
这是我国于1956年参照AK-47系列自动步枪仿制的冲锋枪，是我国迄今生产和装备量最大的步枪。

■ AK-47突击步枪的仿制品

目前，世界上有30多个国家的军队都配备了AK-47突击步枪，有的国家还参照"AK-47"进行了仿制或特许生产。以色列的加利尔7.62毫米步枪、芬兰的瓦尔梅特M60式等，都是参照"AK-47"设计的；前南斯拉夫的M64式7.62毫米步枪也是它的仿制品。我国也于1956年仿"AK-47"制造出名为56式7.62毫米冲锋枪，并在全军范围内装备，是我军装备时间最长的武器，直到20世纪80年代初才停止生产。

【你知道吗】
20世纪70年代有这么一句俏皮话："美国出口的是可口可乐，日本出口的是索尼电器，而苏联出口的是AK-47。"但根据统计，全球范围内的AK-47系列自动步枪中，真正产自苏联的仅占10%左右。

> 机枪家族　　麦德林轻机枪
> 马克沁机枪　高射机枪

射程：导弹或子弹发射点到其水平面落点的水平距离。

兵器狂——机枪

手枪小巧轻便、隐蔽性好，能突然开火，但是它有一个缺点，那就是射击距离不够远。相反，机枪则克服了这一缺点，它可以对空中、水面或地面轻型薄壁装甲目标进行远距离疯狂连续射击。

续射击的机枪，射速达每分钟600发以上。

轻机枪
轻机枪能全自动连续射击。一般在战场上作为支援及阵地防卫武器，能够由单兵携带、射击，是单兵能使用的火力较强的一种武器。

■ 机枪家族

机枪通常分为轻机枪、重机枪、通用机枪和大口径机枪。轻机枪装有两脚架，重量轻，携带方便，战斗射速一般为80至150发/分，有效射程500至800米；重机枪装有稳固的枪架，射击精度较好，能长时间连续射击，战斗射速为200至300发/分，有效射程平射为800至1000米；通用机枪亦称"两用机枪"，以两脚架支撑可当轻机枪用，装在枪架上则可当重机枪用；大口径机枪，口径一般在12毫米以上，可高射2000米内的空中目标、地面薄壁装甲目标和火力点。

高射机枪
高射机枪种类较多，口径有14.5毫米和12.7毫米两种，另有双联、四联不同形式。一般装备在步兵营或高炮营内，由5至10人操作。

■ 马克沁机枪

1882年，马克沁赴英国考察时，发现士兵射击时常因老式步枪的后坐力，肩膀被撞得青一块紫一块。马克沁决定发明一种能自动连续射击的步枪。他首先在一支老式的温切斯特步枪上进行改装试验，利用射击时子弹喷发的火药气体使枪完成开锁、退壳、送弹、重新闭锁等一系列动作，实现了单管枪的自动连续射击。1883年，马克沁首先成功地研制出世界上第一支自动步枪。1884年，马克沁制造出世界上第一支能够自动连

■ 麦德林轻机枪

18世纪90年代，在马克沁发明重机枪后不久，丹麦炮兵上尉麦德林设计制造了一挺可以使用普通步枪子弹的机枪，即麦德林轻机枪。该机枪装有两脚架，可抵肩射击，全重不到10千克。麦德林机枪性能十分可靠，口径和结构多变，可适应不同使用者的要求，是当时军火市场上的热门货。

■ 高射机枪

高射机枪主要用于射击空中的目标，是一种较为有效的防空武器。它的有效射程在2000米以内，射击速度为每分钟70至150发。

高射机枪是一种大口径机枪，由枪身、枪架、瞄准装置组成，主要用于歼灭距离在2000米以内的敌人低空目标；还可以用于摧毁、压制地（水）面的敌火力点、轻型装甲目标、舰船，封锁交通要道等。高射机枪具有体积小、重量轻、射速快、火力猛等优点，对低空目标射击效果好，是目前防空武器系列中不可取代的重要装备。

【你知道吗】
新加坡的Ultimax 100轻机枪是世界上重量最轻、命中率最高的班用轻机枪。Ultimax 100轻机枪的空枪重仅4.9千克，加上100发弹鼓后也只有6.8千克，这个重量只相当于其他同口径轻机枪的空枪。该枪独特的系统使射击时的后坐力极低，点射命中率极高。

120

- 为什么要造单兵自卫武器
- 第一种单兵自卫武器
- MP7系列单兵自卫武器

枪管：枪支用来导引弹头飞行方向的空管，内部称为枪膛。

尖端兵器篇

御敌神兵——单兵自卫武器

随着世界各国互信关系的加强，大规模的战争短期内不会发生，但小规模的局部战争还时常出现。在这种情况下，各种军事行动主要以单兵和小组进行，这就要求加强单兵和小组自卫能力。鉴于此，各国军队都研制了许多性能优良的单兵自卫武器，这些单兵武器使每个人都自成一组，可以单独完成一定的军事任务。

■为什么要造单兵自卫武器

单兵自卫武器是近年来出现的一种新概念武器。它是部队中越来越多的非一线作战人员，如驾驶员、无线电员、飞行员、机械操作人员、后勤人员等使用的武器。由于这些人员很少有时间和精力进行操练以

单兵自卫武器P90
这是比利时国营赫斯塔尔公司开发的新概念武器，是一种介于手枪和缩短型突击步枪之间的结实、轻便的单兵自卫武器。

提高个人的射击技术，为此，有些国家研制了结构特点和作战效果接近冲锋枪，但威力又比冲锋枪大的单兵自卫武器。

这种武器重量轻，携带方便，操作简单，威力大，在一定距离内甚至可以击穿敌人的防弹衣和防护头盔。

■第一种单兵自卫武器

1990年，比利时推出了第一种被称为P90的单兵自卫武器，它是一种功能介于手枪和冲锋枪之间的新概念武器。

P90单兵自卫武器采用透明弹匣和全新的抛壳机构，左右手均可使用。而且其结构相当简单，由枪管、机匣、枪机和弹匣4个部件组成，其零件总共才69个，其中塑料件27

HK-MP7A1单兵自卫武器
由于MP7单兵自卫武器射速过快，于是德国HK公司又推出了新的MP7A1单兵自卫武器，理论射速降低到850发/分钟。MP7与MP7A1在外观上的明显区别是MP7A1的机匣稍长，但为了维持全枪长度不改变，所以枪托底板的尺寸明显缩小了。

个。士兵在野外不用任何工具，在15秒钟内就可以将它全部分解，因而很容易进行维修和保养。P90枪采用自由枪机式自动方式，全枪重2.8千克（空重），长500毫米，有效射程为150米。

P90枪轻便、结实，射击精度高，火力猛，是理想的单兵作战武器，受到了特种部队和各国警方的青睐。

■MP7系列单兵自卫武器

20世纪末期，德国HK公司推出了MP7系列单兵自卫武器，其性能可与P90系列单兵自卫武器相媲美。MP7单兵自卫武器共由六大组件构成，拆卸、组装简单。其武器握把是直形的；扳机护圈外廓大，射手冬季戴手套也可以扣动扳机；发射时既可以单手射击，也可以双手射击，还可以进行腰际夹持或抵肩射击；枪托可折回或拉开；重量较轻，操作起来非常轻便。

【你知道吗】
据报道，由于频繁参与反恐战争，美军单兵装备成本自2000年以来已增加了两倍。一名美军士兵的装备成本（包括夜视装备）2000年时约为7083美元，如今已跃升到近2.6万美元。

引信：利用目标信息和环境信息，在预定条件下引爆或引燃弹药战斗部装药的控制装置（系统）。

▶ 榴弹如何爆破
▶ 用手投掷的弹药
▶ 用途广泛的枪榴弹
▶ 短而精悍的榴弹炮

手榴弹、枪榴弹与榴弹炮

说起手榴弹，大家都知道。其实，手榴弹只是榴弹的一种，榴弹还包括枪榴弹等多种弹药类型。那么，什么是榴弹呢？榴弹的爆破原理又是什么呢？

■ 榴弹如何爆破

榴弹是指依靠弹体内炸药的爆破作用形成杀伤的弹药。用来发射榴弹的大型装置就叫榴弹炮。榴弹主要由弹体、炸药、引信等几部分组成，对目标的破坏作用是依靠弹体内装填的炸药来完成的。炸药爆炸时，瞬间产生的高温、高压气体迅速膨胀而爆炸，从而破坏目标。同时，弹壳炸碎后形成的大量高速飞行的碎片，也有极强的杀伤力。

■ 用手投掷的弹药

手榴弹是一种用手投掷的弹药。因早期的榴弹外形和碎片有些似石榴和石榴子，因此得名。尽管现代手榴弹的外形有的是柱形，有的还带有手柄，其内部也很少装有石榴子一样的弹丸，但仍沿用了手榴弹的名称。手榴弹一般由弹体、引信两部分组成，不仅可以手投，也可以用枪发射。手榴弹是步兵使用的近距离作战武器，主要用于杀伤有生力量、摧毁装甲目标，也可用于燃烧、照明、发射信号等。

古老的手榴弹
手榴弹是一种用手投掷的弹药，因17、18世纪欧洲的榴弹外形和碎片有些似石榴和石榴子而得名。

■ 用途广泛的枪榴弹

枪榴弹是一种用途广泛的轻型近战武器。它是用枪和枪弹（或空包弹）发射的一种超口径弹药，发射装置临时装在枪口或将枪口做成适于发射枪榴弹的装置。枪榴弹主要由弹体、弹尾、引信等组成。枪榴弹种类多，用途广，构造简单，成本低，体积小，重量轻，携带与使用都比较方便。枪榴弹的杀伤力比手榴弹大，尤其是反坦克枪榴弹，垂直命中坦克时的深度可达40毫米，直射距离一般为100至120米，最大射程为300至500米。

【你知道吗】
我国北宋时期就出现了爆炸性火器，如霹雳火球、蒺藜火球。这种火器利用火药的燃烧性能，并掺杂一些可繁衍的毒性药物，用来焚烧、杀伤敌人，其作用与现在的手榴弹相似。

■ 短而精悍的榴弹炮

榴弹炮是一种身管较短、弹道比较弯曲，适于打击隐蔽目标和地面目标的野战炮。榴弹炮按机动方式可分为牵引式和自行式两种。榴弹炮发射的初速比较小，射角比较大，但飞到目标区后的落角也比较大，有较好的杀伤效果。榴弹炮可以配用燃烧弹、榴弹、特种弹、杀伤子母弹、碎甲弹、制导弹、增程弹、照明弹、发烟弹、宣传弹等多种弹药。

榴弹炮
早在17世纪，欧洲就把这种射角很大的炮称为"榴弹炮"。如今，榴弹炮仍然是炮兵的主要炮种之一，只不过炮身有逐渐加长的趋势。

122

- 电磁炮的奥秘
- 四大优势
- 四大功能

尖端兵器篇

电磁力：电荷、电流在电磁场中所受力的总称。

动能杀伤武器——电磁炮

随着科技的发展，电磁力不仅在民用设施上得到了广泛运用，在军事上也得到了广泛应用。电磁炮就是利用电磁发射技术制成的一种先进的动能杀伤武器。它的出现引起了世界各国军事家们的极大关注。

■ 电磁炮的奥秘

电磁炮又称"电磁发射器"，是一种以电磁力发射弹丸的装置。电磁炮虽然听起来很神秘，其实它的结构和原理很简单。带电粒子或通电导线在磁场中作切割磁力线的运动，便会受到一个力的作用，这个力就叫"电磁力"。力的大小随着磁场强度和带电粒子或导线所带的电流强弱而变化。磁场强度和导线通过的电流强度越大，导线在磁场中受到的电磁力就越大。电磁炮就是根据这一原理设计的。它主要由电源、高速开关、加速装置和炮弹四部分组成。

美国海军电磁炮发射瞬间

最近，美军在弗吉尼亚州美国海军靶场进行了电磁炮射击试验。试验中电磁炮准确击中了数十个靶标。负责监督电磁炮试验的美国海军将军拉夫海德说："说实话，（试验中）看到的一切让我感到震惊。"

【你知道吗】

运用电磁原理不仅能制造电磁炮，还可以制造电磁脉冲武器。这种武器可以灼伤人的皮肤内部组织，使人罹患白内障。苏联的研究人员曾用山羊进行过强电磁微波照射试验，结果1000米以外的山羊顷刻间死亡，2000米以外的山羊也因丧失活动功能而瘫痪倒地。

■ 四大优势

1990年，比利时推出了第一种被称为P90的单兵电磁炮，利用电磁力所做的功作为发射能量，不会产生强大的冲击波和弥漫的烟雾，因而具有良好的隐蔽性。电磁炮没有圆形炮管，弹丸体积小，重量轻，发射稳定性好，初速度高，射程远。由于电磁炮的发射过程全部由计算机控制，弹头又装有激光制导或其他制导装置，所以具有很高的射击精度。电磁炮成本低，而且还可以省去火炮的药筒和发射装置，在运输以及后勤保障等方面更为安全、方便。

■ 四大功能

用于天基反导系统：电磁炮由于初速度极高，可用于摧毁空间的低轨道卫星和导弹，还可以拦截由舰只或装甲武器发射的导弹。

用于防空系统：电磁炮可代替高射武器和防空导弹执行防空任务，用它不仅能打击临近的各种飞机，还能远距离拦截空对舰导弹。

用于打击装甲武器：电磁炮具有很强的穿透能力，是非常优良的反装甲武器。

用于改装常规火炮：随着电磁发射技术的发展，在普通火炮的炮口加装电磁加速系统，可大大提高火炮的射程。

空中电磁轨道炮（想象图）

空中电磁轨道炮具有超高的发射速度和低廉的发射成本，是空中弹道导弹防御系统的理想装备。

123

粒子流：由高速运动的粒子形成。

- ▶ 威力超群
- ▶ 无声的激光炮
- ▶ 激光炮的战绩

超级武器——激光炮

现在，美、俄、英、德、法、以色列等许多国家都在积极发展激光武器。经过三十多年的研究，激光武器已经日趋成熟，并将发挥越来越重要的作用。

■ 威力超群

激光炮主要通过很强的烧蚀、辐射和强激光的破坏作用来击毁目标，并使目标上的仪器失灵，操作装置失效。如激光炮可在几千米之外将坦克的装甲击穿。此外，它还可用来破坏敌方的雷达和通信电子设备，也可用来在森林、城市大面积放火。由于激光炮发射的是一束方向性极强、速度极快（30万千米/秒）、能量密度极高的粒子流，因此用来对付速度较快的卫星、导弹、飞机、坦克等运动目标，命中率极高。激光炮对运动目标进行射击时，不用像传统的火炮那样计算提前量，且射速非常快，因此它的"射弹飞行时间"几乎等于零。任何运动目标对于激光炮来说都成了"固定目标"，其威力十分强大。

■ 无声的激光炮

大家都知道，一般的火炮在发射后，都会发出巨大的响声。但激光炮不会。这是由于激光炮的致命武器是光束，它是靠光束来施展威力的，而光束当然是不可能发出响声的。此外，激光炮发射的激光是朝一个方向射出的，光束的发散度极小，大约只有0.001度的弧度，接近平行，因此对目标的杀伤力非常大。

虽然激光炮具有速度快、精度高、持续战斗力强等优点，但是也有缺点，那就是激光在大气中传播会有一定的损失，这会使光束变粗且产生抖动，从而降低其威力。

美国YAL-1A激光武器飞机
"YAL-1A"以一架波音747-400F飞机为平台，上载激光武器，因此也被称为"机载激光"飞机。该机一般在云层之上飞行，主要用于探测、识别、跟踪和拦截敌方发射不久的弹道导弹。

激光枪
激光枪是一种重要的激光武器，它体积小、重量轻，可由步兵手持作战，在1500米的距离外能烧瞎敌人眼睛、烧焦皮肤，使衣服、树木、房屋起火。

■ 激光炮的战绩

美国1972年就研制出了车载激光炮，并在1976年10月用该炮击落了在2万米高空高速飞行的无人驾驶飞机；1985年拦截"大力神"火箭的试验也取得了成功；同年又用激光炮击毁了一枚在650千米高空飞行的探测火箭。目前，美国人已研制出第三代、第四代激光炮。

苏联在20世纪70年代中期也研制成功了激光炮，用于拦截洲际弹道导弹和侦察卫星。1975年，美国的一颗新式人造间谍卫星在运行到苏联西伯利亚导弹发射场上空侦察时，突然失去控制，里面的所有仪器统统失灵。据说，美国侦察卫星之所以失灵正是遭到了苏联激光炮的拦截。

【你知道吗】
1962年，人类第一次使用激光照射月球。地球离月球的距离约38万千米，但激光在月球表面的光斑直径只有2000米。若以聚光效果好的探照灯光柱射向月球，那么其光斑将覆盖整个月球。

- 坦克的诞生
- 坦克由什么组成
- 坦克有哪些种类
- 著名的主战坦克

履带：由主动轮驱动，围绕着主动轮、负重轮、诱导轮和托带轮的柔性链环。

尖端兵器篇

铁甲怪兽——坦克

坦克是一种具有强大直射火力、高度越野机动性和坚固防护能力的履带式车辆。它不仅可以与敌方坦克及其他装甲车辆作战，也可以压制、消灭反坦克武器，摧毁野战工事，歼灭敌方的有生力量。

■ 坦克的诞生

坦克

现在，世界上多数国家将坦克分为主战坦克和特种坦克两大类。主战坦克相当于以前的中型坦克和重型坦克，在战场上执行主要作战任务。特种坦克指侦察坦克、水陆坦克、喷火坦克等特殊用途的坦克。

第一次世界大战期间，为了突破敌方由壕沟、铁丝网、机枪火力点等组成的防御阵地，协约国迫切需要一种集火力、机动性和防护力为一体的新式武器。于是，英国于1915年开始研制坦克，第二年就投入生产，并参与了当年9月的对德作战。这种称为"游民I型"的坦克靠履带行走，能驰骋疆场，越障跨壕，不怕枪弹，因此很快就帮助英军突破了德军防线，成为战争中的大英雄。坦克的出现，开辟了陆军机械化的新时代。

■ 坦克由什么组成

现代坦克大多是传统车体与单个旋转炮塔的组合体。其结构通常划分为操纵、战斗、动力-传动和行动四部分。操纵部分通常位于坦克前部，内有操纵机构、仪表、驾驶椅等；战斗部分位于坦克中部，内有坦克武器、火控系统、通信设备、三防装置、灭火抑爆装置和乘员座椅；动力-传动部分通常位于坦克后部，内有发动机及其辅助系统、传动装置及其控制机构、进排气百叶窗等；行动部分位于车体两侧翼板下方，有履带推进装置和悬挂装置等。

■ 坦克有哪些种类

20世纪60年代以前，坦克多按战斗全重和火炮口径分为轻、中、重型。轻型坦克重10至20吨，火炮口径不超过85毫米，主要用于侦察、警戒，也可用于特定条件下的作战；中型坦克重20至40吨，火炮口径最大为105毫米，用于执行装甲兵的主要作战任务；重型坦克重40至60吨，火炮口径最大为122毫米，主要用于支援中型坦克战斗。

首次出现在战场上的坦克

第一次世界大战期间的索姆河战役中，英军首次使用新式武器——坦克，共出动49辆，实际参加战斗的有18辆，被德军击毁10辆。坦克的使用，使步兵的进攻威力有所增强，但当时的效果并不十分明显。

■ 著名的主战坦克

20世纪70年代以后，坦克的总体性能有了显著提高。目前，主要的新型主战坦克有：俄罗斯T-72型、T-80型坦克，德国"豹"Ⅱ型坦克，美国M1A2型坦克，英国"挑战者"Ⅱ型坦克，法国AMX"勒克莱尔"坦克，日本74式、90式坦克，以色列"梅卡瓦"Ⅲ型坦克等。

【你知道吗】

世界上最重的坦克是德国人研制的"鼠"式重型坦克，该坦克全重188吨。世界上最昂贵的坦克是日本的90式主战坦克，单价为840万美元。

125

炮塔：火炮上的装甲防护体。坦克、自行火炮、军舰上的主炮等，一般都采用炮塔装置。

▶ 以首相之名命名
▶ 炮弹穿不透的装甲
▶ "丘吉尔"喷火坦克
▶ "丘吉尔"架桥坦克

笨重坦克——"丘吉尔"坦克

说起丘吉尔，大家都知道他曾是英国的首相。其实，有一种坦克也叫丘吉尔。这种丘吉尔坦克就像丘吉尔的身躯一样，厚重而缓慢，但它在第二次世界大战期间却立下了赫赫战功。

■ 以首相之名命名

1940年7月，英国哈兰德和沃尔夫公司在军方的授意下开始设计代号为"A22"的新型步兵坦克，并被要求一年内投入生产。1941年6月，首批A22坦克共14辆交付英军，随即开始被投入大批量生产。这种坦克以当时英国首相丘吉尔之名命名，称为"丘吉尔"坦克。

"丘吉尔"A22坦克
属于步兵坦克，在第二次世界大战中被广泛应用，最大的弱点就是火力不足。

■ 炮弹穿不透的装甲

"丘吉尔"坦克以装甲厚实闻名于世。"丘吉尔"坦克Ⅰ－Ⅵ型的最大装甲厚度（炮塔正面）达到了102毫米，Ⅶ型和Ⅷ型坦克的最大装甲厚度更增加到了152毫米，这个防护水平大大超过了德国的"虎"式坦克（炮塔正面110毫米），并以其优秀的防护能力在北非战场上完全压倒了德国的"虎"式Ⅲ型和Ⅳ型坦克。

■ "丘吉尔"喷火坦克

1943年4月，在"丘吉尔"Ⅶ型坦克的基础上，英国研制成功了"丘吉尔·鳄鱼"喷火坦克。"丘吉尔·鳄鱼"喷火坦克，保留了原来"丘吉尔"坦克的75毫米主炮，在车体前部加装了火焰喷射器，有两轮燃料拖车，战斗全重（不含拖车）为40吨，乘员5人。喷火燃料箱装1800升燃油，每秒钟可喷射6升燃料，最大喷火射程达到109米，有效射程约73米。其工作原理很简单，喷火燃料在高压氮气的作用下高速向外喷出，在喷火器的喷口处借助电火花点火，迅速向外喷火，起到火攻的作用。

"丘吉尔·鳄鱼"喷火坦克
"丘吉尔·鳄鱼"喷火坦克是英国坦克中最壮观的一种。这种坦克在开火时火舌可长达109米，宛如火龙下凡，煞是壮观。

■ "丘吉尔"架桥坦克

架桥坦克又被称为坦克架桥车，是以制式坦克车体底盘为基础，去掉炮塔，代之以制式车辙桥改造而成的装甲车辆。用于在敌人火力威胁的情况下快速架设桥梁，保障己方坦克及装甲车队安全通过反坦克壕沟、天然沟渠及河流等障碍。坦克架桥车战斗全重一般为30至56吨，乘员2至4人，行军状态车长11至18.5米，车宽2.0至3.3米，车高3至4.3米；桥长12至25米，桥宽3至4.2米，桥承载量大约为40至60吨。第二次世界大战初期，英国在"丘吉尔"坦克的基础上制造了"剪刀"式坦克架桥车。

【你知道吗】

第二次世界大战时期，英国首相丘吉尔首先发明了"V"字形胜利手势。不管是战时动员讲话完毕，还是慰问遭受纳粹德国空军轰炸地区的人民时，丘吉尔首相都会做出这个手势，以此来鼓舞反法西斯战争同盟的人民坚持到底，争取最后胜利。

- 姗姗来迟的坦克之王
- 超强的实力
- 实战纪录

反坦克炮：用于对坦克、步兵战车和其他各种装甲目标射击的火炮。

尖端兵器篇

❀ 重型坦克之王——"虎"式坦克

众所周知，希特勒是发动第二次世界大战的主犯。不过，他在客观上却催生了一些先进武器，例如被称为"重型坦克之王"的"虎"式坦克，就是在他的直接要求下制造出来的。

■ 姗姗来迟的坦克之王

1941年5月26日，希特勒突然召见著名坦克设计师波尔舍和亨舍尔，要求他们提供一款重型坦克的设计图样，这种坦克的正面装甲必须达到100毫米厚，装备的主炮必须能够在1500米的距离上击穿100毫米的装甲，重量可以超过45吨。此前，德国高层从来没有研制重型坦克的计划，希特勒的心血来潮大概是吸取了西线英、法重型坦克的警示，为即将到来的东线战事做准备。德国的设计师和军工厂花了两年多的时间，直到战争快结束时，才生产出500多辆这样的坦克交付德军，这就是第二次世界大战时期的重型坦克之王——"虎"式坦克。

■ 超强的实力

"虎"式坦克两个最突出的部分是它的主炮和重装甲。"虎"式坦克的主炮是当时威力最强大的反坦克炮，比当时任何一支部队所使用的反坦克炮都要威猛，能够击穿1400米外厚达112毫米的装甲；"虎"式坦克拥有所有德国坦克中最优质的装甲，这种由镍钢轧制的装甲，其硬度超过了第二次世界大战期间所有坦克装甲的硬度，这也意味着它拥有非常好的防护能力。"虎"式坦克"坐拥"厚重的装甲和强大的火炮，一时间成为几乎无敌的坦克之王。

■ 实战纪录

1943至1944年，"虎"式坦克摧毁了无数的盟军装备，苏联坦克群只要发现了"虎"式坦克就会马上自行撤退。在北非和意大利，"虎"式坦克同样威风凛凛，给盟军造成了巨大的心理压力。1943年2月，英国俘获了一辆完整的"虎"式坦克，随后对其进行了测试。结果令他们沮丧，他们发现"虎"式坦克拥有卓越的射击平台和优秀的自我防护性能，即使是火力最强大的反坦克炮也不能将其摧毁。在诺曼底的反登陆作战中，一名德国党卫队军官仅用一辆"虎"式坦克在很短的时间内便摧毁了盟军由25辆坦克组成的一个纵队、14辆半履带装甲车和14辆履带式小型火炮装甲车。

战场上的"虎"式坦克
"虎"式坦克装备的火炮威力巨大，在第二次世界大战中击毁了大量盟军的坦克和其他装备，而它那厚重的装甲几乎坚不可摧，给盟军造成了巨大的心理压力。

【你知道吗】
99式坦克是目前我国最先进的坦克。99式坦克拥有125毫米的火炮，其发射的动能穿甲弹可穿透1100毫米的均质钢装甲，而"豹"Ⅱ型坦克120毫米火炮的穿透能力仅为960毫米，美国M1AⅡ型坦克120毫米火炮的穿透能力也只有910毫米。因此可以说，99式坦克的火力世界第一。

"虎"式重型坦克
第二次世界大战期间纳粹德国制造的重型坦克，火力强大，拥有所有德国坦克中最优秀的装甲防护能力。

127

底盘：汽车、拖拉机等的组成部分，包括传动机构、行驶机构和控制机构。

▶坦克的帮手
▶开路先锋
▶地雷的克星

钢铁战士——装甲战车

说起战争，就一定要提到战车。而提到战车，就不得不提装甲战车。装甲战车是披着厚重钢铁的战士，它们刀枪不入，在战场上所向披靡。当然，装甲战车也不都是用来战斗的，它们还有许多其他的用途。

■坦克的帮手

步兵战车主要用于协同坦克作战，也可以独立完成作战任务，是供步兵机动作战用的装甲战斗车辆。步兵战车通常分履带式和轮式两种类型。20世纪60年代以来，随着主战坦克的兴起以及核武器和各种反坦克武器的不断发展，特别是反坦克导弹和武装直升机的出现，地面战斗迫切需要解决步兵协同主战坦克机动作战的问题。因此，苏联和一些西方国家开始积极研制一种机动性至少与主战坦克相当、火力和防护性能较之装甲人员输送车大为增强的新型装甲战斗车辆，即步兵战车。步兵战车的出现，使步兵既能乘车作战，又能下车战斗，并且下车战斗时可用车载的各种武器进行火力支援，这大大增强了步兵的作战能力。

装甲车

装甲车是装甲汽车、装甲输送车、步战车等的统称，是装有武器和拥有防护装甲的一种军用车辆，一般可分为履带式装甲车和轮式装甲车两种。

■开路先锋

装甲工程车，又称战斗工程车，是伴随坦克和机械化部队作战并对其进行工兵保障的配套车辆。装甲工程车的基本任务是清除或设置障碍、开辟道路、抢修道路、构筑掩体以及进行战场抢救。有的装甲工程车还可用于帮助坦克及装甲车辆涉渡江河——构筑岸边进出通道或平整河底。在现代战争中，有装甲工程车的支援和保障，各种战斗武器就能更好地发挥作用，部队作战能力就会大大提高。根据不同的战术用途和装甲防护能力，装甲工程车大体可分为重装甲工程车、轻装甲工程车等几大类。

装甲扫雷车

扫雷车可能引爆尚未发现的地雷，所以车辆底盘和车辆底部的防护需要特别加强。

■地雷的克星

装甲扫雷车特指装有清除地雷装置的装甲车辆，用于协助地面部队快速通过雷区。装甲扫雷车并非用于清除整个雷区的爆炸装置，而是用于在雷区清理出一至数条安全通道，供地面部队和车辆安全通过。清除的地雷或者在扫雷过程中爆炸，或者转移到安全地方之后另外处理。在清理过程中，扫雷车可能碰触或引爆尚未发现的地雷或爆炸物，因此车辆底盘和车辆底部的防护需要特别加强，以免被损坏或炸毁，无法完成清除任务。

【你知道吗】

世界上第一辆装甲车是履带式的，也称为IX型坦克，它和英国的I型坦克是一个系列的，于1918年由英国制造。其战斗全重为26.5吨，乘员4人，定额载员为30人，必要时可以载运50人。如果运送军用物资，可载重10吨。

128

- 第一架战斗机
- 最先进的战斗机
- 我国的顶级战斗机

雷达：利用发射和接收无线电波进行目标探测和定位的装置。主要由发射机、天线、接收机和显示器等组成。目标的距离可通过电磁波从雷达到目标、又反射回雷达的时间测定。

尖端兵器篇

"空中杀手"——战斗机

战斗机能够在空中歼灭敌方飞机并攻击地面人员和设施，堪称"空中杀手"。由于战斗机具有良好的作战性能，因此世界各国都在争相研制。那么，现如今世界上主要有哪些高性能的战斗机呢？

F/A-22战斗机
这是美国洛克希德·马丁公司与波音公司联合为美国空军研制的21世纪初主力制空战斗机，主要用于替换美国空军现役的F-15战斗机，在美国空军武器装备发展中占有最优先的地位。

【你知道吗】
2005年4月1日，美国海军一架EP-3侦察机在中国海南岛东南海域上空活动，中方两架军用飞机对其进行跟踪监视。中方飞机在海南岛东南104千米处正常飞行时，美机突然向中方飞机转向，其机头和左翼与中方一架飞机相撞，致使中方飞机坠毁，机上飞行员王伟失踪。

■ 第一架战斗机

在第一次世界大战中，军用飞机首次出现在战场上，主要承担侦察、运输、校正火炮等辅助任务。同时，敌对双方的飞行员也积极用各种武器手忙脚乱地互相攻击，这就是"战斗机"的起源。世界上公认的第一架战斗机是法国的"索尔尼爱"L型飞机。它由于装备了法国飞行员罗兰·加洛斯设计的"偏转片系统"，初步解决了飞机在机载机枪射击时被螺旋桨干扰的难题。这个装置第一次使飞行员可以专心驾驶飞机并同时攻击对方，而不需要另外配备机枪手。1915年4月1日，罗兰·加洛斯驾驶"索尔尼爱"L型飞机击落了一架德国侦察机，取得了战斗机介入空战的第一次胜利。

■ 最先进的战斗机

F/A-22是美国空军研制的新一代战斗机，也是目前世界上唯一面世的第四代战斗机，它是美国21世纪初的主战机种。其任务包括：夺取制空权，为己方作战创造空中优势，在战区空域有效实施精确打击；防空火力压制和封锁、纵深遮断，近距离空中支援。F/A-22战斗机可以携带"阿姆拉姆"中距空对空导弹、"响尾蛇"近程空对空导弹、联合直接攻击弹药和小口径炸弹等战备武器。与第三代战斗机相比，F/A-22战斗机最具里程碑意义的技术特性有：采用全隐身与气动综合布局，持续的超音速巡航能力，过失速机动，短距起降，装有先进的机载设备和火控系统以及综合航空电子系统等。

■ 我国的顶级战斗机

歼10战斗机是我国自行研制的具有完全自主知识产权的第三代战斗机，是我国自己研制的最先进的战斗机。歼10战斗机的控制系统由火控系统、飞控系统、通信识别系统、电子对抗系统和公共设备管理系统组成。

歼10战斗机配有六管航空炮和几枚空对空导弹。歼10战斗机采用了我国自行研制的地形跟踪雷达、宽视场前视红外搜索系统、前视红外跟踪系统和激光测距照射系统，可以保证飞行员在雷达关机或被干扰的情况下，仍能保持对目标的掌握。

歼10战斗机
我国具有完全知识产权的第三代战斗机，大量采用了新技术、新工艺，性能先进，用途广泛，是我国在战斗机制造领域迈出的重大一步。

129

导弹：依靠自身动力装置能高速飞行，并依靠控制系统制导的武器，能使弹头击中预定目标。

- ▶ "鹞"式攻击机
- ▶ F-117A隐形攻击机
- ▶ B-2"幽灵"轰炸机
- ▶ "阿帕奇"武装直升机

战机中的"四大天王"

战机中的"四大天王"其实是实力超群的四种军用飞机——"鹞"式攻击机、F-117A隐形攻击机、B-2"幽灵"轰炸机、"阿帕奇"武装直升机。那么，它们有什么实力敢称"四大天王"呢？

■ "鹞"式攻击机

"鹞"式攻击机是英国首先研制的亚音速单座单发攻击机，它的主要任务是进行空中近距离支援和战术侦察。目前，世界上性能最好的"鹞"式攻击机是美国的AV-8A攻击机。这种攻击机安装了前视红外探测系统、夜视镜等夜间攻击设备，夜战能力很强。它可以在365米长的场地起飞，前线简易机场即可满足其起飞要求。AV-8A"鹞"式攻击机是目前世界上最先进的垂直-短距起降攻击机。

■ F-117A隐形攻击机

F-117A隐形攻击机是美国洛克希德公司研制的隐身攻击机，是世界上第一种参加过实战的隐身战斗机。整架飞机几乎全由直线型部件构成，机翼和V型尾翼都采用了没有曲线的菱形翼，这在战斗机的设计中是前所未有的。此外，其座舱框架、起落架舱门和炸弹舱的边缘以及机身后部的平面均为锯齿形，非常独特。F-117A隐形攻击机可进行空中加油，武器舱可携带2枚900千克的BLU-109激光制导炸弹。

AV-8B攻击机
AV-8系列攻击机是美国海军陆战队装备的垂直-短距起落攻击机，有两种型别：AV-8A和AV-8B。AV-8B是AV-8A的改进型，由美、英两国联合研制，曾在伊拉克战争中大显身手。

AH-64"阿帕奇"武装直升机
AH-64"阿帕奇"武装直升机是美国第二代武装直升机，曾在1991年海湾战争和空袭前南联盟以及近年的伊拉克战争中，显示了很强的作战能力。

■ B-2"幽灵"轰炸机

B-2"幽灵"轰炸机是由美国诺思罗普公司研制的一种轰炸机。它的外形十分独特，没有机身、没有前翼、没有平尾、没有立尾，从上往下看，如同一个巨大的后缘锯齿状飞镖或飞翼。该轰炸机为了达到隐身的效果，采用了先进的翼身融合体布局，机身大量采用石墨/碳纤维复合材料、蜂窝状结构，表面有吸波涂层。其电传操纵系统对雷达、红外线和可见光均有隐形能力。美国空军曾扬言，B-2"幽灵"轰炸机能在接到命令后数小时内由美国本土起飞，去攻击世界任何一个目标。

■ "阿帕奇"武装直升机

"阿帕奇"武装直升机由美国休斯直升机公司研制，其最大平飞时速307千米，机头旋转炮塔内装有1门30毫米链式反坦克炮，4个外挂点可挂8枚反坦克导弹和19联装火箭发射器，最大起飞重量7890千克。这种直升机上还装有目标截获显示系统和夜视设备，可在复杂气象条件下搜索、识别与攻击目标。同时，它具有良好的超低空贴地飞行能力，能有效摧毁中型和重型坦克。

> 【你知道吗】
> 美国一共有20架B-2轰炸机，每架造价为22亿美元。以重量计算，B-2轰炸机比等重量的黄金还要贵2至3倍。

- 加油机能做什么
- 第一架加油机
- 辉煌战绩

吊舱：一种用于战机对地、海目标精确搜索、跟踪和锁定，并引导精确制导武器的装置。

尖端兵器篇

"空中加油站"——加油机

KC-10A空中加油机
机上装有伸缩管式加油设备，主管长8米，套管长6米多，全长14米，总载油量16.1万千克，可同时给3架飞机进行加油。该机在海湾战争中发挥了重要作用。

不仅汽车需要加油，飞机也需要加油，油是它们的"食品"，没有油它们将寸步难行。汽车加油比较容易，毕竟它在地面上。但飞机在空中飞行时又如何加油呢？

■ 加油机能做什么

空中加油机是专门为飞行中的其他飞机补充燃油的飞机。加油机大多由大型运输机、战略轰炸机改装而成，加油设备大多装在尾部，也有装在机翼下吊舱内的。空中加油机可使受油机增大航程、延长续航时间、增加有效载重，从而提高了受油机的作战或运载能力。因此空中加油机有"空中加油站"的美称。一些国家除把加油机当做提高作战飞机效能的手段之外，还拓宽了其使用范围，用于防空、运输、搜索救援等活动。

■ 第一架加油机

世界上第一架空中加油机于1923年在美国诞生。1923年8月27日，在美国加利福尼亚州圣地亚哥湾上空，两架飞机在编队飞行，从前上方飞行的飞机上垂下一根十多米长的软管，后下方飞机的后座飞行员站起身来用手捉住飘曳不定的软管，把它接在自己飞机的油箱上。在前后总共37小时的飞行中，加油机为受油机共加注了678加仑汽油。这是航空史上第一次空中

加油试验，那架空中加油机的代号为DH-4M。整个加油过程全由人力操作，加油机高于受油机，靠高度差授油。但这种加油方式很难实际应用。20世纪40年代中期，英国研制出插头锥套式加油设备，1949年美国研制出伸缩管式加油设备，这才使空中加油进入了实用阶段。

■ 辉煌战绩

1986年，美国空袭利比亚时，载满炸弹的F-111战斗轰炸机从位于英伦三岛的基地起飞，前往利比亚进行轰炸，往返不着陆飞行达1万多千米，途中曾由KC-10A空中加油机多次补加燃油。1982年马尔维纳斯群岛战争时，英国"火神"式战略轰炸机从本土起飞，横跨赤道，纵贯大西洋，轰炸了南半球的阿根廷。往返不着陆飞行约3万千米，创造了航空史上最远距离的空袭纪录。这些战绩的取得，和途中有加油机多次补加油料是分不开的。

"台风"受油
一架"台风"DA1战斗机正在接受空中加油。机身前方的细管即为受油管。空中加油可使受油机增大航程、延长续航时间、增加有效载重。

【你知道吗】
近年来，空中加油技术呈现三大发展动向：由单机加油发展到40多架飞机组成的编队加油；由一般条件下加油发展到复杂天气条件下加油；由昼间加油发展到夜间加油。当前，世界上使用的空中加油机大都是美、俄、英三国生产的，全世界共约1000架，而装有受油装置的飞机大约有10000架。

131

> 排水量：船舶在水中所排开的水的重量，分为空船排水量和满载排水量。满载排水量用来表示船只的大小，通常以吨为单位。

- ▶ 军事地位
- ▶ 最先进的巡洋舰
- ▶ 最大的巡洋舰

"海面猎豹"——巡洋舰

在草原上，猎豹是奔跑速度最快的动物，它能够在很短的时间内快速起跑、迅速捕获猎物。同样，在海面上也有一种能够在很短时间内给敌人以致命打击的大型作战舰只，它就是被称为"海面猎豹"的巡洋舰。

■ 军事地位

巡洋舰具有多种作战能力，主要用于海上攻防作战。掩护航空母舰编队和其他舰队编队，保卫己方或破坏敌方海上交通线，攻击敌方舰艇、基地、港口和岸上目标，在登陆作战时进行火力支援，担负海上编队指挥舰等，都是它的使命。巡洋舰的排水量一般为0.8万至2万吨，装备有导弹、火炮、鱼雷等武器，有些巡洋舰还可携带直升机。其动力装置多采用蒸汽轮机，少数采用核动力装置。但随着海军航空兵的不断崛起，巡洋舰的地位正日渐衰落。

■ 最先进的巡洋舰

"提康德罗加"级导弹巡洋舰装备了极为先进的"宙斯盾"防空系统，是当今美国海军最具威胁的武器系统之一，被誉为"当代最先进的巡洋舰"。其主要任务是为航母战斗群提供足够的防空及反舰能力。此外，"提康德罗加"级导弹巡洋舰亦具有全面的反潜能力。

这样优秀的巡洋舰，价格当然不低，每艘单价约为10亿美元。舰上的防空武器为标准二型中程防空导弹，任何时候都具有同时控制18枚导弹的能力，且另有4枚导弹处于随时待射的状态。

■ 最大的巡洋舰

苏联建造的"基洛夫"级核动力导弹巡洋舰是目前除航空母舰外，世界上最大的水面战斗舰艇，也是世界上第一艘装备导弹垂直发射系统的水面舰艇。该舰长248米，宽28.5米，满载排水量约28000吨，舰员编制900人。

"基洛夫"级核动力导弹巡洋舰舰型丰满，首部明显外飘，宽敞的尾部呈方形，设有飞行甲板，下方是可容纳3架直升机的机库。舰体结构为纵骨架式，核动力装置和核燃料舱部位都有装甲。"基洛夫"级核动力导弹巡洋舰的重型武器集中在首部，这里装备了世界上最强大的武器系统。

现在俄罗斯海军共有"基洛夫"级核动力导弹巡洋舰4艘，分别为"乌沙科夫海军上将"号、"拉扎耶夫海军上将"号、"纳希莫夫海军上将"号和"彼得大帝"号。

【你知道吗】
截至目前，世界上总共建造过13艘核动力导弹巡洋舰，其中包括苏联时期建造的四艘"基洛夫"级核动力导弹巡洋舰，其余九艘为美国建造。

巡洋舰
现代巡洋舰排水量一般在0.8万至2万吨，装备有导弹、火炮、鱼雷等武器。大部分巡洋舰可携带直升机，动力装置多采用蒸汽轮机，少数采用核动力装置。

"基洛夫"级导弹巡洋舰
虽然"基洛夫"级导弹巡洋舰各舰装备并不完全相同，但是武器装备都非常强大。

- 第一艘航空母舰
- 舰载机如何降落
- 最大的航空母舰
- "乔治·布什"号航空母舰

帝国大厦：纽约帝国大厦始建于1930年3月，建成于西方经济危机时期，是美国经济复苏的象征。

尖端兵器篇

海上巨无霸——航空母舰

舰载机

舰载机是以航空母舰或其他军舰为基地的海军飞机。用于攻击空中、水面、水下和地面目标，是在海洋战场上夺取和保持制空权、制海权的重要武装力量。

如果问大家海上巨无霸是什么，肯定大部分人说是鲸鱼。其实，海上巨无霸不是鲸鱼，而是可以停放各种作战飞机并为其提供海上起降活动基地的航空母舰。现代航空母舰单舰可停放80多架飞机，运载6000多人。

■ 第一艘航空母舰

1917年6月，英国将一艘巡洋舰改装为世界上最早的航空母舰"暴怒"号，可载飞机20架，但原巡洋舰中部的建筑未拆除，将甲板分为前后两块，飞机起落不但不方便，而且还很危险。1918年，英国又将建造中的"卡吉士"号邮船改建为航空母舰，更名为"百眼巨人"，它是第一艘有直通甲板的航空母舰。1919年，日本参照英国"竞技神"号航空母舰的方案设计了"凤翔"号航空母舰，并于1922年11月建成服役，这是世界上第一艘专门设计建造的航空母舰。

航空母舰

航空母舰简称"航母"，是一种可供军用飞机起飞和降落的军舰。中文"航空母舰"一词来自日文。

■ 舰载机如何降落

和陆地机场不同，即便是大型航空母舰，甲板依然显得非常窄小。因此，为了保障飞机能安全降落，航空母舰上都有舰载机拦阻装置，用于吸收战机落地时的前冲能量、以缩短其滑行距离。该拦阻装置一般由拦阻索、拦阻网及其拦阻机、缓冲器、控制系统等构成。通过这些拦阻装置，战机可以平稳地降落在航空母舰上。

■ 最大的航空母舰

世界上最大的航空母舰是美国海军的"尼米兹"级核动力航空母舰。它以吨位最大、技术最先进、人员最多、耗资最巨大在当代海军舰艇家族中睥睨群雄。"尼米兹"级航空母舰的尺寸也相当惊人，如"尼米兹"级第九艘航空母舰"里根"号的排水量约为9.7万吨，水线以上部分有20层楼高，从舰首到舰尾长约277米，相当于帝国大厦的高度，可载6000名舰员和85架作战飞机。

■ "乔治·布什"号航空母舰

"乔治·布什"号是美国"尼米兹"级核动力航空母舰第十艘舰的舰名。2002年12月9日，美国军方正式宣布"乔治·布什"号航空母舰将会是"尼米兹"级系列航空母舰中的最后一艘。该舰自2001年起建造，耗资45亿美元，2008年正式加入舰队服役。

【你知道吗】

航空母舰是当今世界上最高大的军舰，舰体短的也有200米，长的可达330米，宽度从30多米到80米不等，舰体的高度自40多米到70多米不等。

磁罗经：又称磁罗盘，是一种利用磁针受地磁作用稳定指北的特性制成的指示地理方向的仪器。

▶ 潜艇由什么组成
▶ 现代潜艇之父
▶ 最强大的核潜艇

"水下战舰"——潜艇

有人说航空母舰天下无敌，其实并不是这样，潜艇就可以对其构成威胁，尤其是核潜艇。如果航空母舰被它击中，就会舰毁人亡。

■ 潜艇由什么组成

现代潜艇主要由艇体、操纵系统、动力装置、武器系统、导航系统、探测系统、通信设备、水声对抗设备、救生设备和居住生活设施组成。艇体分内壳和外壳，内壳是钢制的耐压艇体，外壳是钢制的非耐压艇体；操作系统用于实现潜艇下潜上浮，水下均衡，保持和变换航向、深度等；动力装置分为常规动力装置和核动力装置；武器系统主要有弹道导弹、巡航导弹、水雷武器及其控制系统和发射装置等；导航系统包括磁罗经、计程仪、测深仪、自动操纵仪和无线电、卫星、惯性导航设备等；探测系统主要有短波、超短波收发信机和长波收信机；通信设备主要有卫星通信和水声通信设备等；水声对抗设备有失事浮标和单人救生器等；居住生活设施包括空气再生、放射性污染检测、温湿度调节系统、生活居住及饮食起居、医疗设施等。

■ 现代潜艇之父

1878年，美国潜艇设计师霍兰将第一艘潜艇送下了水。该潜艇被命名为"霍兰-Ⅰ"号，是一艘单人驾驶潜艇。由于潜艇水下航行时内燃机所需空气的问题没有解决，因此一潜入水下，它的发动机就停止了工作。虽然这是一艘不成功的潜艇，但霍兰却从中积累了经验，为下一步成功建造潜艇打下了基础，他也因此被誉为"现代潜艇之父"。

■ 最强大的核潜艇

美国"海狼"级潜艇于1989年开始建造。该级艇原计划建造30艘，总开支达360亿美元，用于对付苏联的大洋深水潜艇。然而随着冷战的结束，该计划宣布搁浅。"海狼"级潜艇是目前世界上最先进、最有战斗力的多用途攻击型核潜艇，艇长107米，直径12米。它的突出特点是隐蔽性强，具有现代化的观测系统和完善的自动化作战指挥系统。

该级潜艇可在任何地区行动，包括北极冰下和沿海地区。2005年2月19日，"吉米·卡特"号"海狼"级核潜艇下水，它是美国第一艘以一位仍在世的前总统名字命名的潜艇，也是"海狼"级的第三艘潜艇。

【你知道吗】
我国明代军队在抗击倭寇的斗争中，为了封锁沿海港口、阻击敌人登陆，创造了一种世界上最早的人工操纵机械发射的水雷。这种水雷的外壳用熟铁打造，每个重量为3千克左右，内装炸药。

潜艇
潜艇是一种能潜入水下活动和作战的舰艇，也称潜水艇，是海军的主要舰种之一。潜艇在战斗中的主要作用是：对陆上战略目标实施核袭击，摧毁敌方军事、政治、经济中心；消灭敌方运输舰船、破坏敌方海上交通线；攻击大中型水面舰艇和潜艇；执行布雷、侦察、救援和遣送特种人员登陆等任务。

134

- 最早的导弹
- 导弹的组成部件
- 导弹跟踪目标的奥秘
- "飞毛腿"PK"爱国者"

制导：导引和控制飞行器按一定规律飞向目标或预定轨道的技术和方法。

尖端兵器篇

现代战争的主角——导弹

导弹是现代战争的主角，它可以从一国打到另一国，甚至从一个大洲打到另一个大洲。所以有人说，谁拥有最先进的导弹，谁就将掌握战争的主动权。

■ 最早的导弹

导弹是20世纪40年代开始出现的武器。第二次世界大战后期，德国首先在实战中使用了V-1和V-2导弹，从欧洲西岸隔海轰炸英国。V-1导弹是一种亚音速的无人驾驶武器，射程300多千米，很容易用歼击机及其他防空措施来对付。V-2导弹是最大射程约320千米的液体导弹，由于可靠性差及弹着点的散布面太大，对英国只起到骚扰的作用，作战效果不大。但V-2导弹的出现对以后导弹技术的发展起了重要的启示作用。

导弹弹头

导弹通常由战斗部（弹头）、弹体结构系统、动力装置推进系统和制导系统等四部分组成。弹头装普通炸药的，为常规导弹；装核弹药的，为核导弹。

■ 导弹的组成部件

导弹通常由动力装置推进系统、制导系统、弹头、弹体结构系统四部分组成。推进系统是为导弹飞行提供推力的整套装置；制导系统的作用是控制导弹的飞行轨迹和飞行姿态，保证弹头命中目标；弹头是导弹毁伤目标的专用装置，弹头装药是导弹毁伤目标的能源；弹体结构系统是用于构成导弹外形、连接和安装弹上各分系统且能承受各种载荷的整体结构。

■ 导弹跟踪目标的奥秘

导弹之所以能准确打击目标，就是因为导弹的制导系统可以控制导弹飞行的轨迹，从而把常规弹头或核弹头送到打击目标附近引爆。这项技术主要是利用无线电波、光波探测器，探测目标在电磁频谱上的能量辐射与反射特性，将所获得的目标信息转换、处理与传输，得出制导指令，然后对目标进行精密跟踪直到击中。

■ "飞毛腿"PK"爱国者"

"飞毛腿"导弹是苏联制造的地对地战术导弹，"爱国者"导弹是美国制造的防空导弹。在海湾战争中，伊拉克用"飞毛腿"导弹和"爱国者"导弹进行了一番较量。在大多数情况下，"爱国者"都能把"飞毛腿"拦截住，这使"爱国者"名震天下。

【你知道吗】

1959年，美国"大力神"导弹开始服役，射程为16669千米，这比在西方导弹基地打击苏联领土内任何目标所必需的射程还多4828千米左右。

然而，"爱国者"并不能100%拦住"飞毛腿"。1991年1月21日，伊拉克向沙特阿拉伯的利雅得和达兰发射了7枚"飞毛腿"，美国则用了35枚"爱国者"导弹进行拦截，最终还是有3枚漏网。

导弹

导弹是"导向性飞弹"的简称，是一种依靠制导系统来控制飞行轨迹并到达指定攻击目标，甚至追踪目标动向的火箭或无人驾驶飞机式的武器。

135

飞鱼：生活在温带和亚热带海洋中的一种集群性上层鱼类，具有发达的肩带和胸鳍，能够跃出水面在空中滑翔达100米以上，以逃避敌害的追逐。

● 一举成名
● 为什么叫"飞鱼"导弹
● 如何攻敌

舰艇的克星——"飞鱼"导弹

众所周知，雷达是根据蝙蝠反射声波的原理发明的，直升机是根据蜻蜓的飞行原理发明的。其实，人类模仿生物的特性发明的事物有很多，例如飞鱼导弹，就是根据飞鱼的特性研制的一种高效能武器。

■ 一举成名

1982年，在英国和阿根廷的马尔维纳斯群岛之战中，阿根廷的"超级军旗式"飞机躲过了英国"谢菲尔德"号驱逐舰的雷达观测，在距离目标45千米时投下"飞鱼"导弹。"飞鱼"导弹严格按照运载飞机的指挥飞行，一举击沉了被称为"皇家的骄傲"的英国现代化驱逐舰"谢菲尔德"号。一枚价值仅20万美元的导弹顷刻之间吞噬了身价2亿美元的驱逐舰。从此，"飞鱼"导弹闻名天下，被称为"海上杀手"。

舰载"飞鱼"导弹
"飞鱼"导弹被称为"海上杀手"，是受飞鱼的启发而发明的一种空对舰导弹。

■ 为什么叫"飞鱼"导弹

"飞鱼"导弹最早是由法国研制的，据说是受飞鱼的启发而发明。在温带和亚热带海洋众多鱼种中，有一种会飞的鱼，它被"敌人"追赶时，就会跃出水面8至10米，以每秒钟18米的速度滑翔150至200多米，有时还会紧紧贴着海面超低空飞行。"飞鱼"导弹就是受它启发而制成的超低空掠海飞行空对舰导弹。

"飞鱼"导弹主要装备在直升机、海上巡逻机和攻击机上，用以攻击各种类型的水面舰船。"飞鱼"导弹也可从陆地、舰上和水下不同地点向预定目标发射，它能穿透12毫米厚的钢板，战斗力极强。

■ 如何攻敌

"飞鱼"导弹的载机发现目标后，其发射系统先把目标的方位、距离和速度，以及载机的方向和速度等数据及时处理，得出导弹的飞行制导指令。随后，这些指令被装定到导弹上，一旦符合发射条件，导弹即沿着目标方向实施投放发射。在导弹发射1秒钟、自由下落约10米时，助推器点火，自动制导系统开始工作，导弹开始俯冲飞行；当导弹速度到280米/秒时，主发动机点火工作，导弹增速至超音速；当导弹迅速降到15米并水平飞行时，惯性系统开始工作，导弹贴海面巡航飞行，并解除弹头部引信保险；在导弹距目标10千米时，导弹头部制导系统开机搜索目标，截获目标后，转入对目标的自动跟踪并用比例导引法使导弹接近目标，这时导弹按预定程序下降高度2至8米，掠海飞行，直至命中目标。

残破的舰身
"飞鱼"导弹击中目标时，能穿透12毫米厚的钢板在舰内爆炸。图中为美国"斯塔克"号护卫舰被伊拉克"飞鱼"导弹击中后残破的舰身。

【你知道吗】
在两伊战争中，伊拉克从"超黄蜂"直升机上发射了两枚AM-39"飞鱼"导弹，先后击沉了伊朗的一艘快速护卫舰和两艘巡逻舰。

◆ 136

- "爱国者"的资料
- "飞毛腿"也甘拜下风
- "爱国者"不爱国

预警机：装有远程警戒雷达，用于搜索、监视空中或海上目标的飞机，其显著特征是机背上背有预警雷达的天线罩。

尖端兵器篇

美军之盾——"爱国者"导弹

说起"爱国者"导弹，熟悉军事的人都知道。当年在海湾战争中，其风头非常强劲，而它与"飞毛腿"导弹之间的较量更是军事爱好者们常常谈论的热点话题。

E-3A望楼预警机

E-3A是美国研制的全天候远程空中预警和控制飞机，是在波音707 320B型民航机基础上更换发动机、加装旋转天线罩与电子设备而制成的，别名"望楼预警机"。

■ "爱国者"的资料

"爱国者"防空导弹系统于1965年开始研制，1970年首次试射，1982年投入批量生产并开始装备美军。导弹弹体长5.31米，弹径41厘米，超过当年美国海军"密苏里"号战列舰主炮口径，弹重1吨，最大射程100千米，最大作战高度24千米，可截击80千米内的飞行目标。当目标飞行速度为4马赫时，单发命中率高达90%。系统抗干扰能力非常强。时至今日，"爱国者"导弹依旧是世界上最先进的防空导弹。

■ "飞毛腿"也甘拜下风

伊拉克的"飞毛腿"导弹一起飞，最先获得信息的是美军的预警飞机和雷达情报网。由于"飞毛腿"导弹的飞行弹道是在地面装定的，起飞后航向确定，不易转弯或机动，因此美军可以根据预警飞机提供的信息很快测明"飞毛腿"所要攻击的目标，加上地面雷达的配合，随即得出"飞毛腿"飞行的弹道。若有多枚"飞毛腿"导弹来袭时，控制指挥车首先确定优先攻击的目标和拦截时间，选定最适宜的发射架，并将飞行数据装入导弹，严阵以待。随后"爱国者"导弹起飞，按预定控制程序完成飞行转弯，同时相控阵雷达的制导天线不断发出指令，修正导弹的飞行弹道。导弹在飞行中，制导舱内的小型相控阵天线也在接受目标反射的雷达探测信号，一旦探测到"飞毛腿"，就即行跟踪拦截。

■ "爱国者"不爱国

"爱国者"导弹发射车

"爱国者"导弹是美国研制的全天候多用途地对空战术导弹，用于对付现代装备的高性能飞机，并能在电子干扰环境下击毁近程导弹。

海湾战争期间，"爱国者"导弹曾误击英军"旋风"战机，造成两名飞行员丧生。随后，一架美军F-16战机也被地面"爱国者"导弹雷达锁定，最终被击落。为什么"爱国者"有时不"爱国"呢？

原来，战机只要被"爱国者"导弹系统瞄上，无论是敌是友，除非地面人员及时放弃指令，否则逃脱的可能性极小。专家认为，发生悲剧的原因是飞机和地面系统的敌我识别装置有问题，而并不是导弹本身的问题。

【你知道吗】

除美国之外，装备"爱国者"导弹的国家和地区还包括德国、以色列、日本、科威特、荷兰、沙特阿拉伯和我国的台湾省。

巡航导弹：依靠喷气发动机的推力和弹翼的气动升力，主要以巡航状态在大气层内飞行的导弹。

- 为什么叫"战斧"
- "战斧"的基本情况
- 超高的精确度
- 实战纪录

身手不凡的"战斧"巡航导弹

发射"战斧"巡航导弹

"战斧"巡航导弹长6.17米，弹径52.7厘米，从发射到转入巡航状态约需1分钟。飞行过程中可躲避敌舰或雷达搜索系统，还可自行改变高度和速度进行高速攻击。

在伊拉克战争中，美国向伊拉克发射了上百枚"战斧"巡航导弹，这些导弹将伊拉克防护严密的主要军事和民用设施全部摧毁。"战斧"巡航导弹凭借什么能够把牢固的设施准确摧毁呢？

■ 为什么叫"战斧"

"战斧"其实只是这种巡航导弹的绰号而已。"战斧"的英文为"Tomahawk"，原指印第安人用的轻便战斧，其使用方式不是握在手中砍杀敌人，而是投掷以打击远处的敌人。由于巡航导弹的杀伤方式和战斧类似，所以美国的导弹专家就将其命名为"战斧"。

■ "战斧"的基本情况

"战斧"巡航导弹于1972由美国研制，从20世纪80年代开始装备美国军队。

"战斧"巡航导弹飞行速度快，拥有避开高山和非目标设施的自动搜寻系统。当自动搜寻系统搜寻到攻击目标后，它会自行改变高度及速度，对目标进行高速攻击。且导弹表层有吸收雷达波的涂层，具有隐身飞行性能。目前，"战斧"巡航导弹装备在美国大多数攻击型核潜艇、现代巡洋舰及驱逐舰上。

■ 超高的精确度

在海湾战争中，美军向伊拉克的重要设施发射了数枚"战斧"巡航导弹，头一枚将建筑物炸开一个缺口后，第二枚紧跟着飞入缺口，将建筑物彻底摧毁。"战斧"巡航导弹的命中率如此之高，原因在于它除了采用惯性制导和地形匹配技术外，还装置了更为先进的数字式景象匹配区域相关器作为末端制导。

【你知道吗】

美国的军费开支常年居于全球之首。2004年全球军费开支约9750亿美元，美国就有4553亿美元，占47%，排名第2至15位的国家加起来也不过占36%。

■ 实战纪录

1991年的海湾战争中，美国海军一共发射了228枚"战斧"巡航导弹，仅有6枚发射失败。此后，"战斧"导弹频繁亮相：1993年1月17日，美国向伊拉克的军事基地发射45枚"战斧"巡航导弹，据称有40枚命中目标；6月25日，美国又对伊拉克情报总部大楼发射了23枚该导弹，据称有19枚命中目标。

"战斧"巡航导弹发射车

"战斧"巡航导弹既可在海上由舰船发射，也可从陆地和空中发射。"战斧"巡航导弹在陆地上可在60米以下高度飞行，因而其命中率极高。

138

"宙斯盾"导弹系统

2007年吵得最激烈的国际话题就是美国的导弹防御系统,美国想让欧洲国家也安装这种系统,但欧洲国家和俄罗斯却反对部署这种系统。

■ 最初的设想

1964年,美国海军提出了研制先进舰用导弹系统的设想,并在1969年12月将其命名为"宙斯盾"系统。因为在美国海军看来,"宙斯盾"导弹系统就是对从四面八方向舰艇同时袭击的敌方大量导弹组织形成有效防御反击的美国舰队的坚固盾牌,因此他们将其命名为"宙斯盾"。

■ 什么是"宙斯盾"

"宙斯盾"导弹系统是美国研制的全天候、全空间舰对空导弹武器系统,主要作用是对付高性能飞机和战术导弹,以保卫航空母舰或行进舰队的区域防御系统。"宙斯盾"导弹系统的反应速度非常快,主雷达从搜索方式转

美国DDG-51"阿利·伯克"级导弹驱逐舰

DDG-51"阿利·伯克"级导弹驱逐舰是世界上第一艘装备"宙斯盾"系统并全面采用隐形技术的驱逐舰,代表了当今世界海军驱逐舰的最高水平,是当之无愧的"驱逐舰之王"。

为跟踪方式仅需0.05秒,能有效应对作掠海飞行的超音速反舰导弹。此外,该系统作战火力猛烈,可综合指挥舰上的各种武器,可同时拦截来自空中、水面和水下的多个目标,还可对目标威胁进行评估,优先击毁威胁最大的目标。

■ "宙斯盾"如何运作

"宙斯盾"导弹系统的舰载雷达可发射几百个窄波束,对以本舰平台为中心的半球空域进行连续扫描。如果其中有一个波束发现目标,雷达就立即操纵更多的波束照射该目标并自动转入跟踪,同时把目标数据送给指挥和决策分系统。指挥和决策分系统对目标作出敌我识别和威胁评估后,分配拦截武器,并把结果数据送给武器控制分

【你知道吗】

"爱宕"号是日本海上自卫队的第五艘装有"宙斯盾"导弹系统的巡洋舰,隶属于舞鹤基地。据称,"爱宕"号由于新增了警戒直升机停机库,因而船体有所增大。其额定船员为310人左右,造价约1400亿日元。

系统,武器控制分系统根据此数据自动编制拦截程序,并通过导弹发射分系统把程序输入导弹,导弹头根据武器控制分系统照射器提供的目标反射能量自动寻找目标。将来袭导弹或飞机引爆后,雷达立即作出杀伤效果判断,决定是否需要再次拦截。

■ 装备"宙斯盾"的国家

"宙斯盾"导弹系统从1969年12月起正式开始研制,1973年完成样机,1981年正式装舰。迄今为止,该系统已装备美国全部27艘"提康德罗加"级导弹巡洋舰。从1991年7月起,它又开始装备"阿利·伯克"级驱逐舰。此外,日本的"金刚"级驱逐舰,韩国KDX-3驱逐舰及西班牙海军F100级护卫舰也配置了美国的"宙斯盾"导弹系统。

中子：中子是组成原子核的粒子之一。由于中子不带电，所以容易打进原子核内，引起各种核反应。

- ▶ 核裂变与核聚变
- ▶ 核武器的杀伤力
- ▶ 核武器爆炸后什么样

杀伤性武器之王——核武器

作为世界上杀伤力最大的武器——核武器广受世人关注。各国都千方百计地制造核武器，以此来提高国家军事实力。那么，核武器到底是一种什么样的武器，竟能让如此多的国家为之疯狂呢？

■ 核裂变与核聚变

所谓核武器，就是指利用核裂变或核聚变反应释放能量产生爆炸作用，从而产生大规模杀伤破坏效应的武器的总称。

核裂变指一个原子核分裂成几个原子核的变化。原子核在吸收一个中子以后会分裂成两个或更多个质量较小的原子核，放出2至3个中子和很大的能量，同时又能使别的原子核接着发生核裂变。这样持续下去，就形成链式反应。原子弹就是根据这一原理制造的。核聚变指由质量小的原子，主要是指氘或氚，在一定条件下（如超高温和高压）发生原子核互相聚合作用，生成新的质量更重的原子核，并释放巨大能量的一种核反应形式。氢弹就是根据这一原理制造的。

■ 核武器的杀伤力

武器的杀伤破坏方式主要有光辐射、冲击波、早期核辐射、电磁脉冲及放射性沾染等。1枚梯恩梯当量为2万吨的原子弹在空中爆炸后，距爆炸中心7000米的范围都会受到比阳光强13倍的光辐射，可使人迅速致盲、皮肤大面积灼伤溃烂，并会使物体燃烧。冲击波可把位于该区域内的所有建筑物及人员彻底摧毁。电磁脉冲产生的电场强度在几千米范围内可保持1至10万伏，不仅能使电子元器件严重受损，还能击穿绝缘体、烧毁电路、冲销计算机内存，使全部无线电和通信设备失灵。爆炸半径190千米范围内的所有生物都受到致命性沾染。

【你知道吗】

现在，美国、俄罗斯、法国、英国、中国、印度、巴基斯坦、朝鲜等国家都宣布拥有核武器。乌克兰与南非因和平原因放弃核武器，属于曾经拥有核武器的国家。

"小男孩"原子弹
"小男孩"（Little Boy）是1945年8月6日美国在日本广岛投掷的首枚原子弹的名称。它于广岛相生桥上空9000米处被投下，在550米的高空发生爆炸。

■ 核武器爆炸后什么样

核武器爆炸后，先可以看到闪光、火球，再听到巨响，之后有不断升起的蘑菇状烟云，最后烟云随风向飘散消失。在近地面的爆炸中，大量的土壤和水分在被火球加热蒸发后上升成为放射云。较大的放射颗粒将在24小时内沉降到爆心附近，而较小的放射颗粒有可能会在全球大气系统中漂流数周甚至数月。

广岛原子弹爆炸后的圆顶屋
这座圆顶屋是广岛原子弹爆炸之后爆炸中心保存下来的唯一遗址。当年美国投掷的原子弹就在这座建筑物上空几百米处爆炸，将整个广岛炸成了一片废墟。

- 最廉价的杀人武器——生物武器
- 最恶毒的武器——化学武器
- 世界末日武器——基因武器

肉毒杆菌毒素：纯粹的肉毒杆菌毒素是已知毒性最强的物质。4克未稀释的肉毒杆菌毒素粉末——一枚五分镍币的重量——足以使1亿人丧命。

>>>>>>>>>>>
尖端兵器篇

"穷人的原子弹"——生化武器

病毒结构模型
病毒是一类个体微小、无完整细胞结构、含单一核酸（DNA或RNA），必须在活细胞内寄生并复制的非细胞型微生物。病毒主要由核酸和蛋白质外壳组成，有些病毒还有囊膜和刺突，如流感病毒。

生化武器包括生物武器和化学武器两种，主要通过把细菌和病毒以及其他有害毒剂，由媒介体做成炮弹或炸弹，战时投放到敌方阵地，杀伤敌方的有生力量。那么，生化武器有哪些特征呢？

■ 最廉价的杀人武器——生物武器

生物武器是以生物战剂杀伤有生力量、毁伤动植物的各种武器和器材的总称。生物战剂是一些能使人、畜或植物发生疾病的细菌、病毒等微生物。因此，生物武器亦称细菌武器。它和核武器、化学武器同属大规模毁灭性武器。生物武器被称为"穷人的原子弹"，因为它造价低，技术难度不大，隐秘性强，可以在任何地方研制和生产。目前，最流行的两大生物武器是炭疽热病毒和肉毒杆菌毒素。

被炭疽热病毒感染的皮肤
炭疽杆菌由体表破损处进入体内，开始在入侵处形成水疱、水疱、脓疱，中央部呈黑色坏死，周围有润水肿。如不及时治疗，细菌可进一步侵入局部淋巴结或侵入血液，引发败血症，导致死亡。

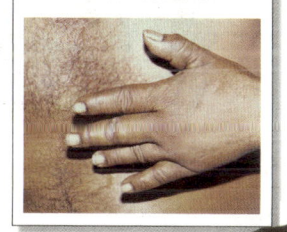

■ 最恶毒的武器——化学武器

化学武器是指以毒剂的毒害作用杀伤有生力量的各种武器和器材的总称，包括装有化学毒剂的炮弹、航弹、火箭弹、导弹、地雷、航空布洒器、气溶胶发生器以及二元化学弹药等。化学武器在使用时，将毒剂分解成液滴、气溶胶或蒸汽等，染毒环境，杀伤敌方有生力量。化学武器的杀伤效力取决于毒剂的种类、使用方法、有生力量的防护程度、地形和气象条件等。第一次世界大战期间，交战各国总共生产了15万吨毒剂，造成了100多万人的伤亡。

【你知道吗】
科学家调查发现，要杀死1平方千米内的军民，如果用常规武器，如枪、炮，要用1000美元；如果用核武器，只需要800美元，要是用生化武器，则只要1美元就够了。

■ 世界末日武器——基因武器

基因武器也称"遗传工程武器"或"DNA武器"，它系运用先进的遗传工程技术，在致病细菌或病毒中接入能对抗普通疫苗或药物的基因，或者在本来不会致病的微生物体内接入致病基因制造而成。美国曾把一种病毒的DNA分离出来，与另一种病毒的DNA相结合，拼接成一种剧毒的"热毒素"战剂。这种战剂万分之一毫克就能毒死100只猫，20克就足以使全球50多亿人死于非命，所以有人称其为"世界末日武器"。

防毒面具
防毒面具可以保护人的呼吸器官、眼睛和面部，防止毒气、毒剂、生物战剂和放射性灰尘等有毒物质对人体造成伤害。

微波：一般指波长从1毫米到1米（频率300吉赫至300兆赫）的无线电波。可分为分米波、厘米波、毫米波等。其频率比一般的无线电波频率高，因此也称"超高频电磁波"。

▶ 何为太空武器
▶ 太空"利剑"　　▶ 太空"飞镖"
▶ 太空"长矛"

"太空杀手"——太空武器

如今，鉴于安全和利益的需要，许多国家都在研制太空武器。那么，太空武器到底是什么呢？

■ 何为太空武器

所谓"太空武器"，顾名思义，就是在太空中使用的攻击武器。这是一种新概念武器，被称为"太空杀手"。

美国、俄罗斯和一些欧洲国家都在太空建有空间站。除此之外，太空中还有各国发射的数百颗各种用途的卫星。如此一来，这些国家在太空中就有了利害关系，如果有朝一日发生冲突，该如何保护本国利益呢？鉴于这种需要，太空武器就应运而生了。目前，主要有四种太空武器：激光武器、粒子束武器、微波武器和动能武器。

■ 太空"利剑"

激光武器被誉为太空"利剑"。激光以光速直线射出，没有弯曲的弹道，不需要提前测量路线，可高速、准确地攻击目标。另外，激光武器没有后坐力，可以迅速转移打击目标，还可以单发、多发或连续射击。激光武器的实质就是利用光束输送巨大的能量，与目标相互作用，产生杀伤破坏效应，如烧蚀效应、辐射效应等。

■ 太空"长矛"

粒子束武器被誉为太空"长矛"，它是利用粒子加速器原理制造出的一种新概念武器。带电粒子进入粒子加速器后就会在强大的电场力作用下，加速到所需速度。这时将粒子集束发射出去，就会产生巨大的杀伤力。粒子束武器发射出的高能粒子以接近光速的速度前进，用来拦截各种航天器，可在极短的时间内命中目标。高能粒子和目标材料的分子发生猛烈碰撞时产生的高温和热应力，能将目标材料熔化、损坏。

■ 太空"飞镖"

动能武器被誉为太空"飞镖"。所谓动能武器，就是指能发射出超高速运动的弹头、利用弹头的巨大动能以直接碰撞的方式摧毁目标的武器。动能武器不是靠爆炸、辐射等其他物理和化学能量去杀伤目标，而是靠自身巨大的动能，在与目标短暂而剧烈的碰撞瞬间杀伤目标。

【你知道吗】
2007年1月23日，在中国外交部的例行记者招待会上，外交部发言人刘建超宣布，我国从西昌卫星发射中心发射了一枚反卫星导弹，成功地击毁了已经退役的"风云"1号气象卫星。

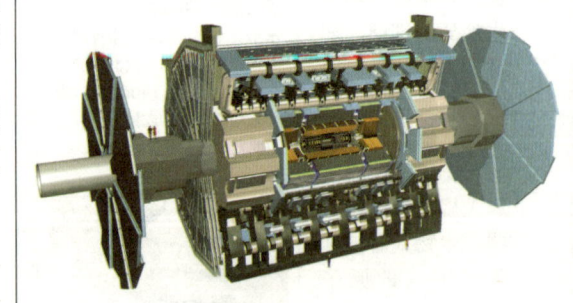

粒子加速器
粒子加速器是用人工方法产生高速带电粒子的装置。未来的粒子束武器实际上就是以粒子加速器为核心的。

- 军事通信做什么
- 军队的传令兵——军事通信卫星
- 千里眼——军用雷达
- 电子对抗设备

白宫：位于华盛顿市区中心宾夕法尼亚大街1600号，是美国总统府所在地。

尖端兵器篇

军队的"耳目"——军事通信

在战争中，无论是传递信息，还是搜集情报，都需要通信设备。通信设备就是军队的眼睛和耳朵，如果遭到破坏，那就相当于一个人没有了眼睛和耳朵，吃亏是必然的。鉴于其重要性，各国科学家发明了许多先进的军事通信设备。

■军事通信做什么

军事通信是军队为实施指挥，运用通信工具或其他方法进行的信息传递。军事通信系统是军队指挥系统的重要组成部分，是军队战斗力强弱的重要因素之一。现代战争广泛应用高技术武器，作战空间广阔，部队高度机动，作战样式转换频繁，战场形势变化莫测，军事信息量大，电子斗争激烈，这些特点都增加了军队指挥对军事通信的依赖。按通信手段的不同，军事通信分为无线通信、有线通信、光通信、运动通信和简易信号通信。其中，无线通信基站建立简捷迅速，受地理条件的影响小，是保障军事作战指挥的主要通信手段。

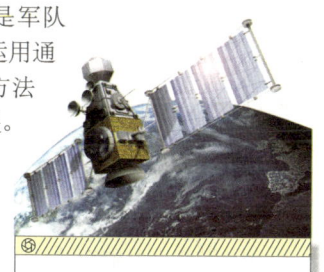

军事通信卫星（3D模型）
军事通信卫星可以用来监测敌方的各种动态，对于现代战争极为重要。

■军队的传令兵——军事通信卫星

军事通信卫星是军队的传令兵，同时它可以监测敌方的一举一动。现代战争中，指挥军队的各种行动主要通过它来实现。1990年7月29日晨，美国KH-11照相侦察卫星发现伊拉克军队关闭数月的"大王"雷达突然开机。4天后伊拉克占领了科威特全境。随后这些信息通过美国的通信卫星DSCS-Ii和DSCS-Iii等被很快地传送到了白宫和五角大楼，从而为美国拟定军事计划争取了有利时机。

■千里眼——军用雷达

军用雷达被誉为"千里眼"，它是利用电磁波发现目标并探测目标位置、速度的军用电子装备。军用雷达发射的电磁波能照射目标并接收其回波，由此来发现目标并测定位置、运动方向和速度及其他特性。它具有发现目标距离远、测定目标坐标速度

军用雷达
军用雷达是利用电磁波探测目标的军用电子装备，在军事行动中占有重要地位。

快、能全天候使用的特点。因此，军用雷达在警戒、引导、武器控制、侦察、敌我识别方面得到了广泛应用，成为现代战争中一种最重要的电子技术装备。

■电子对抗设备

电子对抗设备就是用于电子对抗侦察、电子干扰和电子防御的军事技术装备，其目的在于削弱或破坏敌方的通信设备，同时保护己方的通信设备和通信能力，为掌握战场主动权创造条件。1944年6月，英、美军队在法国诺曼底登陆战役中，就是综合运用各种电子对抗手段误导了德军，才得以成功登陆。

143

伊拉克：伊拉克位于亚洲西南部，阿拉伯半岛东北部，面积44.1839万平方公里。全国人口为2358万（2001年），穆斯林约占人口的95%。

▶ 打不破的头盔
▶ 神奇的迷彩服
▶ 穿不透的防弹衣
▶ 防毒面具

士兵的"保护伞"——防护装备

在战争中，可以致人于死地的因素很多，如子弹、毒气、病毒等等。为了保证生命安全，科学家发明了许多防护装备，以保障部队的生存能力和作战能力。

■ 打不破的头盔

头盔并不是为了抵御步枪子弹近距离的直射而设计的，而是为了防御炸弹等破片杀伤性武器和手枪弹的直射。一般情况下，头盔内安装二层式悬挂系统，可使头盔与头部保持一定的间隔，既保持良好的通风性，又可以有效减低外来冲击。头盔可抵挡663米/秒的破片撞击，可耐190摄氏度的高温。在伊拉克战争中，英国士兵罗德曼头部连中了四枪却毫发无损，就是多亏了他那顶头盔。

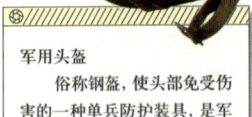

军用头盔
俗称钢盔，使头部免受伤害的一种单兵防护装具，是军人训练、作战时戴的帽子。

■ 神奇的迷彩服

迷彩服是军队作训服的一种基本类型，由绿、黄、茶、黑等颜色组成保护色。迷彩服的反射光波与周围景物反射光波的波长大致相同，不仅能迷惑敌人的目力侦察，还能对付红外侦察，使敌人的现代化侦视仪器难以捕捉到。迷彩服最早是作为伪装服出现的，希特勒的军队在第二次世界大战末期首先使用了迷彩服。后来，各国军队纷纷仿效，并对迷彩服的颜色和斑块形状进行了改进。

■ 穿不透的防弹衣

防弹衣是一种单兵防护装具，用于防护头或弹片对人体的伤害。按材料分，防弹衣可

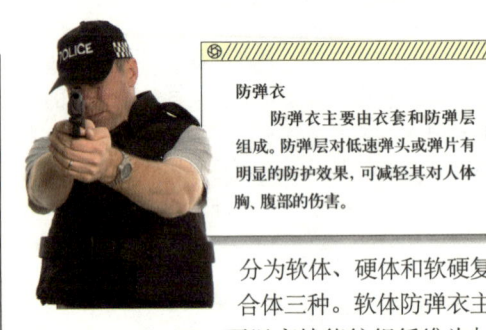

防弹衣
防弹衣主要由衣套和防弹层组成。防弹层对低速弹头或弹片有明显的防护效果，可减轻其对人体胸、腹部的伤害。

分为软体、硬体和软硬复合体三种。软体防弹衣主要以高性能纺织纤维为材料；硬体防弹衣则是以特种钢板、超强铝合金等为主要材料；软硬复合式防弹衣以软质材料为内衬，硬质材料用作面板和增强材料，是一种复合型防弹衣。

■ 防毒面具

现代防毒面具能有效地防御战场上可能出现的毒剂、生物战剂和放射性灰尘，按防护原理，可分为过滤式和隔绝式两大类。

过滤式防毒面具。由面罩和滤毒罐组成。面罩包括罩体、眼窗、通话器、呼吸活门和头带等部件。

【你知道吗】

2006年9月份，英国的12名士兵在伊拉克遭到反政府武装袭击。在以少敌多的情况下，英军士兵以一人死亡的微小代价奇迹般冲出了包围。死里逃生的英军士兵身上的防弹衣被密集的子弹打得像蜂窝，其中一名士兵身上中了12枪，但没有一件防弹衣被子弹击穿。当时英军士兵身上穿的防弹衣就是我国浙江一家公司生产的。中国的防弹衣自此一举成名，从此国际订单不断，销量飙升。

隔绝式防毒面具。由面具本身提供氧气，分储气式、储氧式和化学生氧式三种。隔绝式面具主要在高浓度染毒空气中，或在缺氧的高空、水下等特殊场合下使用。

◆ 144

Part 9

生活中的科技篇

像素：构成数字图像的基本单元，在光电转换系统中，是电子束或光束每一瞬间在图像上扫描的部分。图像中像素的数目越多，画面越清晰。

▶ 第一架照相机
▶ 照片是怎么出来的
▶ 数码照相机
▶ 红外热感应相机

留住时光的脚步——照相机

美好的时光不能倒流。不过，有一种机器却可以把时光的脚步留住，记录下过往岁月的风采，那就是照相机。

■ 第一架照相机

1822年，法国科学家涅普斯在感光材料上制出了世界上第一张照片。他把沥青溶

老式照相机
早期的照相机结构简单，仅包括暗箱、镜头和感光材料。而现代照相机比较复杂，具有镜头、光圈、快门、测距、取景、测光、输片、计数、自拍等系统，是结合各学科技术的复杂产品。

于薄荷油中制成溶液，然后涂在金属板面上。将涂有溶液的金属板曝光后浸在煤油中，使薄荷油溶于煤油，于是在金属板上便显出影像来了。不过这样得到的影像仍然十分模糊，而且需要8个小时的曝光。1826年，涅普斯又在涂有感光性沥青的锡基底版上，通过暗箱拍摄了一张照片。1839年，法国的达盖尔制成了世界上第一台实用的银版照相机，它由两个木箱组成。

■ 照片是怎么出来的

进入镜头组的光线经过镜头组折射后，通过光圈快门，就会在相机的电子感应器或胶片上形成清晰的图像。电子感应器将图像转化为电子照片，保存在相机的存储介质中，通过电脑等设备可以打印出照片。传统的相机将图像投射在胶片上感光，在胶片上形成

【你知道吗】
2007年5月29日，美国韦斯利斯特拍卖行宣布，一台1839年制造的法国照相机被一位匿名人士以79.2333万美元的价格从网上买走，目前它成为世界上最贵的相机。

潜影，这个潜影是光和胶片上的乳剂产生化学反应的结果。潜影再经过显影和定影处理就形成了影像，然后通过冲印就可得到照片。

■ 数码照相机

数码相机是一种利用电子传感器把光学影像转换成电子数据的照相机。它通过光学系统将影像聚焦在成像元件CcD/CMOS上，通过A/D转换

数码相机
数码相机是集光学、机械、电子为一体的产品，使用简单，携带方便，功能强大，在全球都有广泛的市场。

器将每个像素上光电信号转变成数码信号，再经DSP处理成数码图像，存储到存储介质当中。具体过程如下：光线从镜头进入相机，CcD进行滤色、感光（光电转化），按照一定的排列方式将拍摄物体"分解"成了一个一个的像素点。这些像素点以模拟图像信号的形式转移到"模数转换器"上，转换成数字信号，而后被传送到图像处理器上，处理成真正的图像，之后压缩存储到存储介质中。最后，通过电脑设备就可以打印出清晰的照片。

■ 红外热感应相机

相机一般在有可见光的条件下才能拍照，但是，有一类照相机却能够在漆黑的环境中拍照，它能感应到红外线，而凡是有温度的物体都会发射红外线。也就是说，这种相机在没有光源的情况下也可以拍照，它就是红外线热感应相机。科学家发现，人在说谎时眼睛周围的温度会快速上升，而红外热感应相机可以拍摄到说谎人眼睛周围呈现红色的图像，因此它也是一种很好的测谎仪。

- 电视图像从哪儿来
- 电视机的"心脏"
- 世界上第一台电视机
- 网络电视

液晶：介于固态和液态之间的、具有规则性分子排列的有机化合物，加热后会呈现透明状的液体状态，冷却后则会出现结晶颗粒的混浊固体状态。

生活中的科技篇

影像时代先锋——数字电视

随着科技的发展，电视机也在"与时俱进"。从最初的黑白电视机到彩色电视机，从彩色电视机再到数字电视机，至此，电视机已进入了数字化时代。那么，你对电视机又了解多少呢？

■ 电视图像从哪儿来

我们是怎样看到电视节目的呢？大致过程如下：电视节目发射中心将制作好的电视节目画面分解成许多像素，通过发射塔的振荡器、调制器和放大器变换成相应的大小不同的电信号并传送出去。这些信号被电视接收端天线接收后，电视机里的调谐器、音频检测器和视频解码器就会将其还原成图像，显示出图像和声音来。这样，我们就可以看到电视节目了。

平板电视机
平板电视机就是屏幕呈平面的电视机，主要包括液晶显示屏电视机、等离子显示屏电视机等几大类，体现了电视机超薄、超轻、高清的发展趋势。

■ 电视机的"心脏"

电视显像管被称为电视机的"心脏"，没有它，电视机就无法显示图像。它是电视系统接收终端的关键器件。显像管是一种电子（阴极）射线管，它的主要作用是将发送端（电视台）摄像机摄取转换的电信号（图像信号）在接收端以亮度变化的形式重现在荧光屏上。

■ 世界上第一台电视机

1923年，英国的电子工程师约翰·贝尔德为自己发明的能产生8线图像的装置申请了专利。1924年，贝尔德首次用收集到的旧收音机器材、霓虹灯管、扫描盘、电热棒和可以间断发电的磁波灯和光电管等材料，做了一连串试验来传送图像。经过多次试验之后，1930年，他终于制造出了世界上第一台电视机。1932年，英国广播公司播出了世界上第一个规范的电视节目。从此，人类步入了电视时代。

■ 网络电视

网络电视既不同于传统的模拟式有线电视，也不同于经典的数字电视。

数字电视机顶盒
数字电视机顶盒是一种能够让用户在现有模拟电视上观看数字电视节目，进行交互式数字化娱乐、教育和商业化活动的电子产品。

传统的有线电视和经典的数字电视都具有频分制、定时、单向广播等特点。尽管经典的数字电视相对于传统有线电视有许多技术革新，但只是在信号形式上的改变，而没有触及媒体内容的传播方式。网络电视则是利用宽带有线电视网的基础设施，以家用电视机作为显示器，通过互联网络协议这种新方式，来提供包括电视节目在内的多种数字媒体服务。

【你知道吗】
1985年3月17日，在日本举行的筑波科学万国博览会上，索尼公司建造的超大屏幕彩色电视墙亮相。它位于中央广场上，长40米、高25米，面积达1000平方米，整个建筑有14层楼房那么高。这个超大屏幕由36块大型发光屏组成，每块重1吨，厚1.8米。

147

压缩机：冰箱制冷系统的心脏，它从吸气管吸入低温低压的制冷剂气体，这些气体经过电机运转带动活塞压缩后，变成高温高压的制冷剂气体，为制冷循环提供动力。

▶ 冰箱的起源
▶ 自动调节温度
▶ 现代化功能

会思考的冰箱——智能冰箱

炎炎夏日，能够喝上冰凉的饮料，是十分惬意的事情。但是，有时冰箱会把你要喝的饮料冻成冰，让你无法下口。现在，市场上有一种智能温控冰箱，它可以实现智能控制温度。

■ 冰箱的起源

老式冰箱
老式冰箱非常笨重，而且功能也有所欠缺，但它的出现却改变了人们的生活。

1920年，美国纽约市布鲁克林区一家平板印刷厂里一位名叫卡里尔的工程师，设计出了一种能控制温度和湿度的系统冰盒。大约在第一次世界大战期间，出现了一些体积更小的家用冰盒。它实际上只是一种在旧式冰盒壳内安装上电机和转动皮带的试验品。1923年，美国通用汽车公司的费雷基代尔引进了一种新的机械冰盒组件，并组装成"箱"：费雷基代尔将储存易腐烂食品的冰盒和机械制冷部分装进了一个特制的箱（柜）子，这种制冷装置噪声低，使用方便，且结构紧凑。至此，真正意义上的冰箱诞生了。

■ 自动调节温度

智能温控冰箱是基于电脑人工智能、以精确温度控制为主要特征的新型数码冰箱。由于采用了根据电脑指示自动调整运行状态的压缩机和智能温控软件，这种冰箱可以在低能耗下保持稳定工作，并自行控制食物所需的理想温度，即使频繁增减冰箱里存放的食物，它也可以快速调节。此外，为了增加保鲜效果，此类冰箱内部还特设了均匀冷量的装置，食物放在里面任何一个角落都会保持均匀恒定的温度。

■ 现代化功能

车载冰箱
车载冰箱的容量很小，一般只能放几瓶饮料，且只有高档轿车才会有这种设备。车载冰箱的位置一般在中控台、前排乘客位储物箱里、后排扶手中央或者后备箱里。

智能温控冰箱具有以下现代化功能：

智能运行功能：能够精确控温，自动调节冷藏室和冷冻室的温度。断电后再次来电时，冰箱仍将按智能状态进行工作。

断电延时保护功能：电冰箱每次启动前，会自动检查压缩机是否延时约7分钟，若已经延时7分钟，则启动，否则冰箱压缩机不予启动。

开门时间过长报警功能：在冰箱门未关或未关紧时，它会自动报警，提醒用户及时关上冰箱门。

故障电路自动模拟运行功能：若电路中某一元件或多个元件损坏，冰箱会根据正常运行时的参数自动模拟运行，以避免由于某个元件的损坏而造成整个系统无法运行。

自动故障显示功能：冰箱能对系统相关元件进行自动检测并将故障原因显示在主控板上，以便及时而迅速进行检修，从而降低维修难度和成本。

【你知道吗】

香蕉在12摄氏度以下的地方储存，会发黑腐烂；鲜荔枝在0摄氏度的环境中放置一天，表皮即会变黑、果肉变味；西红柿经低温冷冻后，肉质呈水泡状，严重的则会腐烂；火腿如放入冰箱低温储存，腿肉就会结块或松散，肉质变味，极易腐败；巧克力在冰箱中冷存后，一旦取出，其表面会结出一层白霜，极易变质，失去原味。所以，这些食物均不宜在冰箱中储存。

- 第一台微波炉
- 如何加热食物
- 光波炉

微波与金属：金属在微波加热的情况下会产生火花，因此在微波烹调中不得使用密闭的金属容器或金属网状容器。

生活中的科技篇

烹调专家——微波炉

当你饥肠辘辘回到家时，只需将食物放在微波炉里，几分钟后，就可以享受热腾腾的美味了。微波炉的出现，给我们的生活带来了极大的方便。

■ 第一台微波炉

1940年，英国的两位发明家在改进雷达系统时设计出了一个叫做"磁控管"的器材部件，它能产生微波能，即一种短波辐射。在使用磁控管时，他们注意到磁控管产生的辐射反过来又产生了热，可很快融化巧克力，并且还能用来爆玉米花。于是，他们开始思索如何才能更好地利用这种热能。第一个微波炉就在第二次世界大战期间的雷达研究室内闪亮登场了。因此，微波炉最早被称为"雷达炉"，后来才正名为微波炉。

1947年，雷声公司推出了第一台家用微波炉。可是这种微波炉因成本太高，寿命太短，没有得到成功的商业推广。1965年，乔治·福斯特对微波炉进行了大胆的改进，并与斯本塞一起设计了一种耐用而价格低廉的微波炉，微波炉开始走进千家万户的厨房。

微波炉
微波炉是一种用微波加热食品的现代化烹调灶具，功率一般为500至2000瓦。

■ 如何加热食物

微波炉的外部结构主要由腔体、门、控制面板组成，内部结构由电源部、磁控管部、炉腔部、炉门等四个部分组成。

微波是一种频率非常高的电磁波，其频率通常在300吉赫至300兆赫之间，是由微波炉的心脏——磁控管产生的。使用微波炉时，微波以每秒24.5亿次的超高频率快速震荡食物内的蛋白质、脂肪、水等分子，使分子之间相互碰撞、挤压、摩擦，重新排列组合，从而迅速将食物加热。而且微波不会使任何纸、瓷和玻璃质食物容器变热。微波加热是一种非常方便的烹调形式，由于烹调时间短，也节省了能源。

■ 光波炉

光波炉是微波炉的升级产品，它实际上是一种光波、微波组合炉，也就是在微波炉腔内增设了光波发射器和光波反射器，以确保光波在最短时间内聚焦热能并使其最大化。光波炉工作时，光源、磁控管既可以单独使用，又可以组合使用。光波炉采用光波和微波双重高效加热，瞬间即能产生巨大热量。又因为加热是直接针对食物本身，不需要通过器皿传热，且内外同时进行，所以加热时间极短，效率很高，仅需两三分钟即可达到加热效果。据测试，光波炉加热的能源利用率可高达95%以上。

光波炉
光波炉实际上是光波、微波组合炉，它在微波炉炉腔内增设了一个光波发射源，能巧妙地利用光波和微波综合对食物进行加热。

【你知道吗】

用微波炉烹调菜肴时要少放盐，这是因为盐能导电，微波会与食物表面盐离子浓度高的部分产生电流感应，在食物表面形成环流，使微波的能量在渗透到食物中心之前就消耗掉了。所以，放盐多的食物经微波炉烹调后常常外熟内生。

149

制冷剂：又称制冷工质，是制冷循环的工作介质。最常用的制冷剂有氨制冷剂、氟里昂类制冷剂、水类制冷剂和少数碳氢化合物制冷剂等。

- 空调的发明人
- 省电的变频空调
- 为什么会变凉爽
- 小心空调病

冷暖相伴——空调

天寒地冻，它给你送去温暖；天热难耐，它给你送去凉爽。这就是与你冷暖相依的好伙伴——空调。

■ 空调的发明人

1901年，美国的开利博士建立了世界上第一所空调实验室。1902年7月17日，开利博士设计了世界上公认的第一套科学空调系统，它首次证明了人类对环境温度、湿度、通风和空气品质的控制能力。1906年，开利博士获得了"空气处理装置"的专利权，这是世界上第一台喷水机，它可以加湿或干燥空气。1937年开利博士又发明了空气－水系统的诱导器装置，是现在的风机盘管的前身。在空调科研方面取得卓越成就的开利博士，被人们誉为"空调之父"。

开利博士
威利斯·开利
（1876～1950年），美国工程师及发明家，现代空调系统的发明者。他定义了空调必须具备的四项功能：控制温度、控制湿度、控制空气循环和通风、净化空气。

■ 省电的变频空调

变频空调是与传统的定频空调相比较而产生的概念。众所周知，我国的电源电压为220伏、50赫兹，在这种条件下工作的空调称为"定频空调"。变频空调是在普通空调的基础上选用变频专用压缩机，增加变频控制系统改造而成的。它的基本结构和制冷原理与普通空调完全相同。变频空调的主机是自动进行无级变速的，它可以根据房间温度自动提供所需的冷（热）量。当室内温度达到期望值后，空调主机则能以准确保持这一温度的恒定速度运转，实现"不停机运转"，保证环境温度稳定。

■ 为什么会变凉爽

空调通电后，制冷系统内制冷剂的低压蒸汽被压缩机吸入并压缩为高压蒸汽后排至冷凝器。同时，轴流风扇吸入的室外空气流经冷凝器，带走制冷剂放出的热量，使高压制冷剂蒸汽凝结为高压液体。高压液体经过过滤器、节流机构后喷入蒸发器，并在相应的低压下蒸发，吸取周围的热量。同时，贯流风扇使空气不断进入蒸发器进行热交换，并将放热后变冷的空气送向室内。如此，室内空气不断循环流动，从而达到降低温度的目的。

■ 小心空调病

在使用空调的过程中，室内空气通过空调系统的风道、过滤器时，会使负离子浓度大为降低。吸入过多的这种空气，人体的正常生理平衡就会失调，从而出现空调病。空调病主要表现为头昏、头疼、鼻塞、喉干、注意力不集中、心悸、血压升高和易感冒等。

中央空调器
中央空调采用风管送风方式，用一台主机即可控制多个房间的温度，并且可引入新空气，有效改善室内空气的质量，预防空调病的发生。

【你知道吗】
随着全球气温的不断升高，居住在北极圈附近的因纽特人也开始觉得酷热难耐。2006年7月，临近北极的加拿大魁北克省库朱阿克市市政府决定在政府办公室安装10部空调，帮助25名工作人员防暑降温。

- 世界上第一台吸尘器
- 灰尘是如何被吸走的
- 使用吸尘器应该注意什么
- 机器人吸尘器

3D：3D是three-dimensional的缩写，即三维图形。

生活中的科技篇

❦ 让灰尘无处藏身——吸尘器

灰尘无处不有，无处不在。吸入灰尘，对人体健康不利。鉴于此，有人发明了吸尘器，它可以将灰尘消灭无踪，还你一片清洁的空间。那么，吸尘器是如何消灭灰尘的呢？

■ 世界上第一台吸尘器

1901年，英国工程师布斯到伦敦的帝国音乐厅参观美国一种用压缩空气把尘埃吹入容器的机器。布斯认为此法并不高明，因为许多尘埃未能吹入容器。受此启示，他做了个很简单的试验：将一块手帕蒙在椅子扶手上，嘴对

吸尘器的清洁原理是借助吸气作用，从地板、地毯、墙壁、家具及其他不易用扫帚清除污垢的物体表面吸走灰尘和干燥的脏物，如线头儿、纸屑、头发等。

着手帕吸气，结果手帕附上了一层灰尘。据此原理，他制成了吸尘器——用强力电泵把空气吸入软管，通过布袋将灰尘过滤。1907年，美国发明家斯班格拉制成了轻巧实用的家用吸尘器。

■ 灰尘是如何被吸走的

工作前，将软管、接长管及吸嘴按要求接好，并装在吸尘器吸入口。接通电源后，串激电动机高速转动，并带动风机转动，风机叶轮上的叶片不断地对空气做功，使空气得到能量，并以极高的速度排出风机。这样，风机前端吸尘部里的空气源源不断地补充叶轮中的空气，使吸尘器内形成瞬间真空，即吸尘部内与外界大气压形成了一个相当高的负压差。在此负压差的作用下，吸嘴旁的垃圾与尘埃随着气流经过吸嘴、接长管、软管及吸入口进入吸尘部。

吸尘器机器人Roomba是目前世界上销量最大的家用机器人。它能避开障碍，自动设计行进路线，还能在电量不足时自动驶向充电座。

■ 使用吸尘器应该注意什么

不要用吸尘器吸铁钉、大头针、图钉等金属物体及金属粉末、碎屑；吸尘器都采用不防爆普通型电机，故不能吸易燃易爆物品及粉尘，否则可能引起爆炸；吸尘器使用完后，应将滤袋清理干净，否则里面的灰尘越积越多，影响散热效果；吸尘器使用完后，应彻底降温后再收起来保管，以免因热量散发不出去而发生事故。

■ 机器人吸尘器

机器人吸尘器身上装有传感器和导航软件，可通过远程遥控进行定时、定区域的室内清洁扫除工作。在没有人参与的情况下，它依靠3D地图技术来进行定位，能使吸尘器灵巧地躲避障碍物。而其强大的智能判断系统，能使之轻易地分辨出垃圾与其他日常生活用品。吸尘器的电池能维持其连续工作50分钟，一旦电池处于即将耗尽的状态，吸尘器会自动回到充电座补充能源。

【你知道吗】

吸尘器内的密封胶垫如果已经老化，失去弹性，应及时更换新胶垫；尘杯和尘袋内积存有较多垃圾时，要及时清理，不一定非要等到尘满指示灯亮才清理；保持通风路径畅通，避免因阻塞造成吸力下降、电机发热。要想延长吸尘器的使用寿命，必须从以上点点滴滴的维护做起。

磁条：磁卡上涂敷或粘贴的条状磁性材料，用来存储信息，一般宽5至10毫米，表面覆有保护膜。

▷ 信用卡的由来
▷ 什么是信用卡
▷ 消费不用现金

走到哪里都刷卡

当今时代，大多数人都拥有一张甚至十几张不同用途的卡。卡已经深入到社会生活的方方面面，人们走到哪里都可以刷卡。

■ 信用卡的由来

信用卡于1915年起源于美国。最早发行信用卡的机构并不是银行，而是一些百货商店、饮食业、娱乐业和汽油公司。美国的一些商店、饮食店为招徕顾客，推销商品，扩大营业额，有选择地在一定范围内发给顾客一种类似金属徽章的信用筹码，作为客户购货消费的凭证。以此展开了凭信用筹码在商店或公司或汽油站购货的赊销服务业务，顾客可以在这些发行筹码的商店及其分店赊购商品，定期付款。这就是信用卡的雏形。

■ 什么是信用卡

信用卡是商业银行向个人和单位发行的，凭此向特约单位购物、消费和向银行存取现金，具有消费信用的特制载体卡片。在外形上，信用卡大小如同身份证，一般用特殊的塑料制成：正面印有特别设计的图案、发卡机构的名称及标识，并有用凸字或平面方式印制的卡号、持有者的姓名、有效期限等信息；卡片背面则有用于记录有关信息的磁条、供持卡人签字的签名条及发卡机构的说明等。

信用卡
信用卡是商业银行向个人和单位发行，凭此向特约单位购物、消费和向银行存取现金，具有消费信用的特制载体卡片，其形式是一张正面印有发卡银行名称、有效期、号码、持卡人姓名等内容，背面有磁条、签名条的卡片。

■ 消费不用现金

当顾客购货结账时，只需将信用卡交给商店，由收款员把信用卡放在压印机上压印一下，那些凸字就会印在一式三联的单据上，然后持卡人在单据上签字，商店收款员将单据上的签字与信用卡上的签字式样核对相符后，即承认记账消费，持卡人不必另付现金。持卡人除了可以在特约商户凭卡签字购买各种商品、就餐、娱乐、住宿外，还可以向发卡机构指定的银行透支一定限额的现金。特约商户和指定受理银行凭持卡人签字的账单向发卡机构收款，再由发卡机构送持卡人核对，并由持卡人在规定的期限内付清。至持卡人付清时，发卡机构按规定计收透支款项利息；如到期未付清，则要计收罚息。

刷卡支付信用卡这种支付工具现在已经普遍成为很多国家经济中必不可少的交换手段，同现金和支票相比，它能够为消费者和商户带来更多的便利，具有极大的优越性。

【你知道吗】
IC卡在全球发展迅速，每年约以40%的速度增长，被广泛应用于各个领域，成为衡量一个国家经济发展水平的重要标志之一。欧洲的发卡量最大，其中法国的发卡量及读卡设备均居世界第一位。

- IC卡 的发明人
- 万能工具卡——IC卡
- ID卡的奥秘

GSM：即全球移动通讯系统，俗称全球通，是一种起源于欧洲的移动通信技术标准，是第二代移动通信技术。

生活中的科技篇

■ IC卡的发明人

IC卡又叫集成电路卡，它是在塑料卡片上嵌置一个或多个集成电路构成的一种卡片。IC卡的最初设想是由日本人提出来的。1969年12月，日本的有村国孝提出制造一种安全、可靠、保险的信誉卡，并于1970年获专利，那时叫ID卡。1974年，法国的罗兰德·穆瑞拉发明了带集成电路芯片的塑料卡片，并取得专利权。这就是早期的IC卡，但当时并未投入使用。1983年，这一发明受到法国政府的重视，由政府出面推动IC卡的使用。

信用卡消费

在人们日常消费过程中，由于携带现金既麻烦也不安全，因此人们选择刷卡的方法结账。信用卡便利了人们的生活。

■ 万能工具卡——IC卡

由于IC卡小巧玲珑，便于携带，且存储量大，保密性好，使用寿命长，制造成本低，因此日益受到人们的青睐。如今，它已广泛应用于金融流通、购物预付、身份认证、资料记录等方面。IC卡可以十分方便地支付各种零用支出，如存车费、电话费、地铁乘车费、饭店就餐费、公路付费以及购物旅游、贸易服务等费用。

IC卡还可以记录个人资料，如本人的生理特征、工作简历、病历、过敏药物等资料，以适应社会活动的各种需要。IC卡在通信领域中，可用于拨打公用电话、交纳电话费以及移动通信和有线电视等需要识别个人码才允许使用的一些新业务。

手机SIM卡

SIM卡是IC卡的一种具体应用。SIM卡是一种符合GSM规范的"智慧卡"，可以插入任何一部符合GSM规范的手机中，实现"电话号码随卡不随机的功能"，而且通话费用自动计入持卡用户的账单，与手机无关。

■ ID卡的奥秘

ID卡即只读式非接触卡。ID卡里储存有一块芯片，这块芯片上记录有特定的卡号。当把ID卡靠近读卡器时，读卡器可感应供电并读出存储在ID卡芯片中的唯一卡号。卡号是在封卡前写入的，所以封卡后不能更改。无源和免接触是ID卡芯片两个最突出的特点，只要将卡靠近读卡器，读卡器就可以进行识别。射频接口电路是制作ID卡的核心技术，它从读卡器接收射频能量，为芯片产生电源和系统时钟，并使ID卡与读卡器间实现无线通信。ID卡具有操作方便、快捷、可靠等突出优点，在社会生活中获得了广泛应用。

【你知道吗】

2005年以后，英国开始征收垃圾分类税。当居民在倾倒无法回收的垃圾时，必须在新式垃圾桶上插入专门的IC卡并将垃圾放在电子秤上称重，其重量将被自动存储在IC卡内。每月征收"垃圾税"时，会有市政部门的人员到各家各户，用专门的设备读取IC卡中的数据并据此征收"垃圾税"。

153

国际物品编码协会：简称GS1，成立于1977年，是一个在比利时注册的非营利性、非政府间国际机构。

- 神奇的条形码
- 条形码是什么
- 谁发明的条形码
- 条形码上的数字

商品的"身份证"——条形码

商品也有"身份证"。留意观察就会发现，大多数具有外包装的商品上都有一种黑白相间的条纹图案，这种条纹图案叫"条形码"，它就是商品的"身份证"。

■ 神奇的条形码

条形码

条形码是迄今为止最经济、实用的一种自动识别技术。具有输入速度快、可靠性高、采集信息量大、使用灵活等优点。

商品条形码是实现商业现代化的基础，是商品进入超级市场、POS扫描商店的入场券。在商店，当顾客采购完商品在收银台前付款时，收银员只需将带有条形码的商品在装有激光扫描器的台上轻轻掠过，就可把条形码下方的数字快速输入电子计算机。通过查询和数据处理，计算机可立即识别出该商品制造厂商、名称、价格等信息并打印出购物清单。这样不仅可以实现售货、仓储和订货的自动化管理，而且通过产、供、销信息系统，使销售信息及时为生产厂商所掌握。

■ 条形码是什么

条形码是由宽度不同、反射率不同的条和空，按照一定的编码规则编制成的，用以表达一组数字或字母符号信息。条形码在商品流通、邮电管理等许多领域都得到了广泛的应用。商品条形码编码遵循唯一性原则，即一个商品项目只能有一个代码，以保证商品条形码在全世界范围内不重复。

■ 谁发明的条形码

条码扫描
在购物时，售货员用条码扫描器把商品包装上的条形码扫描进计算机后，计算机就能自动查询售价并进行收款累计了。

19世纪20年代，一位名叫肯德姆的发明家"异想天开"，想对邮政单据实现自动分拣。他的想法是在信封上做条形码标记，条形码中的信息是收信人的地址，就像今天的邮政编码一样。为此肯德姆发明了最早的条形码标识。设计方案非常简单，即一个"条"表示数字"1"，两个"条"表示"2"，以此类推。但真正意义上的条形码则是由美国的布兰德在1949年发明的。

■ 条形码上的数字

商品条形码具有国际通用性，由13位数字组成。一般由前缀码、制造厂商代码、商品代码和校验码组成。前缀码赋码权在国际物品编码协会，是用来标识国家或地区的代码，如000至009代表美国、加拿大，690至692代表中国大陆。制造厂商代码的赋码权在各个国家或地区的物品编码组织。商品代码是用来标识商品的代码，赋码权归产品生产企业。校验码是用来校验商品条形码中左起第1至12个数字代码正确性的。

【你知道吗】

目前世界上常用的码制有EAN条形码、UPC条形码、二五条形码、交叉二五条形码、库德巴条形码、三九条形码和128条形码等，而商品上最常使用的是EAN商品条形码。EAN商品条形码亦称通用商品条形码，由国际物品编码协会制定，通用于世界各地。

Part 10
现代化交通篇

轮辐：车轮上连接轮辋和轮毂的部分。

▶ 最古老的运输工具
▶ 车轮的演变史
▶ 古代最好的交通工具

车之"脚"——轮子

众所周知，无论是三轮车、四轮车，还是大车、小车，只要是车，没有轮子就寸步难行。那么，作为车之"脚"——轮子又是从哪来的呢？

■ 最古老的运输工具

一万年前，陆地的大部分都被冰川覆盖。所以，人们最早使用的交通工具是滑橇。所谓"滑橇"，就是可以滑动的运载装置。最简单的滑橇就是一个平板，复杂一些的还会在平板下垫几根滚杠——据说古埃及人就是用这种方法把巨大的石料堆成金字塔的。

■ 车轮的演变史

世界上最早的车轮，大概出现于5500年前，是由生活在西亚美索不达米亚平原的苏美尔人发明的。

车轮的前身是制陶用的轮子，古人用它可以成批制作陶器。简单的陶轮只有一对盘形的轮，轮盘之间装有一根轴，轴直立竖放。陶工一面用脚蹬转下面的轮盘，一面用手将柔软的黏土置于上面的轮盘中塑捏成型。因此，最早的轮子只是一些圆形的板，它们和轴牢牢地钉在一起。到公元前3000年时，人们已将轮轴装到手推车上。此后不久，就出现了装有轮辐的车轮。

古老而重要的发明
古老的木车轮轮子通常被视为人类最古老、最重要的发明，以至我们经常把它和火的使用相提并论。实际上，人类驯服火的历史超过150万年，而开始使用轮子只有区区六千载光阴。

■ 古代最好的交通工具

马车的历史极为久远，它是古代最好的陆上交通工具。大约在公元前2000年，黑海沿岸大草原的几个部落带着马来到底格里斯—幼发拉底河流域，开始用马来拉装有轮子的车，于是，马车出现了。这种车轮已经有轮辐，而不像早期的车轮那样，是用整个木头块做成的圆板，因而比较轻便，易于拉动。此后的几千年里，马车成为世界各国主要的运输工具。直到1904年，四轮马拉的驿车与蒸汽列车赛跑失败后，马车的黄金时代才宣告结束。但直到今天，在一些落后的国家和地区，马车仍在作为主要交通工具使用。

【你知道吗】
1814年，英国人斯蒂芬森制造出了世界上第一辆蒸汽机车。当时，有人驾着一辆马车和它赛跑。这辆蒸汽机车丑陋笨重，走得很慢，漂亮的马车骄傲地行驶在了它的前面。更为糟糕的是，由于没装弹簧，斯蒂芬森的蒸汽机车把路基都震坏了。

秦始皇陵出土的1号彩绘青铜马车
中国古代的战车多为马车。这是秦始皇陵出土的一辆大型彩绘铜车，双轮、单辕结构，前驾四马，车上立一圆伞，伞下站立一名高91厘米的铜御官俑。

156

- 自行车的成长史
- 电动自行车
- 折叠自行车
- 碳纤维自行车

闸：又称制动器，即安装在某些机械上能随时使机械停止运行的设备。

现代化交通篇

🔱 自行车演义

骑自行车不仅方便出行，有时候还是一种乐趣。对于自行车的使用方法，我们都很熟悉，但关于自行车的由来、自行车的种类，你知道多少呢？

折叠自行车
折叠自行车以结构简洁合理、携带和使用方便等特点广为人们喜爱。

■ 自行车的成长史

1790年，法国人西布拉克伯爵用木头制成了一辆两个轮子呈纵向排列的、形状似木马的自行车。这是世界上第一辆结构较为完整的自行车。1839年，英国人麦克米伦发明了蹬踏式脚蹬驱动自行车，骑车时两脚不用蹬地，提高了行驶速度。1869年诞生的雷诺型自行车，车架改由钢管制作，车轮也改由钢圈和辐条组成，更加轻便。1886年，被后人称为"自行车之父"的英国机械工程师斯塔利为自行车装上了前叉和车闸，前后轮的大小相同，并用钢管制成了菱形车架，还首次使用了橡胶的车轮。1887年，英国人劳森完成了链条驱动自行车的设计。同年，英国人邓鲁普研制出了充气轮胎。从此，自行车开始被大批量生产。

【你知道吗】
20世纪中后期，自行车在我国获得了前所未有的普及和发展。现在，我国的自行车产量、消费量、出口量均居世界第一。全国拥有5亿多辆自行车，年出口量达到2000万辆。从某种意义上来说，我国是一个"自行车王国"。

■ 电动自行车

自行车又称脚踏车或单车，是有两个轮子的小型陆上车辆，一般由人力踩踏踩踏板驱动。近年来又出现了电动自行车，它是以蓄电池作为辅助能源，具有两个车轮，能实现人力骑行、电动或电助动功能的特种自行车。它具有普通自行车的外表特征，同时又在普通自行车的基础上安装了电机、控制器、蓄电池、转把闸等操纵部件和显示仪表系统，是机电一体化的个人交通工具。

■ 折叠自行车

折叠自行车是可以折叠起来的自行车。它应用升降手闸使自行车的轴心向上提升，从而折叠成超小体积的轴心型便携式结构，整车折叠后可以放进箱包中。折叠自行车在制作时需要安装锁紧合页，将车架与龙头、车座相连接，锁紧合页则装有弹簧、钢索等以方便折叠。折叠自行车的结构简洁合理，能轻松折叠和展开，携带和使用都比较方便，受到了人民大众的普遍欢迎。

■ 碳纤维自行车

碳纤维自行车就是以碳纤维为主要材料制成的自行车。碳纤维是一种强度比钢大、密度比铝小、耐腐蚀、耐热、耐高温的新型材料。碳纤维自行车有重量轻、不弯曲、冲击吸收性好等特点，但自行车厂家考虑到成本问题，不大可能使用高等级的碳纤维来制作车架。虽然如此，碳纤维自行车的重量还是可以小至八九千克，十分轻巧、方便。

山地自行车
山地自行车是专门为越野行走而设计的自行车。它一般拥有缓冲作用、抗震性能好的轮胎，牢固结实、材料刚度大的车架，不易疲劳的手把以及具有多个档位的变速器等。

内燃机：热机的一种，燃料在汽缸里燃烧，产生膨胀气体，推动活塞，由活塞带动连杆转动轴轮。内燃机用汽油、柴油或煤气做燃料。

▶ 第一辆摩托车
▶ 为什么叫摩托车
▶ 地狱战车——哈雷摩托车

现代坐骑——摩托车

说起摩托车，没有人不知道。但要问起发明摩托车的人是谁，恐怕知道的人就不多了。那么，发明摩托车的人是谁呢？

■ 第一辆摩托车

德国工程师戴姆勒和他的助手迈巴赫经过努力，于1876年研制出了一台以汽油为燃料的内燃机。1885年，戴姆勒和助手将这台内燃机安装在一辆橡木车架、前轮直径为86.4厘米、后轮直径为86.6厘米的自行车上，并把这辆二轮车命名为"单轨道号"，世界上第一辆摩托车就这样诞生了。1894年，又有人开发出了排量为1488毫升、水冷式、水平并列双缸四冲程汽油机为动力的摩托车，功率为1.84千瓦。该摩托车与戴姆勒的相比，既无变速机构，也无飞轮，只是通过从两侧的活塞延伸到后方的长连杆直接驱动后轮。该车型一面世，就成为世界上最早批量生产的摩托车车型。

世界上第一辆摩托车 1885年，德国工程师戴姆勒和助手迈巴赫把一台汽油内燃机安装在以橡木为车架的自行车上，制造出世界上第一辆摩托车。

凌空飞跃 图为摩托车越野赛中摩托车手驾车腾空跃起的情景。全世界速度最快的摩托车时速可达402千米。

美国人则把这种廉价的新车习惯地称为"MOTORCYCLE"，即"机动脚踏车"之意。这种"MOTORCYCLE"在晚清时传入我国，当时国内有人按照英语谐音的方式将"MOTOR"随口称为"摩托"，而将后面的"CYCLE"音节省略，以汉语"车"来代替，于是就有了"摩托车"。

■ 为什么叫摩托车

戴姆勒成功试制出世界上第一辆以汽油机驱动的两轮车并获得专利后，为了纪念自己的发明，他在此车上特地标上了德文"MOTORZWEIRD"的字样，基本含义是"机器驱动的两轮车"。从1890年至20世纪初，美国许多自行车厂纷纷转而生产机器驱动的摩托车，极大地促进了摩托车的普及与发展。而

■ 地狱战车——哈雷摩托车

被誉为"地狱战车"的哈雷摩托车，是美国生产的一种重量级摩托车。自诞生以来，就以其超强的爆发力、耐用性和令人尖叫的速度，受到男性消费者的普遍欢迎。

【你知道吗】
美国克莱斯勒汽车公司推出的"道奇·战斧"四轮摩托车，自重680千克，车长超过2.5米，宽度约70厘米，高度1米，一次注油量为14.8升。理论上，在2.5秒内能加速到96.5千米/小时，最高时速可达590千米。该车上市售价约为25万美元。

哈雷摩托车的速度非常快，时速可达到240千米。但哈雷摩托车也非常昂贵，售价一般在15万至20万美元之间，所以买得起哈雷摩托车的人大都是商界名流、影视大腕、体育明星和政界精英。

哈雷摩托车 哈雷摩托车最初是在1903年由21岁的威廉·哈雷和20岁的阿瑟·戴维森在一间小木屋里"攒"出来的，并以两个人的姓氏命名为"哈雷-戴维森"。这就是哈雷摩托车名字的渊源。

158

- 汽车之父
- 汽车的"心脏"
- 汽车的"骨架"
- 汽车的"皮肤"

概念车：一种新型高智能水平的汽车，但由于生产条件、科学技术的限制，只能先做出模型，还无法大规模上线生产。

现代化交通篇

时代的宠儿——汽车

本茨的三轮汽车

1885年，德国工程师卡尔·本茨研制成单缸汽油发动机，并将它安装在自己设计的三轮车架上，于次年1月成功取得了世界上第一个汽车制造专利权。

车如流水马如龙，这是现代城市的真实写照。汽车在给人们带来方便的同时，也给人们带来了烦恼，但汽车的普及毕竟代表了时代的进步。关于汽车，你知道多少呢？

■ 汽车之父

1867年，德国工程师奥托研制成功世界上第一台往复活塞式四冲程发动机，并于1885年宣布放弃专利，任何人都可以根据需要随意制作。1885年，德国人卡尔·本茨购买了奥托的内燃机制作方法，并将制成的内燃机和加速器安装在一辆三轮马车上。这就是世界上第一辆汽车。1886年1月29日，本茨的单缸三轮汽车获得专利。这一天被认为是现代汽车的诞生日。卡尔·本茨也被认为是"汽车之父"。

■ 汽车的"心脏"

汽车要在道路上行驶必须先有动力，而其动力的来源就是引擎，也就是发动机。引擎的工作原理是先将汽油与空气混合雾化，经过压缩，通过汽油的燃烧、膨胀产生动力。这一程序，被称为四行程或四冲程。引擎性能的良好与否是决定汽车行驶性能好坏的最大因素，因此，引擎被视为"汽车的心脏"。目前，大多数汽车使用的引擎均属内燃机。

■ 汽车的"骨架"

汽车底盘的作用是支撑、安装汽车发动机及其各部件、总成，形成汽车的整体造型，并接受发动机的动力，使汽车正常行驶。因此，它被称为汽车的"骨架"。底盘由传动系统、行驶系统、转向系统和制动系统四部分组成。底盘的安全性在汽车的整体设计中是第一位的。因此设计底盘时要考虑到前后车身的吸能区、中间车身的刚度等因素，以确保碰撞后车内的人能安全逃逸。另外，车子的重心高度、舒适性与底盘也有十分重要的关系。

■ 汽车的"皮肤"

汽车的车身是汽车的"皮肤"。车身既是驾驶员的工作场所，也是容纳乘客或货物的场所。车身应能给驾驶员提供便利的工作条件，给乘坐人员提供舒适的乘坐条件，保护他们免受汽车行驶时振动、噪声、废气以及外界恶劣气候的影响，并保证完好无损地运载货物且装卸方便。所以，车身的设计应保证汽车具有合理的外部形状，以便在行驶时有效引导周围气流，减小空气阻力和燃料消耗。此外，车身还应有助于提高汽车行驶时的稳定性、改善发动机的冷却条件和保持车身内部通风良好。

汽车底盘

底盘的保养往往被人们忽略，但底盘直接关系到汽车的安全性、操控性、舒适性等多种关键性能，丝毫不能掉以轻心。

【你知道吗】

慈禧太后是我国私人拥有汽车的第一人。1901年，直隶总督袁世凯为了讨好慈禧，用1万两白银购进一辆第二代奔驰牌汽车，送给慈禧作为其60岁大寿的贡礼。此车设计新颖、工艺精湛，是中国大地上出现的第一辆汽车。

159

交流电：方向和强度作周期性变化的电流。

▶ 房车的演变
▶ 不可思议的房车
▶ 最奢侈的房车

流动的家 —— 旅行房车

现在，乘房车旅行是国际上最流行的休闲度假旅行方式之一。在美国、欧洲，房车销售量逐年攀升，其功能也越来越齐全。在我国，房车也备受人们关注追捧，乘房车旅游迅速成为一种时尚潮流。

■ 房车的演变

房车最早来源于"CARAVAN"一词，原指中古时那些横穿欧、亚沙漠作长途跋涉的商队。后来，人们对到处流浪的吉卜赛人的大篷车也这么称呼，这也许就是旅行房车的雏形。第一次世界大战末，美国人把帐篷、床、厨房设备等搬到了家用轿车上。1920年，一些人把木结构的简易房架在T型底盘上，并富有创意地对内部进行装饰，旅行房车初具模型。到1930年，有人运用了飞机的设计结构，在车上安装了舒适的床、便利的厨房、供电供水系统，使房车朝着现代的方向迈进了一大步。第二次世界大战后，美国发达的公路系统使房车工业迅猛发展。到20世纪50年代早期，房车逐渐变成现在的家居式旅行车。

房车
房车可以为人们提供自由化、舒适化、个性化的旅行方式，让人在无拘无束中纵情游山玩水，享受生活。

房车内部
现代房车的最大特征是豪华和舒适，里面卧室、卫生间、客厅、厨房应有尽有，五脏俱全。

■ 不可思议的房车

旅行房车又称汽车上的"家"。旅行房车内有舒适的卧室、清洁的卫生间、宽敞的客厅、整洁的厨房，还配有空调、彩电、DCD、冰箱、微波炉、煤气灶、沐浴器、双人床及沙发等，可谓兼具旅行、住宿、娱乐、烹饪、沐浴多种功能于一体。因此，乘房车旅行是当今世界最受欢迎的旅行方式之一。

开房车旅行，可随意停靠在远离城市的沙滩、湖岸、草地、山坡、森林中享受自然；同时又可拥有城市的生活方式：自己做可口的饭菜、洗个热腾腾的澡、睡柔软舒适的床、看电视、听音乐、放DVD……总之，房车旅行提倡的是一种方便、经济、自由、舒适与个性化的度假方式。

■ 最奢侈的房车

目前，世界上最昂贵的房车是由美国佛罗里达豪华客车公司制造的。这辆巨大的房车外部色彩艳丽，内部装修奢华，地面都是用大理石铺成的，客厅里有意大利皮革沙发、双人电动椅、水晶玻璃的茶水间、土著工艺品，厨房里摆着玛瑙厨桌，走廊里放着黄铜雕塑，卧室中有超大的床和等离子液晶电视，天花板上镶着闪亮的水晶……

这辆豪华房车的上市标价为250万美元。

【你知道吗】

旅行房车有两套基本且独立的供电系统。一套是直流12伏特供电系统（车电系统），另一套是交流110伏特供电系统（家庭用电系统）。直流12伏特供电是车子本身原有系统的扩大；而交流110伏特供电，则必须外接于营地的供电插座才有效。

- 为什么叫"F1"
- 无与伦比的速度

锦标赛：不同地区或竞赛大组的优胜者之间进行的一系列决赛之一。

现代化交通篇

陆地"波音"——F1赛车

要问如今什么汽车速度最快，答案非陆地"波音"——F1赛车莫属。F1赛车是世界上花销最高、速度最快、科技含量最高的赛车。很多新的科技都是在F1赛车上得以最初实践的。F1赛车的"F1"缘何而来？方程式又是怎么回事？且看下文。

■ 为什么叫"F1"

"F1"起源于1950年，是"Formula1 Grand prix"的简称，"Formula"本意是公式、方案、准则，"Grand prix"意为大奖赛。由于最初香港的一家杂志将"Formula"翻译成"方程式"，因此，"Formula 1 Grand prix"也就将错就错被叫做"一级方程式大奖赛"。若按其原文翻译，则应该是"最高等级规则限制的大奖赛"。而"Formula 1 Grand prix"的全名是"FIA Formula 1 World championship（FIA是国际汽车联合协会的简称）"，意为"国际汽联一级方程式世界锦标赛"。

F1赛车
F1赛车是世界上最昂贵、速度最快、科技含量最高的赛车，理论上最高时速可达960千米。但其耗油量也十分惊人，一场比赛下来，一辆F1赛车约需消耗200升燃油。

"方程式"其实就是"规则与限制"的意思，因为F1比赛是在FIA所制订的规格与规则下来制造赛车以及进行比赛的，所有参加的队伍都必须遵守这套如方程式般精准的规则。除了F1之外，还有其他不同等级的方程式比赛，如F3、F3000、福特方程式、雷诺方程式等，它们都属于方程式赛车的一种，只是各自的规范不同。F1是FIA所制订的方程式赛车规范中等级最高的，因此以"1"命名。这就是"F1"的由来。

■ 无与伦比的速度

F1赛车从0加速到时速100千米只需2.3秒，由0加速到时速200千米再减速到0，也只要12秒。在一些条件相对较好的高速跑道，F1赛车最高时速可达350千米。F1赛车的刹车碟盘是由碳纤维制成的，超高性能的刹车系统能让F1赛车在2.5秒内由时速240千米刹到停止，所需距离只要30米。在历届F1比赛中，赛车在赛道上创造的官方极限速度纪录是372千米/小时，而一架波音747飞机起飞的时速也不过是280至300千米。

F1赛车车轮
F1赛车的轮胎特别宽大，这是为了最大限度地增强赛车的地面附着力，提高赛车的速度。赛车轮胎中全部充以氮气，这样有利于轮胎的稳定性，而轮胎的气压可以根据赛道的不同而不同。

【你知道吗】

与一般的道路驾驶一样，F1车手也需要驾照，那是一张由FIA发给的"超级驾照"——FIA Super Licence，这张车手执照只发给在F3或CART系列赛事上表现杰出的车手。通常，一位车手要花8年的时间从小型卡丁车逐步晋级到F1，但事实上仅有极少数人有机会登上F1赛车金字塔的顶端。

161

传感器：能够将某一被测物理量（如速度、温度、声、光等）变换成便于传送和处理的另一物理量（通常为电量）的器件或装置。常用于自动控制和测量系统中。

▶ 什么是智能汽车
▶ 神奇的智能汽车
▶ 会思考的安全气囊

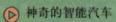

自动车——智能汽车

智能汽车是一种正在研制的新型高科技自动化汽车。这种汽车不需要人驾驶，人只要舒服地坐在车上就能到达想要去的目的地。有人问，真有这种车吗？我们看看科学家们的设想。

■ 什么是智能汽车

智能汽车是一种正在研制的自动导航的无人驾驶新型汽车。车内安装有导航显示屏，可以在驾驶员键入目的地地名后显示出行车路线；当遇到交通阻塞的情况时，导航系统将引领驾驶员绕道而行，并且可以随机应变，依据不同道路状况和速度变化状况自动启动、加速或刹车制动。即智能汽车可以根据事先的安排，遵循指定的路线把乘客送往预定的目的地。在行车时，可以转弯，也可以超越前面的车辆。在发生异常的情况下，可以采取相应的紧急刹车。

科学家预计，到2015年，第一代智能汽车将具有可以躲避碰撞的功能。到2020年，第二代声音识别智能汽车将可以在自动化公路上自行行驶。到2025年，第三代智能汽车将可以从人的肌肉神经脉冲、眼部活动和脑电波的变化中识别相关指令。

■ 神奇的智能汽车

智能汽车由一部道路图像识别装置、一部小型电子计算机和一套用电信号控制的自动操纵系统组成。

道路图像识别装置用来识别复杂的路况。智能汽车的前方装有两台电视摄影机，不间断

车内的导航显示屏
GPS车载导航系统主要由主机、显示屏、操作键盘（遥控器）和天线组成。它实现了野外踏勘、出游旅行的数字化智能导航。

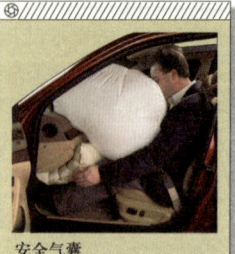

安全气囊
汽车的安全气囊内有叠氮化钠或硝酸铵等物质。当汽车在高速行驶中受到猛烈撞击时，这些物质会迅速发生分解反应，产生大量气体，充满气囊，从而最大限度地减轻人体所受的撞击。

地扫描行车前方的道路空间，把前方的影像转换成视频信号。识别装置能看清前方5～20米的空间，并把高度在10厘米以上的物体识别为障碍物来处理。然后，电子计算机从道路图像识别装置接收到的信息中，求出操舵角、速度、加速或减速的控制量，再和预先输入到电子计算机存储器中的参数相比较，迅速地得到有关操纵汽车运行的参数。随后，自动操纵系统发出指令信号来控制和操纵汽车的转向器、节流阀、制动器等，从而实现安全顺利行驶。

■ 会思考的安全气囊

汽车智能安全气囊是在普通安全气囊的基础上增加某些传感器，并改进安全气囊电子控制单元的程序实现的。增加的乘员质量传感器，能感知座位上的乘员是大人还是儿童；红外线传感器能探测出座椅上是人还是物体；超声波传感器能探明乘员的存在和位置等。安全气囊电子控制单元则能根据乘员的身高、体重、所处的位置、

【你知道吗】

2007年7月13日，中国第一汽车集团公司和国防科技大学机电工程与自动化学院联合向外界宣布，我国第一辆自主驾驶轿车研制成功。专家认为，这辆自主驾驶轿车的问世，标志着一汽集团公司和国防科技大学已经具备了研制智能化汽车的能力，同时也标志着我国汽车自动安全系统和智能化汽车的研究已达到了世界先进水平。

- 报警轮胎
- 智能钥匙
- 无钥匙进入系统

安全气囊：汽车碰撞后至乘员与车内构件发生二次碰撞前的一段时间内，迅速在两者之间打开的一种充满气体的气垫，可缓和乘员受到的冲击并吸收碰撞能量，减轻乘员的伤害程度。

现代化交通篇

是否系安全带以及汽车碰撞速度及碰撞程度等，及时调整气囊的膨胀时机、膨胀方向、膨胀速度及膨胀程度，以便给乘员提供最及时、有效的保护。

■ 报警轮胎

有一种最新的汽车智能轮胎，在汽车正常行驶时，当温度过高或轮胎气压太低时，它会及时向驾驶员发出警报，以防止事故发生。智能轮胎一般都是通过在外胎内嵌入特殊的带有计算机芯片的传感器而获得智能的。传感器由车内的收发器控制，收发器利用无线电天线将无线电信号发射至传感器芯片上，传感器芯片再将承载着温度和压力数据的电子信号发射至车内的收发器，收发器接收到该信号后便可取得温度和压力等数据，若出现异常情况则会及时报警。更为先进的智能轮胎还能感知光滑的冰面，使轮胎自动变软，增大轮胎与路面的附着力；在探测出路面潮湿后，甚至还能自动改变轮胎的花纹，以防打滑。

■ 智能钥匙

智能钥匙
智能钥匙集遥控器和发射器的功能于一身，车辆可以根据其发来的信号进入锁定或不锁定状态，甚至可以自动关闭车窗和天窗。

现在一些汽车厂开发了一种智能车钥匙，它能发射出红外线信号，既可打开一个或两个车门、行李箱和燃油加注孔盖，也可以操纵汽车车窗和大窗的关闭。

更先进的智能钥匙则像一张信用卡：当司机触到门把手时，中央锁控制系统便开始工作，并发射一种无线查询信号，智能钥匙卡作出正确反应后，车锁便自动打开。此外，这种钥匙还具有防盗功能：只有当中央处理器感知钥匙卡在汽车内时，发动机才会启动。

■ 无钥匙进入系统

有一种更为先进的汽车防盗系统，甚至不用车钥匙就能自动进行防盗的工作，称为"远程无钥匙进入系统"。它的功能如下：

密码锁车门。当司机远离车辆时，车门将自动上锁并进入防盗状态；关闭车门时，系统将通过声音提示，喇叭响一次，车灯亮一次。同时，提示灯闪红色，电动车窗会自动关闭。

密码开车门。当司机接近车辆2至3米时，系统将对司机身份进行自动识别，识别无误后系统自动打开门锁，实现完全的无钥匙进入车辆。待车灯亮两次时表明车门已经被打开，司机拉开门把手即可进入车辆，随即指示灯转入关闭状态。

密码启动。密码启动功能的目的是最大限度地提供车辆防盗保护。当有人进入并试图启动车辆时，密码识别器会自动鉴别此人的身份。如果识别到的是合法的身份信息，指示灯绿色闪亮，司机可以启动车辆。同时，该密码识别器无法复制，防盗级别较高。

宝马汽车标识

宝马公司的全称是"Bayerische Motoren WerheAG"，"BMW"就是这三个单词的首字母缩写。因为宝马汽车公司是以生产航空发动机起家的，因此标识上有代表天空的蓝色，而白色则代表飞机上的螺旋桨。这个蓝白对称标识，同时也是公司所在地巴伐利亚州的州徽。

【你知道吗】

在1992年以前，BMW汽车在中国并不叫"宝马"，而是被译为"巴依尔"。改为"宝马"可谓神来之笔，既突出了宝马车系高贵豪华的风格气质，又与中国的传统称谓浑然相承，同时发音也与BMW相差不大。如今，宝马汽车已成为豪华车的代表。

163

电动机：把电能转换成机械能的机器。

▶ 电动汽车
▶ 混合动力汽车
▶ 燃料电池汽车
▶ 烧氢气的汽车

未来之车——环保汽车

随着汽车尾气污染的日益严重，同时出于对未来市场的考虑，如今世界各大汽车公司均把研制废气排放少、污染程度低甚至不排放废气的新型汽车，即"环保汽车"当做产品研制的主攻方向。那么，现在世界上主要有哪些种类的环保汽车呢？

■ 电动汽车

电动汽车是指以车载电源为动力，用电动机驱动车轮行驶，符合道路交通、安全法规各项要求的车辆。电动汽车本身不排放有害气体，即使按所耗电量换算为发电厂的排放量，除硫和微粒外，其他污染物也较少。电动汽车还可以充分利用晚间用电低谷时段富余的电力充电，使发电设备日夜都能充分利用。电动汽车的缺点是蓄电池单位重量储存的能量太少，且电池较贵。

电动汽车
由于电动机具有良好的牵引特性，因此电动汽车的传动系统不需要离合器和变速器，由控制器通过调速系统改变电动机的转速，即可实现车速控制。

■ 混合动力汽车

混合动力汽车是使用多种能源为动力的道路车辆，这种汽车在使用传统燃料发动机驱动的同时增加了一个电力辅助驱动装置。这是因为遇到红灯和交通堵塞的时候，发动机没必要一直运转着，只需一个功率较小的发电机即可。这时，使用电力辅助驱动装置就比较经济。

现在的混合动力汽车多数以电动机推动，能源则来自电池及内燃机。混合动力汽车电动机多数无须从电网上充电，且消耗汽油较少，加速性能佳。并且，刹车时可以使用电动机，将动能转化成电能为电池充电，充电后又可以用来驱动汽车。

【你知道吗】
瑞典政府为鼓励国民使用环保型汽车，出台了一系列政策措施。2006年拨款3850万美元发起为期3年的"绿色汽车-2号"计划，鼓励本国汽车制造商研制环保型汽车。为鼓励国民购买清洁燃料车，减少二氧化碳排放，瑞典政府还推出奖励措施：从2007年4月1日至2009年12月31日，凡购买1辆环保型汽车，可免税约1400美元。

■ 燃料电池汽车

燃料电池汽车其实也是电动汽车的一种，其电池的能量是通过氢气和氧气的化学反应直接转变而来的。燃料电池的化学反应过程不会产生有害物质，因此燃料电池汽车也是无污染汽车。燃料电池的能量转换效率比内燃机要高2至3倍，从能源利用和环境保护方面讲，燃料电池汽车是一种理想的环保汽车。

与传统汽车相比，燃料电池汽车具有以下优点：零排放或近似零排放；减少了机油泄漏带来的水污染；提高了发动机燃烧效率；运行平稳、无噪声等。

■ 烧氢气的汽车

氢气汽车是以氢气为主要能量来源的汽车。近年来，国际上以氢气为燃料的燃料电池发动机技术取得了重大突破，而燃料电池汽车已成为推动"氢经济"的发动机。

用氢气作燃料的主要优点有：首先是干净卫生，氢气燃烧后的产物是水，不会污染环境；其次是氢气在燃烧时比汽油的发热量高。

◆164

- 奇特的设想
- 齿轨铁路的发明
- 独特的齿轨机车

锅炉：利用燃料或其他能源的热能，把水加热成为热水或蒸汽的机械设备。

现代化交通篇

爬山能手——齿轨机车

无论是春暖花开，还是寒冬腊月，总有一些人喜欢爬山旅行。但对于大多数人而言，那陡峭的山坡、坎坷的山路，还是让人望而生畏的。不过，如果坐上齿轨机车上山就省力多了。

■ 奇特的设想

早期的机车只能爬很缓的坡道。直到1830年，有人提出，如果在机车上安装一对水平轮并为其铺设中间钢轨以增加摩擦力，机车就能够爬上较陡的坡道。而这个设想最终演变成了铺设中齿轨和安装齿轮的设计思路——中齿轨铺设在两条铁轨之间，齿轮安装在机车底部。铺有中齿轨的铁路就是齿轨铁路，而底部安有齿轮的机车即为齿轨机车。

■ 齿轨铁路的发明

带齿的轨道

齿轨铁路是在普通路轨中间的轨枕上另外放置一条特别的齿轨。而齿轨机车则配备了一个或多个齿轮，跟齿轨啮合行走。

机车发明后，有人设想，如果把机车用于爬山，那么人们就可以坐在机车上轻轻松松地欣赏山中的风景了。但是，山路那么陡峭，机车如何能够爬上去呢？为了实现这一目标，许多人开始尝试改进机车及其轨道。经过长期不懈的努力，1882年，瑞士铁路工程师阿尔伯特·诺曼研制出了用于爬山的齿轨铁路，并为这种用于爬山的齿轨铁路系统申请了专利。自此以后，全世界70%的齿轨登山铁路都采用了他的专利。

■ 独特的齿轨机车

齿轨机车

齿轨是为防止轮、轨之间附着力不够发生滑动而采用的齿轨与齿轨相契合的铁轨。铺设齿轨铁路是在山区过陡的坡度地段代替展线与长隧道的一种方案。

机车：上山时，机车在前面牵引着列车前进；下坡时为了防止刹车时列车拱起脱轨，机车要换到后面拉住列车，放慢行驶。

座椅：如果机车座椅与地板水平放置，在上下陡峭的山坡上，乘客会从倾斜的座椅上掉下来。为防止这种情况发生，座椅的安装就与水平面保持一个角度，并且机车的地板也是倾斜的。

锅炉：装有直立式锅炉的机车在上下坡时，锅炉前端的加热水管会由于倾斜而导致没有水覆盖，这样就会造成锅炉干烧进而引发爆炸。因此，后来的设计者将锅炉改成了倾斜放置，从而解决了这个问题。

【你知道吗】

我国的青藏铁路，东起青海省会西宁市，西迄西藏自治区首府拉萨市，是横贯"世界屋脊"的第一条铁路干线。青藏铁路之所以引起全世界的关注，是因为它是全世界海拔最高的铁路，在全长1118千米的青藏铁路上，海拔高度在4000米以上的地段有965千米，其路基的最高点，在唐古拉山垭口海拔5072米的地区。

齿轮：机车的齿轮转动时，就会插入铁轨的齿档里，机车便一齿一齿地逐渐爬升而且不会滑退。

制动装置：与普通的机车相比，齿轨机车有一种装在传动齿轮上的制动器钢条，刹车时，它会抱住底部的制动铁轮进行刹车。

165

惯性：物体保持自身原有运动状态或静止状态的性质。如行驶的机车刹车后不马上停止前进，静止的物体不受外力作用就不变位置，都是由于惯性的作用。

▶ 铁轨的诞生
▶ 第一辆火车

铁轨上的巨龙——火车

今天，当一列列火车风驰电掣般从我们面前一闪而过，消失在远方时，我们禁不住会发出由衷的赞叹：发明火车的人真伟大，为后人留下这种既快又方便、舒适的交通工具。

■ 铁轨的诞生

16世纪后期，在英国和德国的矿山和采石场内都铺有用木材做成的路轨，轨道上的车辆是靠人力或畜力推动的。1767年，英国金属的价格大跌，有家铁工厂的老板看到堆积如山的生铁既卖不出去，又占用了很多地方，就令人将其浇铸成长长的铁条铺在工厂的道路上，准备在铁价上涨的时候再卖出去。可是，人们发现车辆走在铺着铁条的路上既省力，又平稳。这样，铁轨就先于火车诞生了。

但在这种铁条上行车毕竟不是很方便，于是，人们对铁条进行改进，将其制成凹槽形的轨道。这种轨道可以防止车轮滑出，但凹槽中容易积上石子、煤屑，影响车辆行驶。于是，人们把铁轨做成了上下一样宽，中间略窄的形状，这样不易积存垃圾，铁轨也不容易损坏。可是这种轨道不是很稳，如果受到冲击很容易翻倒而导致车辆出轨。于是，人们又把铁轨的下面加宽，造成像汉字的"工"字形，这种形状的轨道既稳定又可靠，一直沿用到今天。

"火箭"号蒸汽机车
1829年，斯蒂芬森制造出最早在商业上使用的蒸汽机车——"火箭"号。

■ 第一辆火车

1807年，英国工程师特里维希克和维维安制造出了在普通道路上行走的蒸汽机车，但由于车子过于笨重，行驶困难，他们的发明宣告失败。斯蒂芬森总结他们失败的教训后，也开始研制蒸汽机车。他改进了产生蒸汽的锅炉——把立式锅炉改成卧式锅炉，并作出了一个极有远见的重大决断，那就是把蒸汽机车放在轨道上行驶。他还在车轮的边上加了轮缘，以防止火车出轨。经过多年不懈地钻研，1814年，斯蒂芬森研制的蒸汽机车火车头终于问世了。这辆火车头有5吨重，车头上有一个巨大的飞轮。这个飞轮可以利用惯性帮助机车运动。斯蒂芬森为他的发明取了个名字，叫"布鲁克"。

延伸的铁轨
铁轨，全称"铁路轨道"，用于铁路上，并与转辙器合作，使火车无须转向便能行走。铁轨其实是"钢轨"，通常由两条平衡的钢轨组成，钢轨固定放在轨枕上，轨枕之下为路碴。

【你知道吗】

英国的铁路标准规定，两条铁轨之间的标准距离是143.51厘米。原来英国的铁路是由建电车轨道的人设计的，而这个143.51厘米正是电车轨道所用的标准。那么电车轨道的标准又是从哪里来的呢？最先造电车的人以前是造马车的，所以以马车的轮距宽度做标准设计了电车轨道。而马车的轮距标准则来自当时英国马路的辙迹宽度。那么这些辙迹宽度又是从何而来呢？来自古罗马，因为143.51厘米这个宽度正是罗马战车的宽度。而罗马人为什么用143.51厘米作为战车的轮距宽度呢？原因很简单，因为这是两匹拉战车的马的屁股宽度。

◆166

- 喝柴油的火车——内燃机车
- 吃电的火车——电力机车
- 火车如何刹车

柴油机：用柴油作燃料的内燃机。

现代化交通篇

■ 喝柴油的火车——内燃机车

内燃机车是以柴油机作为动力的火车头。与蒸汽机车相比，内燃机车具有许多优点：它可以节约大量优质煤炭；它的热效率比蒸汽机车高3倍左右；运行准备时间短，启动加速快，可提高线路通过能力25%以上。1924年，苏联制成一台电力传动内燃机车，并交付铁路使用。同年，德国用柴油机和空气压缩机配接，利用柴油机排气余热加热压缩空气代替蒸汽，将蒸汽机车改装成为空气传动内燃机车。20世纪30年代后期，出现了一些由功率较大的机车多节连挂的干线客运内燃机车。

■ 吃电的火车——电力机车

世界上第一台标准轨距电力机车是由苏格兰人戴维森制造的，时间是1842年。

1866年，德国工程师西门子与技师哈卢施卡制成世界上第一列电力机车。1879年，在柏林的工商业博览会上，这辆世界最早的电力火车公开试运行。列车由电动机牵引，由带电铁轨输送电流，一次可运旅客18人，时速7千米。

电力机车本身不带电，是从接触网上获取电能的。接触网供给电力机车的电流有直流和交流两种。由于电流制不同，电力机车基本上可以分为直—直流电力机车、交—直流电力机车、交—直—交流电力机车三类。

电力机车具有功率大、热效率高、速度快、运载能力强和运行可靠等优点，而且不污染环境，特别适用于运输繁忙的铁路干线和隧道多、坡度大的山区铁路。

■ 火车如何刹车

火车的出现，大大方便了人们的生活。但是，最初的火车有一个致命的缺点，那就是刹车不灵，经常导致运行事故。所以当时人们认为，火车是一种不安全的交通工具，有人将它戏称为"踏着轮子的混世魔王"。因此，发明一种灵敏有效的火车刹车装置成为当时铁路系统一项亟待解决的大问题。很多人都曾致力于改进火车刹车装置的研究，最终获得成功的是一位贫困的美国年轻人——威斯汀豪斯。他发明了一种灵敏可靠的空气制动装置，给火车这匹狂荡不羁的"铁马"系上了"缰绳"。

【你知道吗】
磁悬浮列车的使用寿命可达35年，而普通轮轨列车只有20至25年。磁悬浮列车路轨的寿命是80年，普通路轨只有60年。

这套装置采用一台由机车带动的空气压缩机，通过管道将压缩空气送往各个车厢的汽缸以推动汽缸活塞。刹车时，只要一打开阀门，压缩空气就会推动各车厢的汽缸活塞，将闸瓦压紧，使列车迅速停下来。

内燃机车
自20世纪中期开始，使用柴油的内燃机车在世界大部分地方取代了蒸汽机车，成为主要的铁路机车类型。

动车：一种把动力装置分散安装在每节车厢上，使其既具有牵引力，又可以载客的客车。

▶ 高速铁路有多快
▶ 日本的新干线
▶ 奇妙的动车组

陆地航班——高速铁路

第二次世界大战以后，汽车技术得到改进，高速公路亦大量建成，加上民航的普及，使铁路运输量大幅跌落。而高速铁路的出现，使大量客流迅速涌回铁路。

■ 高速铁路有多快

根据国际铁道联盟的定义，高速铁路是指营运速度达每小时200千米的铁路系统。

1964年东京奥运会前夕，日本的新干线系统开通，这是世界上第一个实现营运速度高于200千米的高速铁路系统。高速铁路除了在列车营运速度达到一定标准外，车辆、路轨、操作都需要配合提升。目前，高速铁路最高运行时速为300千米。

■ 日本的新干线

新干线是日本的高速铁路系统，其全称是"高速铁路运输系统新干线"。在新干线上行驶的是一种特制的电气化火车，火车头是流线型的，像巨型子弹，开起来如子弹出膛呼啸而过，所以这种火车又有"子弹列车"之称。

日本新干线的轨距属于标准轨。除了迷你新干线的路段外，列车时速都可达到260千米。车辆的车厢采用双层式，座位的扶手上还装有收音机耳机。车内免费供应咖啡和报纸，还有几处大型洗手间，里面配有热水淋浴器，使旅客能在车上梳洗。

日本新干线列车

新干线的建成给日本经济带来了巨大影响，它将京滨、中京、阪神工商业地带及中间城市有机地连接起来，其飞快的速度使沿线人员和物资流通条件得到大幅度改善，因而大大促进了新干线沿线地带新产业区的形成。

新干线列车给上班族和旅行者提供了极大的便利。目前，日本新干线年运载量在1.4亿人次以上，超过日本人口总数。

■ 奇妙的动车组

动车组就是几节自带动力的车辆加几节不带动力的车辆组合而成的车组。带动力的车辆叫"动车"，不带动力的车辆叫"拖车"。动车组技术源于地铁，是一种动力分散技术。普通列车是依靠机车牵引的，车厢本身并不具有动力，而动车组列车的一部分车厢本身也具有动力，这样把动力分散，能使列车的速度更快，行驶更加平稳。

国产"和谐"号动车组

中国铁路第六次大提速时上线运行的动车组名为"和谐"号，是在吸收国外先进技术的基础上，研制并开发的"具有我国自主知识产权"的动车组产品系列。

作为一种适合铁路中短途客运的现代化交通工具，动车组有很多优势：首先，动力效率较高，特别是在斜坡上，动车组的重量可有效分配在各个带动力的车轮上，从而减轻整个机车的负重；其次，动力装置分布在列车不同的位置上，编组灵活，能够实现较大的牵引力；另外，动车组的制动效率高，调速性能好，制动减速度大，适用于限速区段较多的线路。

【你知道吗】

适合建造高速铁路的关键条件有两个：第一是人口稠密和城市密集区，而且生活水准较高，能承受较高的票价；第二是较高的经济社会和科技基础，能保证施工、运行与维修。

- 地铁的发明者
- 地铁与轻轨的区别
- 无人驾驶轻轨车

隧道：一般指作为地下通道的工程建筑物，有铁路隧道、航运隧道、引水隧道等。

现代化交通篇

轨道交通线——地铁和轻轨

身在城市中，最让人烦恼的就是拥堵的交通线。不过，有一种交通工具是永远都不会塞车的，那就是地铁。作为城市交通工具，地铁的效率是最高的。

■ 地铁的发明者

19世纪初期，英国伦敦的道路经常堵得水泄不通，极大地影响了居民的工作和生活。1847年，法官查理斯认为，解决城市拥挤的最佳办法就是"让火车入地"。1850年，查理斯正式向伦敦政府递交了在城市修建地下铁道的方案。

1863年1月10日，按照查理斯的设计，世界上第一条地下铁道在伦敦正式建成并投入运营。但地铁蒸汽机排出的水蒸气、煤炭燃烧产生的烟雾全部集聚在隧道内，导致隧道内终日浓烟滚滚，气味呛人。为了发明一种不冒烟的列车，年近花甲的查埋斯又开始对地铁进行改进设计。查理斯终因积劳成疾，最后病死在对地铁进行改进设计的图纸前。

地铁

地铁是一种独立的有轨交通系统，不受地面道路情况的影响，能够按照设计的能力正常运行，从而快速、安全、舒适地运送乘客。地铁效率高，无污染，能够实现大运量的要求，具有良好的社会效益。

■ 地铁与轻轨的区别

在我国，修建于地上或高架桥上的城市轨道交通系统通常被称为"轻轨"。在专业领域，轻轨与地铁有如下几点区别：轻轨指每小时单向运输量小于2万人的城市轨道交通系统，而地铁指每小时单向运输量大于2万人的城市轨道交通系统；一般情况下，地铁的平面曲线半径不小于300米，而轻轨一般在100至200米之间；另外，地铁每列车的编组数也要多于轻轨，车辆定员也比较多。

■ 无人驾驶轻轨车

2002年1月，一种无人驾驶轻轨车在英国威尔士加的夫市研制成功。这种靠电池供电的城市轻轨车是一种计算机化的交通工具，发明人是英国布里斯托尔大学的马丁·罗森教授。加的夫市政府声称：这是目前世界上唯一一种无人驾驶的城市轻轨列车。供这种轻轨列车行驶的轨道非常窄，非常适于交通拥挤、人口众多的都市。

【你知道吗】

1896年，在匈牙利首都布达佩斯，诞生了世界上第一辆电动地铁。由于它没有污染，行驶速度快，深受城市居民的欢迎。从此，地铁相继出现在世界各大城市中。

轻轨列车

轨道交通中采用中等载客量车厢，能适应远期单向最大高峰小时客流量1.5万～2万人次的称为"轻轨铁路"。轻轨既可以建在高架桥上，也可以铺设在地面上或地下。

电磁体：缠绕在铁芯或钢芯上的线圈在通电后产生磁性，这种线圈就叫做"电磁体"。

▶ 什么是磁悬浮列车
▶ 德国的磁悬浮列车
▶ 日本的磁悬浮列车
▶ 我国的磁悬浮列车

空中飞龙——磁悬浮列车

21世纪综合运输系统中，最具发展前途的高科技交通工具要属磁悬浮列车了。这种列车时速高达500千米，且无须接触地面，运行平稳，乘坐非常舒服。

■ 什么是磁悬浮列车

磁悬浮列车是一种利用磁极吸引力和排斥力原理制造的高科技交通工具。列车上装有电磁体，铁路底部和两侧装有线圈。通电后，交流电使线圈变为电磁体。列车头的电磁体（N极）被轨道上靠前一点的电磁体（S极）所吸引，同时被轨道上稍后一点的电磁体（N极）所排斥——经这么一"推"一"拉"，列车就飞速运行起来了。磁悬浮列车运行时与轨道保持10毫米的间隙，因此平稳舒适、无噪声，可以实现全自动化运行。

■ 德国的磁悬浮列车

磁悬浮技术的研究源于德国，早在1922年，德国科学家坎姆帕就提出了电磁悬浮原理。德国的磁悬浮列车采用的是常规磁铁吸引式悬浮系统——EMS系统，利用常规的电磁铁与一般铁性物质相吸引的基本原理，把列车吸引上来，悬空运行，悬浮的空隙一般为10毫米左右，列车的速度可达每小时400至500千米，适合于城市间的长距离快速运输。

■ 日本的磁悬浮列车

出于谋求国土经济均衡发展的需要，日本自1962年起就开始了磁悬浮列车的研制工作。日本的磁悬浮列车采用的是排斥式悬浮系统——EDS系统，使用超导的磁悬浮原理，使车轮和钢轨之间产生排斥力，使列车悬空运行，悬浮空隙一般为100毫米左右，列车速度可达每小时500千米以上。目前，磁悬浮列车仍处于短距离、低速度的试验阶段，世界上尚无实际运营的磁悬浮列车线。

■ 我国的磁悬浮列车

世界第一条磁悬浮列车示范运营线——上海磁悬浮列车运营线，目前尚处于试运行兼观光阶段。乘坐该列车，从浦东龙阳路站到浦东国际机场，30多千米的路程只需6至7分钟。上海磁悬浮列车是"常规磁铁吸引式"磁悬浮列车，是一种利用"异性相吸"原理设计的吸力悬浮系统。安装在列车两侧转向架上的悬浮电磁铁和铺设在轨道上的磁铁，在磁场作用下产生吸力，使车辆"浮"起来，进而悬空而行。

磁悬浮列车
磁悬浮列车上装有电磁体，铁路底部则安装线圈。通电后，地面线圈和列车上的电磁体极性总保持相同，两者"同性相斥"，使列车悬浮起来。

【你知道吗】
磁悬浮列车启动后39秒即达到最大速度，目前的最高时速是552千米。据德国科学家预测，到2014年，磁悬浮列车采用新技术后，时速将达1000千米。而一般轮轨列车的最高时速为350千米。上海现已建成的磁悬浮列车线，最高时速为500千米。

- 为什么要造协和客机
- 世界上最快的客机
- 三大致命弱点
- 超音速民航时代结束

音爆：超音速飞机飞行时，在机头或突出部分，会出现一种楔形或锥形的激波。当激波相互影响或干扰时，就会产生音爆现象。

现代化交通篇

最快的客机——协和式客机

我们都知道波音飞机速度非常快，但实质上，世界上飞行速度最快的客机并不是波音飞机，而是协和式客机，尽管它现在已经停飞。速度这么快的客机，为什么会停飞呢？

■ 为什么要造协和客机

20世纪中期，以波音707客机为代表的美国民航客机称雄于世界航空界。当时法国总统戴高乐不甘心法国民航的天空变为美国的"殖民地"，极力促成英国和法国合作研制超音速民航飞机。1962年11月29日，法、英两国政府正式签署了共同研制超音速民航飞机的历史性协议，向当时被誉为"空中皇后"的波音707客机发起挑战。1963年1月13日，戴高乐总统亲自将这一研制计划命名为"协和"。

协和式客机
协和式客机前机身细长，既可以获得较高的低速仰角升力，又可以降低超音速飞行时产生的阻力。同时为了改善起降视野，机头设计成可下垂式，以便在起飞和降落时使飞行员获得极好的视角。

■ 世界上最快的客机

协和式客机由法国和英国于1969年联合研制成功，是目前世界上唯一一种民用超音速客机，其最高飞行时速可达2200千米。当时的设计指导思想是：立足于20世纪50年代的技术水平，不追求使用过多的新材料、新技术，飞机的设计巡航速度为音速的2倍，尽快使其投入商业飞行。

■ 三大致命弱点

协和式客机虽然性能优良，但还是存在着几大致命的弱点：

载客量偏小，成本高，因此协和式客机的票价非常昂贵，大多数乘客都望而却步。

波音747客机
波音飞机一直是全球民用飞机的主力，其中波音747是全球首架宽体喷气式客机，是一种科研领域与商业销售领域都很成功的民航客机。美国总统的专机"空军"1号就是由波音707和波音747改装而成的。图为波音747客机。

经济性差：由于耗油率过高、**航程短**：协和式客机的航程仅为5110千米，只能勉强飞越大西洋，这一航程无法完全发挥超音速飞机的优势，即在商业运营飞行上，它并不比波音707客机占优势。

噪声污染严重：由于协和式客机音爆水平高，所以不能在大陆上空进行超音速飞行。噪声严重可以说是协和式客机商业失败的主要原因。

■ 超音速民航时代结束

2000年7月25日，法国航空公司一架协和超音速客机执行航班时，从巴黎戴高乐机场起飞后失事坠毁，机上109名乘客全部遇难，同时还造成地面上4人死亡。自此，协和客机的运客量再也没有恢复到原有的水平。"9·11"事件发生后，世界经济持续低迷，协和客机原有的客源大量流失，亏损日益严重。因此，英国航空公司和法国航空公司不得不痛下决心，停飞协和客机。2003年10月24日，协和客机彻底结束了它的使命。

【你知道吗】

据路透社报道，2003年10月23日，美国俄亥俄州托莱多市一名男子花了近50万美元，竞标获得了协和式客机告别历史舞台的最后一次航行的最后两张机票。

夜视仪：利用光电转换技术制造的军用夜视仪器。

▶ 空中卫士
▶ 最先进的警用直升机
▶ 空中救护

缉捕快手——警用直升机

在一些警匪片中我们经常可以看到警方出动警用直升机追捕逃犯的场面，真是惊心动魄。那么，警用直升机究竟有多大的威力呢？

■ 空中卫士

1966年6月，世界上第一架警用直升机"空中骑士"在美国投入使用。自此，许多国家都陆续配备了警用直升机。据统计，投入一架警用直升机等同于出动30辆警车和100名警察；装备直升机、警车的办案小组，其重案犯逮捕率是仅装备警车小组的6倍；此外，警用直升机的空中优势使其监视范围扩大到地面警察的15倍。警用直升机巡逻飞行时，速度约为90千米/小时。在出现紧急情况时，警用直升机的速度甚至能达到200千米/小时以上。

巡逻中的直升机一般可在数分钟内抵达现场，能完成空中指挥、侦察、压制等多重任务。直升机在高速追捕中不受地面交通、行人和街道拐弯的影响，可与水、陆警种协同作战，布成打击犯罪的天罗地网。

空中救助
警用直升机能大大提高救援、追逃和反恐任务的效率。据统计，投入一架警用直升机的作用等同于出动30辆警车和100名警察的作用。警用直升机监视范围可达到地面警察的15倍。

EC-135警用直升机
EC-135警用直升机采用先进的航电系统，自动化程度非常高，总体性能出色。由于具有可靠的双发动机设计和低噪声优点，EC-135在警察执法过程中获得青睐，可执行火场侦察、巡逻报警、卫星热点侦察、火场急救等多种任务。

力进行指挥、调度和提示。在伸手不见五指的漆黑夜晚，它可通过红外夜视仪进行巡逻扫描。如果发现可疑物和可疑点，就立即打开警用探照灯进行照射、分辨、跟踪。不管在什么情况下，警用直升机上的狙击手均可对犯罪分子发射烟幕弹、催泪弹，必要时还可将其击毙。

■ 空中救护

警用直升机除了打击犯罪和追捕犯罪嫌疑人外，还可以实施空中救护。当发生重大交通事故或火灾时，直升机可以在几分钟之内到达现场，直接将受伤人员送到设有停机坪的医院，或者降落到警察局指挥中心停机坪，然后再送往医院。此外，当发生水灾等自然灾害时，警用直升机既可以转移灾民、运送物资，亦可以运送指挥人员火速赶往现场，进行指挥救援。随着技术的发展和进步，警用直升机增加了许多先进设备，能在恶劣的气象条件下或漆黑的夜里实施搜索救援任务，从而能为事故伤员提供最快、最优的救援。

■ 最先进的警用直升机

R44多功能直升机由美国罗宾逊直升飞机公司生产，是目前世界上最先进的警用直升机。该直升机飞行高度可达4270米，巡航时速240千米，最大航程680千米，起降地只需足球场那么大。它可在案发地上空巡查，并可对地面的警

> **【你知道吗】**
>
> 1996年9月，武汉发生了一起持枪抢劫汽车案。当时2名罪犯持枪抢劫后仓皇逃进一居民区，武汉警方立刻包围了该居民区，并启用一架警用直升机载着两名防暴警察从空中飞向歹徒所在的楼房。防暴警察摸清方位后，顺着直升机绳梯从后窗钻进屋内，犹如神兵天降，迅速将歹徒擒获。

172

- 什么是高速公路
- 最早的高速公路
- 高速公路的最高速度

立体交叉：利用跨线桥、地道等使相交的道路在不同的平面上交叉，简称"立交"。

现代化交通篇

不塞车的路 —— 高速公路

地铁系统是永远都不会发生塞车现象的交通系统。在公路交通系统中，可以像地铁一样不出现塞车现象的就算高速公路了。当然，发生重大交通事故或出现极端恶劣天气时，高速公路也会出现拥堵。

■ 什么是高速公路

高速公路是供汽车高速、安全、顺畅运行的现代化公路。世界各国的高速公路尚没有统一的标准，命名也不尽相同，但都专指有四车道以上、中央设置分隔带、双向分隔行驶、完全控制出入口、全部采用立体交叉的公路。高速公路对于分散过分集中的城市人口，解决劳动就业、发展工农业生产和旅游业以及开拓边疆和国防战备都有很大作用。各国高速公路里程一般只占公路总里程的1%至2%，但所担负的运输量却占公路总运输量的20%至25%。高速公路造价高，用地多，但行车速度高，通行能力大，交通事故率小，其投资费用一般只要7至10年即可得到回偿。

高速公路

高速公路一般能适应120千米/小时或者更高的速度，要求路线顺畅，纵坡平缓，路面有4个以上车道的宽度。

■ 最早的高速公路

德国是世界上最早修建高速公路的国家。1932年，德国试建了科隆至波恩的高速公路，设4个车道。此后，德国开始大规模规划、设计、建设高速公路。如德国曾设高速公路车速为100至120千米/小时，无高速限制，最低车速限制为60千米/小时。截至1939年第二次世界大战开始，德国共建高速公路3440千米，形成了以柏林为中心、向四周辐射的高速公路网。第二次世界大战后，前联邦德国继续整修扩建高速公路，至1970年，其高速公路总里程达到4460千米，1985年又增至8000余千米，基本建成全国高速公路网。

■ 高速公路的最高速度

高速公路行车与普通道路行车相比，速度有大幅度提高。但是，世界上绝大部分的高速公路还是设有限速，超过限速者会被处罚。严重超过限速称为"飙车"，将会受到更严厉的处罚，甚至会被吊销驾驶执照。

世界上一些国家（地区）的限速：我国内地120千米/小时，香港110千米/小时；台湾110千米/小时；德国部分道路无限速，其他部分120至130千米/小时；法国130千米/小时；意大利150千米/小时；瑞士120千米/小时。

"高速"也拥挤

其实高速公路也并不是时时通畅，也会出现交通拥挤的时刻。所以说，高速公路的修建只能是缓解交通压力，而良好的交通环境还要依赖于公共设施的完善和人们的遵纪守法，文明出行。

【你知道吗】

目前，全世界有80多个国家和地区拥有高速公路，通车总里程超过了23万千米。其中高速公路总里程最长的是美国，为8.8万千米，约占世界高速公路总里程的一半，已完成以州际为核心的高速公路网，连接了所有5万人以上的城镇。

173

地铁：大城市中主要在地下修建隧道，铺设轨道，以电动列车运送乘客的公共交通体系。

▶ 何为立交桥
▶ 最早的立交桥
▶ 立交桥为何有接缝
▶ 高高在上的高架路

立交桥与高架路

立交桥

立交桥全称"立体交叉桥"，它用空间分隔的方法消除道路平面交叉车流的冲突，使两条交叉道路的直行车辆畅通无阻。

繁华的都市，高楼林立，桥梁遍地。每当华灯初上，整个城市灯火通明。这时，纵横交错的立交桥和高架路显得尤为壮观。

■ 何为立交桥

所谓立交桥，是为保证交通互不干扰而在道路、铁路交叉处建造的桥梁，广泛应用于高速公路和城市道路中的交通繁忙地段。按跨越形式分为：跨线桥，在既有线路之上跨越，跨线桥又分为分离式和互通式；地道桥，从地下穿越既有线路。

■ 最早的立交桥

八字桥在浙江绍兴，是现存绍兴石桥中最古老的一座梁式石桥，也被称为"世界上最早的立交桥"。桥面布置很有特色，桥东端紧沿河道有南北两个方向落坡，桥西端又从西南两个方面落坡，西端南面的坡道下还建有一小孔，跨越小河。虽经历了700多个严冬酷暑，多次重修，八字桥仍然保持着当年古朴的面貌。八字桥这样的结构能够解决比较复杂的交通问题，因此在中国桥梁史上具有重要地位，是研究我国桥梁史的重要实物例证。

■ 立交桥为何有接缝

一般的物体都有热胀冷缩的性质，立交桥也不例外。炎热的夏天，在强烈的阳光照射下，立交桥受热膨胀，桥面会变长；在寒冷的冬天，立交桥收缩，桥面会变短。如果立交桥修成一个整体，不留接缝，由于热胀冷缩的作用，立交桥就会出现许多裂缝，进而严重毁坏。留有接缝，立交桥在膨胀和收缩时，接缝可以变窄或变宽，立交桥就不再受到挤压和拉伸了，这样可以延长寿命。另外，当重型车辆压在某一处桥面时，这部分的桥面长度就会发生变化，接缝的宽窄也就跟着变化，立交桥的其他部分就不会受到影响了。

■ 高高在上的高架路

高架路是用一系列柱子架起来的空中道路，一般建在路面较宽的道路上方。高架路的交叉路口少，禁止行人通行，车辆行驶能保持较高的速度。高架路两侧设置有防撞栏杆，可以阻止汽车"越轨"。和地铁相比，高架路的造价低、维护费用低、施工工程简单。高架路与立交桥的主要区别在于立交桥还包括地道桥（地下），而高架路只在地上修建。

【你知道吗】

我国上海市的沪青平立交桥，是上海国际航空港的重要门户和上海路网格局的核心工程之一。整个立交桥分为四层三系统，总建筑面积达到创纪录的12万平方米，堪称"世界第一立交桥"。

◆174

- 为什么要修隧道
- 隧道的"内脏"
- 我国第一条海底隧道
- 海拔最高的隧道

现代化交通篇

北海道：日本第二大岛，位于日本列岛最北部。

穿山过海的隧道

隧道发明以前，人们出行遇到高山只好攀爬而过或绕道而行，费时费力。但有了隧道之后就好多了，呼啸的列车可以像穿梭在平原上那样非常容易地穿过大山，原先要走很长时间的路程现在只需十几分钟，甚至几分钟。

■ 为什么要修隧道

隧道是人们为克服山岭障碍或渡江过海而修建的地下、水下的工程建筑物。铁路上凿修隧道，就是为了让铁路线走一条合理的捷径。所以，铁路修入山区，在遇到高山障碍时，往往不会沿山势蜿蜒修建，而是开山凿洞，因为这是最经济的行车路线。另外，隧道还可以使铁路线在江河甚至海峡的水下通过，从而避免因修建轨道桥梁而妨碍大型船舶通航的情况。

火车隧道
为了让铁路线走一条合理的捷径，所以铁路一进入山区，往往需要凿通高山，修建隧道，有效缩短两点之间的距离。

■ 隧道的"内脏"

隧道的"内脏"包括以下结构：

洞身——隧道结构的主体部分，是列车通行的通道。

衬砌——承受地层压力，维持岩体稳定，阻止坑道周围地层变形的永久性支撑物。

洞门——位于隧道出入口处，用以保护洞口土体和边坡稳定，排除仰坡流下的水。

附属建筑物——包括为工作人员、行人及运料小车避让列车而修建的避人洞和避车洞；为防止和排除隧道漏水或结冰而设置的排水沟和盲沟；为机车排出有害气体设计的通风设备；电气化铁道的接触网、电缆槽等。

■ 我国第一条海底隧道

厦门翔安隧道不仅是我国内地第一条海底隧道，也是第一条由我国内地专家自行设计的海底隧道。翔安隧道起自厦门岛五通，止于厦门市翔安区西滨，全长约9千米，其中海底隧道近6千米，隧道最深在海平面下约70米，于2009年建成通车。

■ 海拔最高的隧道

风火山隧道是世界上海拔最高的隧道，位于青藏高原可可西里"无人区"边缘，全长1338米，轨面标高4905米，是目前世界上海拔最高的高原冻土隧道。这条隧道地质情况复杂，主要为含土冰层、高冰冻土和融冻泥岩等病害性地层。这条隧道所处的自然条件也极为恶劣，平均海拔4900米，年均气温为零下7摄氏度，空气中氧气的含量不足内地的一半，被称为"生命禁区"。这些都加大了隧道的养护难度。

【你知道吗】

日本青函隧道是目前世界上最长的一条海底隧道，它通过津轻海峡，把津轻半岛和北海道的铁路连接起来。隧道由本州的青森穿过津轻海峡到北海道的函馆，为双线隧道，全长为53.84千米，其中海底部分为23.3千米。

日本青函隧道入口
青函隧道南起日本本州岛北部的青森，北至北海道南端的函馆，全长53.84千米，其中在海底的长度为23.3千米。整个工程历时24年，于1998年正式贯通。

极地勇士——破冰船

在严寒的冬季，北方的港湾和海面常常会结冰，阻塞航道。这时就需要破冰船来开辟"新航道"了。此外，地球的极地常年冰雪覆盖，若想挺进极地，也需要使用破冰船进行破冰。那么，破冰船是怎么样破冰的呢？

■ 破冰船怎么破冰

破冰船船头外壳用至少5厘米厚的钢板制成，里面用密集的型钢构件支撑，船身吃水线部位用抗撞击性能好的合金钢加固。破冰船一般常用两种破冰方法：当冰层不超过1.5米厚时，多采用"连续式"破冰法，主要靠螺旋桨和船头把冰层劈开撞碎，每小时能在冰海航行9.2千米；如果冰层较厚，则采用"冲撞式"破冰法，抬高破冰船船头部位，当它轻而易举地冲到冰面上时，船体就会把下面厚厚的冰层压为碎块。然后破冰船倒退一段距离，再开足马力冲上前面的冰层，把船下的冰层压碎。如此反复，就开辟出了新的航道。

■ 俄罗斯的破冰船

1864年，俄国人将一艘小轮船"派洛特"号改装成世界第一艘破冰船，为通航冰冻期的海域提供了保证。1957年，苏联制造出第一艘核动力破冰船——"列宁"号，它通过热核反应堆产生的高压蒸汽推动汽轮机，从而带动螺旋桨推动船体前行。如果这艘破冰船带上20斤铀，就相当于带上2.5万吨标准煤，可以在远离港口的冰封海域里长期作业。1989年，俄罗斯又建造成"胜利50周年"号核破冰船，它是当时世界上最大的核动力破冰船。

■ 我国唯一的破冰船

"雪龙"号破冰船是我国进行极地科学考察的唯一一艘破冰船，购自乌克兰。它能以0.5节航速，连续冲破1.2米厚的冰层。船体用E级钢板制作，即使在零下40摄氏度的严寒下，也不会变性。该船可运输杂货、大型重型货物及各种车辆（带滚装仓）、冷藏货物、贵重货物、炸药、矿物、标准集装箱以及各种油料。"雪龙"号具有先进的导航、定位、自动驾驶系统，并配备有先进的通信系统及能容纳两架直升飞机的平台、机库和配套设备，以及完善的医疗设施和生活娱乐设施。

> 【你知道吗】
> 芬兰的"桑普"号破冰船身长75米，重3540吨，是目前全球唯一的观光破冰船，至今载客已有40多年历史。"桑普"号每次载客量可达150人，每年12月至次年4月，在芬兰与瑞典之间的波的尼亚湾北部结冰水域行驶。它是目前极地探险的顶级线路，全球只有芬兰有此旅游项目。

俄罗斯"Arktika"号核动力破冰船
该船于1975年投入运营，2000年5月，成为世界上第一艘运营1年都不停靠任何港口的破冰船。2005年8月，该船打破了166万千米的航行纪录，从而证明了在船上安装核动力推进装置具有很大的经济效益。